LIVE BROADCAST
OPERATION
AND OPERATION PRAC

直播运营与操作实务

丁仁秀 ◎ 编著

北京大学出版社
PEKING UNIVERSITY PRESS

内容提要

随着网络技术和硬件的迅猛发展,直播已成为一种时尚,很多企业和个人都纷纷涌入直播行业的大潮,抢占属于自己的流量风口。本书从直播运营与实操出发,把作者多年的直播实战经验整理成册,旨在让新进入直播行业的读者朋友少走弯路,快速成长为一名直播达人。

本书是一本直播实操手册,内容丰富实用,全书共分为9章,不仅包括直播的基本技能,而且包括直播内容的策划、制作、运营与带货等方面的技能与技巧,以帮助直播从业者迅速掌握直播相关的知识并成功变现。

本书内容全面,逻辑清晰,贴近一线,实操性强,非常适合各类直播从业者阅读,是一本不可多得的好书。同时,本书也可以作为各类大专院校电子商务与新媒体相关专业的教材和工具用书。

图书在版编目(CIP)数据

直播运营与操作实务 / 丁仁秀 编著. —北京:北京大学出版社,2021.1
ISBN 978-7-301-31867-6

Ⅰ.①直… Ⅱ.①丁… Ⅲ.①网络营销 Ⅳ.①F713.365.2

中国版本图书馆 CIP 数据核字(2020)第 230407 号

书　　名	直播运营与操作实务
	ZHIBO YUNYING YU CAOZUO SHIWU
著作责任者	丁仁秀　编著
责 任 编 辑	张云静　吴秀川
标 准 书 号	ISBN 978-7-301-31867-6
出 版 发 行	北京大学出版社
地　　址	北京市海淀区成府路 205 号　100871
网　　址	http://www.pup.cn　新浪微博:@北京大学出版社
电 子 信 箱	pup7@pup.cn
电　　话	邮购部 010-62752015　发行部 010-62750672　编辑部 010-62570390
印 刷 者	三河市博文印刷有限公司
经 销 者	新华书店
	787毫米×1092毫米　32开本　11印张　294千字
	2021年1月第1版　2021年1月第1次印刷
印　　数	1-4000 册
定　　价	58.00 元

未经许可,不得以任何方式复制或抄袭本书之部分或全部内容。
版权所有,侵权必究
举报电话: 010-62752024　电子信箱: fd@pup.pku.edu.cn
图书如有印装质量问题,请与出版部联系,电话: 010-62756370

前言
INTRODUCTION

不知不觉间,"低头族"已经成了一种全民现象,公交车上、地铁里、咖啡厅与餐厅中,甚至街头,都随处可见沉浸于手机世界中的低头族,这从侧面说明智能手机与网络已经深刻地影响了人们的生活习惯。

那么,低头族主要观看的是什么内容呢?据统计,截至2020年3月,我国网络直播用户规模达5.60亿人,占整体网民的62%。直播,已经成为席卷全国的热潮,成为占有用户最多的网络内容传播方式之一,而由直播带来的经济总量已接近万亿元,这块"蛋糕"正在变得越来越大,也吸引了越来越多的人参与到直播中来。

从普通人的角度来看,要从直播蛋糕中"咬"下一口,无非就是走打赏变现、广告变现、电商变现等路线。然而,所有的路线都有一个非常重要的前提:必须具备一定数量的粉丝。没有足够多的粉丝,一切都是空谈。可以说所有主播都在想方设法地吸引更多的粉丝,粉丝就是主播的生命线。

如何吸引粉丝、留下粉丝,并且把粉丝巧妙地转化为消费者,这是所有主播都在研究与探索的课题。这中间牵涉到很多的技术因素,比如直播硬件、直播间装饰、主播个人素质、账号运营、粉丝运营、活动策划等，可以说这是一项较为复杂的"长期工程"。很多新手主播对此并没有清晰的认识，只是从感性上觉得只要自己多模仿、多努力，就应该能够吸引到大量的粉丝。可惜事实并非如此，主播的淘汰率仍然是相当高的。只有那些系统性掌握"主播工程"技能与技巧的人，才能够在竞争中脱颖而出。

为了让新手主播们能够快速掌握"主播工程"的方方面面，而不用在模仿摸索中浪费大量的时间与金钱，我们策划编写了这本《直播运营与操作实务》。本书从实战角度出发，剖析了直播行业的现状及现有的热门直播平台；讲解了搭建直播室及运营直播账号的方法、步骤，以及内容策划、带货技巧、引流吸粉等操作性极强的内容，相信可以帮助从业者迅速入行，少走弯路，赢得竞争，从而实现自我价值。同时，本书也适合有一定经验的从业者作查漏补缺之用，还能为相关专业的师生研究直播在电商行业的应用与前景提供参考。

由于编者能力有限，且直播行业仍处于不断发展中，因此本书难免有错漏之处，还望读者谅解并不吝指正。

编 者

目录
CONTENTS

第 1 章 错过直播风口,你得再等十年 1

1.1 直播为什么这么火 2
    1.1.1 基于视频的互动社交新模式 2
    1.1.2 时效性、互动性更强的媒介 4
    1.1.3 更加直观的营销方式 4
    1.1.4 技术加持 7
    1.1.5 资本投入助推 9
1.2 热门的直播类型有哪些 9
    1.2.1 秀场直播 9
    1.2.2 游戏直播 11
    1.2.3 体育直播 12
    1.2.4 活动直播 12

    1.2.5 教育直播 13
    1.2.6 电商直播 14
    1.2.7 日常生活直播 15
1.3 直播在 5G 时代的广阔前景 16
    1.3.1 5G 高速通信与直播 ... 16
    1.3.2 助力 VR 直播的发展 ... 18

♦ 新手问答 19
    1. 直播有禁忌吗? 19
    2. 线下店铺可以做直播吗? 20
    3. 农产品适合直播营销吗? 21

第2章 选择适合自己的直播平台 23

2.1 直播平台的五大分类 24
- 2.1.1 娱乐类平台 24
- 2.1.2 游戏类平台 25
- 2.1.3 体育类平台 27
- 2.1.4 购物类平台 28
- 2.1.5 专业领域类平台 29

2.2 七大主流直播平台的特色 30
- 2.2.1 抖音：全网最热 30
- 2.2.2 快手：下沉覆盖 33
- 2.2.3 映客：全民直播＋人工智能 34
- 2.2.4 斗鱼：弹幕式直播分享网站 36
- 2.2.5 花椒：综艺+VR 37
- 2.2.6 虎牙：专业的游戏平台 38
- 2.2.7 淘宝：消费类直播 39

2.3 两个角度教你挑选直播平台 44
- 2.3.1 平台是否符合自身定位 44
- 2.3.2 平台用户是否精准 45
- 2.3.3 挑选直播平台案例 46

◆ 新手问答 48
1. 如何选择主播公会？ 48
2. 主播可以同时在多个平台直播吗？ 49

第3章 直播变现方式知多少 51

3.1 4种常见的直播变现方式 52
- 3.1.1 最直接的变现方式：平台变现 52
- 3.1.2 最易上手的变现方式：电商变现 52
- 3.1.3 最高效的变现方式：广告变现 53
- 3.1.4 最强有力的变现方式：付费变现 54

3.2 平台变现 54
- 3.2.1 吸引粉丝打赏 54

3.2.2 获得平台流量分成 57
3.2.3 赚取平台资金补贴 60
3.2.4 打造 IP 吸引投资 60

3.3 3 种方式实现直播带货 61
3.3.1 为第三方商品代销 62
3.3.2 为自营商品带货 64
3.3.3 构建粉丝商业生态圈 66

3.4 种类繁多的直播广告变现 68
3.4.1 贴片广告 68
3.4.2 弹窗广告 69
3.4.3 植入广告 70
3.4.4 品牌广告 72
3.4.5 冠名广告 73

3.5 付费观看的直播 74
3.5.1 教学类直播 75
3.5.2 咨询类直播 76

♦ **新手问答 78**
1. 主播可以发布视频变现吗? 78
2. 何为签约费? 80

第 4 章 直播室搭建有诀窍 81

4.1 一个令人愉悦的直播室是什么样的 82
4.1.1 直播室风格要与直播内容合拍 82
4.1.2 游戏类直播室需要一把电竞椅 82
4.1.3 电商类直播室的布局 84
4.1.4 用背景墙布降低布置成本 86
4.1.5 在直播间中树立起独有的辨识标志 87
4.1.6 户外直播的选景 88

4.2 直播所需设备一览 89
4.2.1 基础硬件：电脑与网络 89
4.2.2 音频视频硬件：高清摄像头与电容麦克风 89
4.2.3 布光设备：补光灯、反光布 91
4.2.4 隔音设备：隔音板与隔音条 93
4.2.5 户外直播设备：手机、网络、电源及辅助设备 94

4.3 根据需要选择最合适的上镜角度 97
- 4.3.1 正面直播是最常用角度 97
- 4.3.2 侧面直播展示手部操作 98
- 4.3.3 根据需求设定镜头俯仰角度 98

4.4 淘宝直播实操 99
- 4.4.1 注册淘宝直播 99
- 4.4.2 设置手机淘宝直播间 101
- 4.4.3 发布直播预告 105

4.5 高效利用直播辅助软件 107
- 4.5.1 利用推流软件工具提高直播效果 107
- 4.5.2 直播中控台优惠工具的应用 111
- 4.5.3 设置权益投放 117
- 4.5.4 直播中控台互动工具的定时使用 122

♦ **新手问答** 129
1. 如何解决直播间过大或过小的问题? 129
2. 直播中出现声音问题怎么办? 129

第5章 精心打造主播人设与账号 131

5.1 打造主播的形象与能力 132
- 5.1.1 主播人设定位 132
- 5.1.2 塑造主播的外在形象 134
- 5.1.3 主播的气质培养 135
- 5.1.4 用 SRIL 法则来判定人设塑造的方向 137

5.2 主播的内在修养是吸引粉丝的关键 139
- 5.2.1 过硬的专业能力 140
- 5.2.2 良好的表达能力 141
- 5.2.3 灵活的应变能力 143
- 5.2.4 锦上添花的幽默感 ... 144

5.3 设计好自己的直播名片 145

5.3.1 起一个好听好记的昵称 146
5.3.2 头像要符合人设 147
5.3.3 签名应体现个性或目的 148
5.3.4 打造个人特色标签 ... 149
5.3.5 剖析高点击率封面图的构图逻辑 150
5.3.6 高点击率封面图的拍摄及设计方案 154
5.3.7 分析高吸引力的直播标题写法 158

◆ **新手问答** 160
1. 如何提升主播的唱歌水平？ 160
2. 能够快速上手的舞蹈有哪些？ 161
3. 各类主播的妆容和服装建议 162

第6章 直播数据运营 165

6.1 直播流量权重解析 166
6.1.1 直播系统的核心数据认知 166
6.1.2 数据提升的前提——浮现权 171
6.1.3 直播的数据记录表 172
6.1.4 直播的观看层论 174
6.1.5 借力系统工具和活动做专业提升 176

6.2 认识直播展现位及流量的获取 177
6.2.1 淘宝直播 App 177
6.2.2 手淘首页"猜你喜欢" 183
6.2.3 微淘 185
6.2.4 店铺首页和商品详情页 186

6.3 用直播付费推广带动直播间 187
6.3.1 超级推荐的基本原理 187
6.3.2 超级推荐的入口 190
6.3.3 推广计划设置 193

6.4 直播活动运营 201
6.4.1 认识活动的作用 201

6.4.2 常见的直播间
活动 203
6.4.3 活动策划的要点 206
6.4.4 参加直播平台的
活动 212

● 新手问答 214
1. 如何查看类目行业转化率
平均值? 214
2. 如何提升转粉率? 215
3. 直播间常见的活动策略及
话术有哪些? 217

第7章 如何策划粉丝喜欢的直播内容 219

7.1 深度挖掘粉丝画像 220
　7.1.1 粉丝画像观察渠道 ... 220
　7.1.2 粉丝人群分类分析 ... 223
　7.1.3 粉丝运营六大
　　　　驱动力 225
　7.1.4 粉丝运营案例 229
7.2 吸引粉丝的直播内容有什么
　　特点 231
　7.2.1 具备趣味性 232
　7.2.2 具备专业性 235
　7.2.3 具备互动性 235
7.3 提供粉丝喜欢的直播
　　内容 237
　7.3.1 追求轻松快乐：搞笑、
　　　　吐槽、脱口秀 237
　7.3.2 追求视觉享受：展示高颜
　　　　值的人与物品 238

7.3.3 利用好奇心理：揭秘、
访谈、星闻 240
7.3.4 提升自我价值：教学、
健身与减肥 242
7.3.5 解决生活问题：情感
咨询、身体健康 243
7.3.6 取得心灵共鸣：传递正能
量，展示爱暖萌 244
7.3.7 追求时尚流行：服饰
介绍、化妆展示、
好车推荐 246
7.3.8 生活文艺娱乐：影评
剧评乐评、游戏解说、
体育解说 248
7.3.9 展示格调情怀：小清新、
优雅生活、怀旧、
美文 248

7.3.10 粉丝喜欢购物：种草、
开箱、测评 249

7.4 4个维度策划直播脚本 ... 250
7.4.1 直播脚本的重要
作用 251
7.4.2 从产品维度策划
脚本 252
7.4.3 策划单场直播
脚本 258

7.4.4 从营销策略维度策划
脚本 259
7.4.5 从时间维度策划
脚本 261
7.4.6 直播脚本落地实操
演练 264

◆ 新手问答 268
1. 遇到黑粉怎么办？ 268
2. 新手主播如何用话题引出
第一款产品？ 269

第8章 日销千单的直播带货技巧 273

8.1 如何选择能爆起来的
产品 274
8.1.1 直播带货的要素 274
8.1.2 主播选品技巧 275
8.1.3 标签化选品 277
8.1.4 直播产品价位
定价 279

8.2 直播带货就这几招 282
8.2.1 产品售卖逻辑
思维 282
8.2.2 产品营销四要素 286
8.2.3 讲解产品八部曲 291

8.2.4 将产品融入直播间
场景 293
8.2.5 高转化不能少的营销
技巧 294

8.3 剖析知名主播带货
技巧 296
8.3.1 薇娅带货技巧 296
8.3.2 李佳琦带货技巧 299
8.3.3 李佳琦的经典话术
鉴赏 301

◆ 新手问答 302
1. 有哪些选品方向
推荐？ 302

2. 有哪些促进成交的
   法则？ 303
3. 各类目直播销售讲解内容
   有哪些？ 304

第 9 章 从 0 快速到 10 000 的引流吸粉
秘籍 307

9.1 在直播平台中推广
自己 308
9.1.1 发布直播预告引
关注 308
9.1.2 在直播间中自我
推广 309
9.1.3 资讯信息分享板块
推广 310
9.1.4 短视频推广 312

9.2 多渠道全方位引流 315
9.2.1 贴吧、论坛、
社区 315
9.2.2 朋友圈、微信群、
公众号 316
9.2.3 QQ 群、QQ 空间 319
9.2.4 微博 321

9.2.5 线下引流 325
9.2.6 百度引流 326
9.2.7 蹭热点引流 328

9.3 引流软文要这么写 331
9.3.1 软文标题写作
技巧 331
9.3.2 软文摘要写法 333
9.3.3 软文正文的写法 334
9.3.4 常用收尾方法 337

● 新手问答 338
1. 如何将直播平台的粉丝
   引到微信？ 338
2. 不涨粉也不掉粉
   怎么办？ 339
3. 引导用户关注主播的话术
   有哪些？ 339

第1章

错过直播风口,你得再等十年

本章导读

　　有人说"直播大势已去",也有人说"直播热潮刚来"。那么直播的实际情况到底如何呢? 不少素人通过直播走上了艺人、网红的道路,并利用高额打赏和卖货,获得了令人惊叹的收入。并且随着5G和VR技术的普及,以及各大资本的强力入驻,直播行业将会迎来更广阔的前景。各式各样的直播平台和达人,也将会随着直播行业的蒸蒸日上而取得更好的发展。

1.1 直播为什么这么火

直播是个基于视频的互动社交新模式，也是一个时效性强、互动性强的媒介，更是一个更加直观的营销方式。艾媒咨询数据显示，2016—2020年，中国在线直播行业用户规模稳健发展，具体数据如图1-1所示。

图1-1　2016—2020年中国在线直播用户规模

随着直播用户规模的增加，直播平台之间的竞争也越来越激烈。在这几年的发展中，有的直播平台停止运营，有的被收购，有的则通过不断融资实现了上市。

例如：

➢ 2019年3月，熊猫直播宣布停止运营；

➢ 2019年3月，YY直播收购BIGO LIVE；

➢ 2019年4月，虎牙直播公开增发募资5.5亿美元；

➢ 2019年7月17日，斗鱼直播在美国纳斯达克上市。

主播方面，不少主播经过自己的努力变身成为知名达人。例如，带货达人李佳琦、转型为歌手的冯提莫、淘宝女主播薇娅等。

那直播为什么这么火呢？下面一一揭开直播火热的神秘面纱。

1.1.1　基于视频的互动社交新模式

在网络飞速发展的今天，传统的图片、文字、语音已经不能满足网民们的社交需求。而短视频和直播的出现，恰好在丰富网民社交模式的同时，满足了网民的泛娱乐化需求。所以多个社交平台都推出了"视频""直播"等功能。微信中的"拍摄"功能如图1-2所示，用户可以通过它拍摄照片或视频,并发送给好友;QQ空间发布动态页面如图1-3所示,用户点按"直播"选项,即可开始直播。

图1-2 微信中的"拍摄"功能　　图1-3 QQ空间发布动态页面

以前,明星达人只能通过电视、报纸进入大众视野,而现在,达人则可以在镜头前与粉丝进行互动,满足粉丝的好奇心理。这就在一定程度上拉近了用户与主播以及用户与用户之间的关系,同时也缓解了用户的孤独感。而很多用户正是由于喜欢这种很多人围在一起看秀、看游戏、看比赛的氛围,才会观看直播。某游戏主播在bilibili(以下简称"B站")平台直播打王者荣耀的画面截图如图1-4所示。可以看到,共有197 749名用户在直播间看主播玩游戏,不少粉丝还在直播间刷弹幕为主播加油。

图1-4 某游戏主播在B站平台直播打王者荣耀的画面截图

对于主播而言,以前想展现自己的技能,必须通过选秀节目的层层筛选,而现在只要一个镜头和一个直播平台,他们就有机会走进大众视野,成为名人。例如,知名女歌手冯提莫就利用直播,从一个从网络女主播转型成为女歌手。

冯提莫早在2014年就在斗鱼平台开启了直播生涯,并成为职业女主播。她在2016年12月，为电影《28岁未成年》演唱片头曲《你不懂我》；2017年6月，发行个人首支单曲《识食物者为俊杰》；2019年5月，发布首张翻唱专辑《莫须有》；2019年8月，举办首场个人演唱会，并发布首张同名原唱实体专辑《冯提莫》。该场演唱会门票价格已经可以和众多一线明星相比，而且有很多忠实粉丝到现场捧场。同时，冯提莫还参加了多档综艺节目的录制。

1.1.2 时效性、互动性更强的媒介

媒介，通常用来指所有面向广大传播对象的信息传播形式，如电影、电视、广播、报刊、通俗文学和音乐。直播作为一种新兴的媒介，有着传统媒介所不具备的优势，如时效性、互动性更强。

大部分传统媒体，如报纸、微信公众号、微博等，往往以发布会的时间、地点、人物等因素进行报道，没有现场直播的内容全面。且传统媒体的发布报道流程往往比较烦琐，需要历经记者参会、写稿、交稿、审稿、编辑、复审、排版等过程，新闻报道的时效性自然会比直播差很多。因此近年来，越来越多的企业会采取直播的方式召开发布会。

网络直播是时效性最强的媒介。直播的形式还可以增强用户的现场参与感，同时可以方便主播与用户进行实时互动，用户之间也可以通过弹幕相互讨论，如此便可营造出一种欢乐轻松的氛围。

目前，已有多个媒体入驻直播平台，如人民日报、新华社、央视新闻均已入驻快手。2019年10月，央视新闻快手号直播了一场70周年国庆阅兵前后的内容，全场直播累计收看人次突破10亿。

1.1.3 更加直观的营销方式

企业研发出满足用户需求的产品，通过一定的营销方式将产品价值呈现给用户，并刺激用户购买产品从而获得利润。传统的营销方式主要包括电视广告、户外广告以及线上的网店销售。而直播是一种新的营销

方式,它可以帮助企业获得更多的利润。直播营销的显著优势如图1-5所示。

1. 营销成本更低

通常,传统营销方式的成本都比较高,是小企业无法承担的,如电视广告、楼宇广告的营销费用动辄几十万元。而网络直播的营销费用要少很多,因此很多企业会选择利用直播营销,将产品带入大众视野。

图 1-5　直播营销的优势

小米在2016年5月20日,发布的一条关于无人机纯直播发布会的微博,如图1-6所示。该场发布会于2016年5月25日,由小米公司总经理雷军,在办公室通过多家视频网站及直播App举行。该发布会无须租赁酒店,也无须布置会场,更无须高额的宣传费,所需成本仅仅是十几部手机而已。

图 1-6　关于无人机纯直播发布会的微博

据小米官方统计,这场纯直播发布会,直播观看人次达1 092万,并由此引发了众多企业的注意。实际上,除了小米,部分企业也看中了直播营销成本低的这一优势,并纷纷采取直播进行产品营销。

2. 营销覆盖面更广

传统的营销方式在介绍产品时,只能通过文字、图片或剪辑后的视频来展现产品的功能和优势,用户在接收产品信息时,也需要自行构建使用场景。而直播营销,可以由主播将试吃、试玩、试用产品的信息直接地展现在用户眼前,这就很好地增强了产品的可信度,并且也能帮助用户更好地了解产品信息。

淘宝的某美食直播间,如图1-7所示。主播边吃边介绍该款螺蛳粉,呈现出了一种螺蛳粉十分美味的画面,并由此吸引用户下单购买产品。

淘宝直播的某服装直播间,如图1-8所示。主播通过镜头,一边试穿,一边介绍连衣裙,并多角度地展现了连衣裙的上身效果。

用户在观看直播时,可以实时分享有趣的产品或主播内容给好友,并邀请好友一同观看。如此一来,直播营销不仅能多方面地展示产品信息,还能覆盖更多的用户。

图1-7 某美食直播间　　　　图1-8 某服装直播间

3. 营销效果更直观

传统营销广告不仅有高额的成本费用,营销效果也不可控。有的电视广告的投入费用甚至大于它的营收费用。但直播营销不仅费用低,还可以迅速收获营销效果。而且,在直播营销中,用户容易被主播的介绍和试用所打动,也容易被其他用户的好评和下单激发购买欲。

例如，美妆博主李佳琦在直播试用口红时，常会利用诸如"Oh my god！""哇，这也太好看了吧！""必须买！""这个颜色只有某某（明星）才能hold住！"等具有煽动性的文案，去刺激用户下

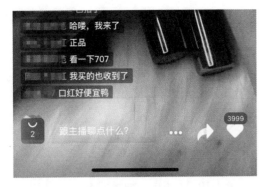

图1-9 淘宝直播弹幕以及下单提醒页面

单。在如图1-9所示的淘宝直播中，其他用户的"已拍了""正品""我买的也收到了"等弹幕以及"某某用户正在去买"的提示，也会刺激用户下单购买产品。

运营者在一场直播营销结束后，可立刻统计整场直播的观看人数、礼物数及订单数，直观地查看营销效果。

4. 反馈信息更及时

改进产品是保证产品获得更长生命周期的关键。而消费者作为产品的使用者，对产品最具发言权，所以企业经常选择以问卷调查的方式向消费者征集改进建议。而在直播营销中，主播可以直接提出改进建议的话题，然后用户可以利用弹幕提出建议。

另外，针对用户提到的直播中出现的观看问题，如主播音质差、画面不清晰等问题，主播也可以及时进行调整。

综上所述，直播营销与传统营销相比，是一种成本更低、覆盖面更广、效果更直观、反馈更及时的营销方式。各大企业在采用直播进行营销时，必定需要更多主播，以吸引更多观看直播的用户。

1.1.4 技术加持

技术的不断发展，为直播的发展奠定了坚实基础。直播技术加持

的体现，如图1-10所示。

图1-10 直播技术加持的体现

1. 硬件设备

随着电子产品的不断完善，目前的电脑、手机等直播硬件的设备功能越来越齐全，价格也越来越合理。例如，2014年发布的iPhone 6，售价5 288元起，前置120万像素镜头，后置800万像素镜头。2020年2月发布的小米10手机，售价为3 999元起，前置2 000万像素镜头，后置1亿像素主摄+1 300万像素超广角镜头。从这两款手机的前后摄像头的像素对比和价格对比，就可见短短6年间，技术得到多么迅猛的发展。

2. 网络技术

2011年4G网络正式商用，2013年12月4日，我国三大运营商均获得4G牌照，这在无形中降低了直播的成本和门槛，很多直播也从室内走到室外。2019年6月6日，中国电信、中国移动、中国联通、中国广电均已获得5G商用牌照。而5G的普及，将为直播再添助力，推动直播发展进入新阶段。

3. 功能技术

各直播平台在竞争中，都通过布局5G、VR、AI等技术来获取差异化优势。例如，早在2017年6月，花椒直播就宣布VR直播正式上线，并以此吸引了众多用户的关注。

在AI技术方面，2019年6月，淘宝直播推出了智能客服机器人"直播小蜜"；2019年11月，快手推出了直播间智能宠物"小快"。在直播中，主播可以与"小快"对话、发布指令，"小快"会根据主播的指令做出如放歌、发红包、连麦等动作。

由此可见，技术对于直播的发展，有着不可替代的作用。在今后，技术加持将继续协助直播发展,直播平台有机会增强多端的实时互动,在提升用户体验感的同时,也有利于形成直播内容的多元化。

1.1.5 资本投入助推

随着直播平台进入快速发展期,针对直播的巨额融资也接踵而来。不少平台已获得A轮融资或B轮融资,斗鱼更是成为率先完成E轮融资的平台。这些融资为直播行业的发展奠定了坚实的经济基础,并在支持直播平台稳步发展的同时,让直播平台有经济能力去研发更多有趣、实用的功能。

斗鱼、花椒、虎牙、快手等平台的融资情况,如表1-1所示。

表1-1 斗鱼、花椒、虎牙、快手等平台融资情况表

平台名称	成立时间	融资情况
斗鱼直播	2014年1月	天使轮2 000万元人民币;A轮数百万美元;B轮1亿美元;C轮15亿元人民币;D轮10亿元人民币;E轮6.3亿美元
快手	2011年3月	A轮数百万美元;B轮数千万美元;C轮20亿美元;D轮3.5亿美元;E轮4亿美元
花椒直播	2015年6月	A轮3亿元人民币;B轮10亿元人民币
虎牙直播	2015年4月	A轮7 500万美元;B轮4.6亿美元

1.2 热门的直播类型有哪些

直播种类多种多样,如秀场直播、游戏直播、体育直播、活动直播。正是由于不同类型的直播可以满足不同用户的爱好和需求,直播行业才能发展得如此顺风顺水。

1.2.1 秀场直播

秀场直播是国内最早的直播形式,内容主要以颜值在线的帅哥美女展现唱歌、跳舞等才艺为主。很多秀场直播平台的会员用户会因被主播

的颜值或才艺折服,而自发地打赏礼物。这些礼物,就是秀场直播最直接的变现方式。礼物由直播平台推出,会员用户需通过充值的方式在平台购买礼物,主播在收到礼物后,也需要通过平台折现。

国内最早的直播秀场始于2005年,由傅政军模仿韩国的视频聊天社区"十人房"建立,秀场名称为"9158"。随后,呱呱、YY语音、六间房也涉足了秀场直播,这3家也就成了国内第二批视频直播平台。

2012—2014年间,随着YY和天鸽互动(9158母公司)的上市,直播被更多的投资人看好。于是,从2014年开始,国内便掀起了一场直播热潮。相关数据显示,2017年国内秀场直播用户规模达到了2.2亿人次,增长率26.9%,且国内秀场直播市场规模达到了45.2亿美元。

但秀场直播在带来经济效益的同时,也存在一定的问题。目前秀场直播存在的问题,如图1-11所示。

➢ 内容单一:秀场直播所生产的内容过于单一,基本就是唱歌、跳舞。

➢ 用户流失率高:秀场直播内容千篇一律,容易导致用户审美疲劳,造成用户流失。

图1-11 目前秀场直播存在的问题

➢ 盈利模式单一:秀场直播除了打赏礼物,暂无其他可行的盈利模式。而用户的打赏,也无规律可循。

➢ 监管整顿问题:游走在法律边缘的轻色情文化,普遍容易被查处。例如,2016年,9158平台就因涉暴力淫秽内容遭查处。

正是由于秀场直播的内容过于单一,用户流失率也高,一些秀场直播平台就铤而走险,在直播中加入暴力、涉黄等内容。但这样的内容,不仅会被查处,而且也只是一种快消品,加入这样的内容不是平台长期发展的合理方法。

秀场直播平台应从解决用户的需求入手，培养出优秀的主播，并持续输出多样性的优质内容，以此来留住更多的用户。并且平台只要解决了直播内容单一性的问题，使自己的平台具有特色，自然不会缺乏用户。

1.2.2 游戏直播

4G、5G的稳步发展，使游戏产业得到快速发展，以电子竞技为核心的游戏直播平台也逐渐发展起来。游戏直播指的是涉及电竞赛事、游戏解说、在线游戏、线上交友和商业活动等方面的直播。

早在2014年1月，由美国开发的LOL游戏就已拥有了以亿计数的注册用户，这就为游戏直播的发展奠定了基础。众多游戏玩家通过游戏直播平台，追随喜爱的电竞名人。同年，国内领先的互动直播平台——虎牙直播，从YY直播脱离，成为独立的游戏直播平台。

前瞻产业研究院报告数据显示，2016—2019年游戏用户、市场规模如图1-12

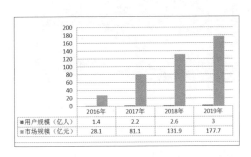

图 1-12　2016—2019 年游戏用户、市场规模

所示。游戏直播有着黏性高、时效性强、观赏性高等优点，是目前的热门直播形式。

从图中可以看出，游戏主播的用户规模和市场规模都在不断扩大。并且随着手机端的游戏用户递增，手机端的电竞手游渗透率也在逐渐增加。例如，《王者荣耀》《和平精英》的手游用户数就在递增，而关于这两款游戏的直播间用户数也呈递增趋势。

游戏直播的用户主要以男性为主，这符合游戏的用户属性。且从年龄来看，游戏直播的用户年龄主要在30岁以下，又以19—24岁的用户居多，这类用户正好是我国的大学生群体。

最初，游戏直播的主要变现方式是礼物打赏。但随着游戏直播平台的不断创新，未来游戏直播平台将发展会员服务、游戏联运、游戏陪玩等多元化的业务，以增加变现方式。

1.2.3 体育直播

在网络直播发展顺利的前提下，不少平台把目光瞄向了体育赛事直播。加上我国对体育事业的重视以及其他国家赛事转播的影响，我国体育视频直播产业快速发展，并且网络直播逐渐取代传统的电视直播和广播直播，发展成为体育直播的主流方式。

章鱼TV的某赛事直播截图，如图1-13所示。从图中可见，在线观看直播的用户可实时进行评论、点赞、分享等。

图1-13　章鱼TV的某赛事直播截图

当然，我国体育直播仍然存在一定问题，如广告较多，解说质量水平参差不齐，内容制作水平欠佳等。而今后，各体育直播平台的发展趋势会更加垂直化、多元化以及定制化，并且各个平台也会注重平台特色的打造和移动端体育直播技术的创新，以吸引用户。

1.2.4 活动直播

活动直播指的是运营者通过直播平台策划纯线上的活动，即运营者完全可以借助直播平台，策划与企业开发新品、店庆、清仓处理有关的活动。活动直播可以让用户有更多的参与感，并且能帮助用户更深入地了解产品的来龙去脉。

例如，小米科技早在2016年就在B站上开启了一个名为"小米Max超耐久无聊待机直播"的活动。在活动直播中，一个小米Max手机一直保持着待机状态，且每隔一小时就唤醒一次屏幕，以显示该手机正在运行。该款小米Max在整个活动直播中，坚持待机了19天，吸引了3 954万人次围观。这为小米Max的大卖打下了坚实基础。

2020年年初，小米科技又策划了一款新品发布会的直播。小米与B站合作推出了72小时超应援直播，从2月12日10点开始，整个发布会持续直播了三天三夜。并且为了表达诚意，小米还在直播中陆续送出了100台小米10，成功吸引了大量用户进入直播间围观。小米10新品发布会的一张直播海报，如图1-14所示。

图1-14 小米10新品发布会的一张直播海报

考虑到直播渗入率的问题，即乡下网络不发达的用户可能难以看到直播，小米还与深圳卫视合作，利用电视直播了整个发布会。因此，小米10的这次纯线上发布会，吸引了大量用户的关注，并获得了较大的成功。

1.2.5 教育直播

早在2000年，新东方就推出了直播课堂，并一直保持着良好的发展势头。且随着网络直播走进大众视野，教育行业也迎来了一场大的变革。

2016年，斗鱼直播首次与新东方合作，直播考研培训方面的知识。直播课程时间长达10小时，老师在直播中详细讲解了各科目新老考试大纲的变化，并指导学生备考策略、解题思路，吸引了近40万人同时在线观看。除了考研培训，英语知识、职场知识、心理知识等，也都纷纷在各个直播平台兴起。

"直播+教育"，已从早期的在线直播转变为形式更为丰富的教学直播。而正是这些优质精良的标准化课程、个性化课程、明星教师直播使教育行业迎来了新的生机。斗鱼直播的教育在线直播页面，如图1-15所示。从页面中可见，教育直播的内容不仅包括课本知识，还包括人文历史、心理情感等方面的知识。

图 1-15　斗鱼直播的教育在线直播页面

教育直播已升级为一种大众化的、互动性强的新型信息交流方式，并在唤起用户对学习的热情的同时，促成了共享经济的发展。

1.2.6　电商直播

电商直播指的是主播利用直播平台，销售电商平台上的商品。电商直播与最初的电视购物有着密切的联系，电视购物通过主持人叫卖+模特展示完成商品销售；电商直播通过主播推广+自我展示完成商品销售。

某淘宝店的直播页面，如图1-16所示。主播在直播中，一边试穿，一边介绍和讲解衣服的特点，将产品信息更好地传播给了用户。相比于网店的图文展现，直播可以更好地展示商品的特点，用户通过直播可以更直观、更全面地了解商品的材质、样式、尺码和颜色等参数。

在电商直播中，用户可以询问与商品有关的问题并购买商品，主播也可以实时解答用户的提问,并进行商品营销。图1-16中的某用户问到"110斤穿多大",主播就可对这个问题作出详细回答,并用更多语言刺激该用户下单。

图 1-16 某淘宝店的直播页面

1.2.7 日常生活直播

日常生活直播的范围就比较广了,主播可以在任意时间、任意地点直播,分享自己或他人的日常生活。这种直播内容因为接地气、贴近用户,所以广受用户喜欢。

例如,在抖音平台有392.9万粉丝的小兰,所拍摄的短视频就以分享一家人的日常为主。最初,她以拍摄自己做的日常饭菜为主,引起人们对"房子是租来的,但生活不是"的共鸣。在有了一定的粉丝基础后,她在闲暇时间会开直播与观众分享自己的日常生活,如老公的职业、当日的趣事、结婚经历等。

日常生活直播的门槛低,只要有用户愿意进入直播间与主播进行互动,这个直播就能够进行。在积累了一定量的粉丝后,主播还可以考虑利用直播带货变现。小兰的抖音橱窗,如图1-17所示。她通过这个页面就可以销售商品，用户点按任意一个商品，就可以看到与推广商品相关的短视频内容，如图1-18所示。并且用户可以利用短视频中的小黄车，跳转到该商品详情页，进而下单购买商品。

图 1-17　小兰的抖音橱窗　　　　图 1-18　与推广商品相关的短视频

总的来说，直播类型多种多样。主播只要发挥自己的特长，吸引到大量粉丝，就可以通过礼物打赏、带货等方式获得收入。

1.3　直播在 5G 时代的广阔前景

随着5G时代的到来，直播必然将迎来另一个发展高峰。相比于4G网络，5G能带来超高清、低时延和高宽带技术，可以在消除卡顿、增强画质等方面刷新用户体验。并且AI技术、VR技术的发展也将因5G更上一层楼，这可以使直播的内容更丰富、有趣。

1.3.1　5G高速通信与直播

直播对网络的速度和稳定性要求较高，且流量消耗巨大。虽然4G已经在一定程度上促进了直播的发展，但4G网络的稳定性、容量、价格，以及Wi-Fi场地限制仍然无法满足视频直播的需求，具体表现如下。

➢ 不够稳定：4G网络受障碍物遮挡、基站之间信号移交等因素影响，存在信号较弱、不稳定等问题。这就可能造成直播卡顿、闪屏等情况，会严重影响用户的观看体验。

➢ 网络容量不足：4G网络在人群分散的室内还算流畅，但一旦到人流集中的地方就可能出现收不到4G网络的情况。特别是在体育赛事、演唱会等场景中，问题尤为严重，这就很难满足大型活动直播的需求。

➢ 价格不够亲民：虽然各大运营公司已经降低了流量费用，但视频直播需要的流量巨大，很大一部分主播仍然无法承担直播带来的高额流量费用。

➢ Wi-Fi场地限制：室内直播时可以使用Wi-Fi来解决4G网络的问题，但室内直播所涉及的直播内容较窄，主要集中在秀场直播和游戏直播等方面，这不利于户外直播和赛事直播的发展。另外，大多数用户因为流量价格不亲民，在没有Wi-Fi的情况下，一般不会看直播，这就限制了用户观看直播的地点。

5G是目前最新一代的蜂窝移动通信技术，具有高速率、大容量、超可靠、低时延等特点。并且5G网络可以在提升带宽的同时，降低单位流量成本，这对直播发展具有显著的促进作用。

5G给直播行业带来的变化主要体现在直播内容及用户体验两个方面。

1. 直播内容更加多元化

随着5G时代的到来，直播内容将更加多元化。例如，5G的高速率、大容量、超可靠、低时延等特点可以支持主播走出室内，去到商场、公园、赛事现场、演唱会等地方，也可以支持大型活动、赛事的直播。特别是演唱会、体育比赛等具有独特内容价值的活动，必定能吸引大量的用户观看。

2. 提升用户的观看体验

一方面，5G普及后，视频直播的画面清晰度肯定有所提升，直播的流畅性也会上升，这对游戏直播的影响尤为巨大，高清的画质和流畅的游戏过程，将吸引更多用户观看直播。此外，在5G网络时代，网速提升、网费下降，用户可以随心所欲地观看直播。

另一方面，5G的发展对于VR直播有着重要意义。VR直播可以给用户营造一种与主播面对面的近距离接触感，提升用户观看体验。

1.3.2 助力VR直播的发展

虚拟实境（Virtual Reality），简称VR技术，指利用技术产生一个三维空间的虚拟世界，为用户提供视觉、听觉、触觉等感官的模拟体验。相比于平面化的视频直播，VR直播能让用户产生更为逼真的代入感，提高用户体验。

早在2017年6月，花椒直播就宣布VR直播正式上线，并在发布会上免费发送了10万个VR眼镜以及1 000套VR拍摄设备。花椒VR直播，采用双目摄像头，并通过数据、技术优化，让用户带上VR眼镜后可以看到真实的3D场景。虽然，当时的花椒VR直播并不成熟，应用范围也有限，但仍有很多电商、旅游业寻求与其合作。

目前，VR直播已应用于多个领域，但VR直播的应用依旧存在以下问题。

➢ 技术不成熟：由于VR直播的技术不够成熟，所以直播中常会出现如分辨率低、画质差、网络延时明显、晕眩感等问题。同时，用户只能通过佩戴VR眼镜观看VR直播，这就大大限制了VR直播的发展。

➢ 高额的VR直播费用：主播使用VR直播的成本高，用户观看VR直播的成本也高。普通主播和用户都无法承担高额的VR直播费用。

➢ 应用生态不成熟：大多数的VR直播都停留在娱乐影视、体育直播和网红直播中，并且使用VR直播的人群也很有限。

5G的普及可以助力VR直播的发展。例如，5G网络可以提升VR直播的画面清晰度，并且还可以提升VR的沉浸感、交互感、体验感，同时也可以降低VR直播的成本。此外，随着硬件设备的升级，VR直播也将应用到更多方面，具体应用如下。

➢ 房地产行业的VR直播，在减少购房者的时间成本和交通成本的基础上，可以缩短交易周期，以此提升购房者的购房体验，同时也可以降低房地产商的人力成本。

➢ 电子商务行业中的VR直播，让主播把商品的使用场景更形象、生动地带到消费者眼前，从而激发消费者的购物欲望。

➢ 在线教育行业中的VR直播，让知识更加立体化，便于学生理解；老师可以利用VR直播，实现一对多的教学。例如，在医疗教学中运用VR直播，学生可以共同观看老师的VR手术。

5G所带来的变化不仅体现在VR方面，还体现在AI技术、3D技术等方面，5G是这些技术发展的基础，也必然会促进这些技术的成熟，并带动直播的发展。

新手问答

1. 直播有禁忌吗?

俗话说“没有规矩不成方圆”，在直播行业中也有一些不能触及的禁忌。虽说各个平台的规则大同小异，但主播在开播前有必要仔细阅读并遵循这些规则。虎牙平台的部分规则如图1-19所示。该规则强调，严禁主播在直播间或社交平

2.2.1**严禁发表反党反政府反社会的言论，或做出侮辱诋毁党和国家的行为**，如：

（1）违反宪法确定的基本原则的；

（2）危害国家安全，泄露国家秘密，颠覆国家政权，破坏国家统一的；

（3）损害国家荣誉和利益的；

（4）煽动民族仇恨、民族歧视、破坏民族团结的；

（5）破坏国家宗教政策，宣扬邪教和封建迷信的；

（6）散布谣言，扰乱社会秩序，破坏社会稳定的；

（7）散布暴力、恐怖或者教唆犯罪的；

（8）煽动非法集会、结社、游行、示威、聚众扰乱社会秩序的；

（9）其他可能引起或已经引起不良影响的政治话题。

图1-19 虎牙平台部分规则

台发表反党、反政府、反社会的言论，或做出侮辱诋毁党和国家的行为。

例如，斗鱼平台某女主播在2018年，就因发表了与南京大屠杀、东三省沦陷相关的不当言论而遭到网友举报，不久就被斗鱼官方封号，并彻底取消直播间。

此外，因违反平台规则而被解约、受处罚的主播多不胜数。因此，主播在直播间与社交平台应注意自己的言行，避免为自己带来不必要的麻烦。

2. 线下店铺可以做直播吗？

随着电商直播的发展，越来越多的用户喜欢在直播中直接购买商品，这势必会对线下实体店的商品销售造成冲击。那么，线下店铺可以做直播吗？答案显然是肯定的。

部分平台为吸引线下店铺开通直播，推出了流量扶持、资金补贴等活动。例如，抖音在2020年3月就推出"宅家云逛街"活动，其部分活动说明如图1-20所示。由此可见，抖音平台是支持线下店铺做直播营销的。其实不只抖音，快手、京东等多个平台也对线下店铺开通直播有着不同程度的扶持政策。

线下店铺做直播除有平台扶持政策优势外，还有新鲜感足、粉丝易增加、转化高、货品更新速度快等优势。因此，线下店铺

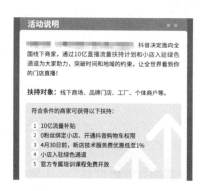

图1-20 抖音"宅家云逛街"部分活动说明

可以考虑入驻直播平台，尝试这种新营销方式。

3. 农产品适合直播营销吗？

目前，电商与直播已经成为不少农民的致富新选择。特别是农产品直播营销，更是受到广大农民的欢迎，这种营销方式可以为用户直观地展现产品并且与用户即时互动，从而吸引更多用户关注自家产品和增加农产品的销量。

因此，很多乡村素人都开始采用直播的方式来带动农产品的销售。例如，四川的"格绒卓姆"就是这样一个为农产品代言的女孩。2019年，"格绒卓姆"就凭借直播卖货400多万元。她也是快手"幸福乡村计划带头人"之一，还因此走出大山到清华大学培训。

除快手平台外，多个直播平台也在倡导通过直播来带动农产品销售，以增加农民收入。例如，截至2019年11月底，淘宝的公益直播超过120万场，带动农产品成交40亿元。那么，农产品的直播营销应注意些什么呢？

（1）把关产品质量。

优质的产品是吸引粉丝的关键。所以，主播在直播间展示的产品，质量一定要好，这样才能吸引更多用户关注账号和购买产品，并且实际发出的产品的质量也要好，这样用户才可能回购产品。

部分主播为了追求一时利益，展示产品和发出产品的质量不对等，这常会引来用户的取关和谩骂，实际上是得不偿失的。

（2）注重产品包装设计。

美观大方的包装不但能够保障产品安全到达用户手中，而且还能给用户留下一个好印象。直播农产品的包装，最好要区别于一般农产品，主播最好能在注重美感的同时，结合自身产品的特点，为其设计出精而美的包装。

（3）主播要乐于互动。

决定用户下单的因素除产品外，就是主播了。主播最好能通过讲故事、讲述地方人文历史、展现个人才艺等方式来展现产品的文化内涵，给用户留下深刻印象。例如,格绒卓姆平时除分享挖虫草和松茸的视频内容外,也会分享一些展现家乡风土人情的视频内容,如蓝天、彩虹、群山、民族服饰。

(4)做好售后服务。

很多主播以为把产品卖出去就万事大吉了。而实际上,由于售后问题导致产品退换货的情况比比皆是。售后服务是农产品销售的最后一个环节,售后问题如果处理不好,就会影响用户满意度,甚至会造成用户流失并降低产品销量。

所以,在有了订单后,主播一定要按时、按量发货。当用户有反馈时,一定要及时回应。在发生差评时,首先道歉并及时弄清责任,如果确实是自己有失误,应及时赔偿;如果是对方有误解,则应及时说明情况。总的来说,农产品适合直播营销,但主播想做好营销工作,也需要付出很多努力。对这方面有兴趣的主播,可以提前计划、精心准备,让直播营销取得更好的效果。

第2章

选择适合自己的直播平台

本章导读

自从直播火爆以后,各直播平台犹如雨后春笋般涌现。常言道,选择大于努力。新手主播如果选对了直播平台,并坚持不懈地深耕下去,就很可能在直播领域取得理想成果,但如果选择了不适合自己发展的平台,则可能做再多努力也无法成功。

那么,新手主播应该如何选择直播平台呢?主播在寻找平台时,首先应该了解直播平台的类别,如娱乐类、游戏类、体育类、购物类以及专业领域类。其次应该认识几个目前较为有特色的直播平台,如全网最火的抖音平台、下沉覆盖的快手平台以及专业消费类的直播平台。最后再根据自己所擅长的技能,来选择符合自己定位的直播平台。

2.1 直播平台的五大分类

市面上的直播平台多不胜数,但各类直播平台的属性又各不相同。例如,YY LIVE主打娱乐类直播,企鹅电竞主打游戏类直播,懂球帝主打体育类直播,淘宝直播主打购物类直播等。各类直播平台的用户构成、使用偏好、消费能力等因素都有所差异。因此,主播在开通直播前,应了解直播平台的分类。

2.1.1 娱乐类平台

娱乐类直播包括的直播内容有秀场直播、生活直播,在直播市场中占据较大份额。目前,涉及娱乐类的直播平台如图2-1所示,主要包括YY LIVE(以下简称YY)、快手、美拍、斗鱼等平台。

图 2-1 涉及娱乐类的直播平台

其中,值得一提的是YY和快手。YY是国内网络视频直播行业的奠基者,成立于2005年,并于2012年在美国上市。YY致力于打造全民娱乐的互动直播平台,其直播内容涵盖音乐、科技、户外、体育、游戏等方面,注册用户高达10亿人,月活跃用户达到1.22亿人。

YY直播首页截图如图2-2所示。通过该页面可看出,YY直播的内容涵盖音乐、脱口秀、游戏和户外等方面。此外,YY有自己的官方资讯,可以实时更新主播大事记,打造更多特色娱乐。

第 2 章　选择适合自己的直播平台

图 2-2　YY 直播首页截图

快手原只是一个制作、分享 GIF 图片的软件，在转型做直播后吸引了众多用户，并在 2012—2017 年获得多轮投资。因为它有粉丝基数大、门槛低等优点，所以大量的主播都往快手聚集，这也在一定程度上促进了快手的发展。

2.1.2　游戏类平台

2019 年游戏直播行业发展进入成熟期，平台间的竞争给市场带来了新活力，并且头部平台收入的迅速增长，有效带动了整体游戏直播市场规模的增长，也使得行业更加规范，整体上行业向着良性竞争方向发展。

与此同时，为拓展更大的市场，头部游戏直播平台纷纷出海。并且新兴技术的出现带动了服务新形态的出现，预计未来游戏直播平台将拓展云游戏业务，以进一步提升平台内容服务的竞争力。

游戏直播的发展从 2013 年至今，经历了如图 2-3 所示的四个阶段。这四个阶段，也见证了各个游戏直播平台的兴衰成败。

➢ 萌芽期：《Dota 2》

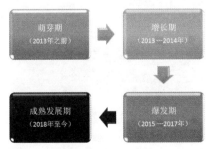

图 2-3　游戏直播发展阶段

25

《英雄联盟》等爆款游戏的推出，催生了游戏主播的需求。在此阶段，相对成熟的语音聊天工具（YY语音）以及视频网站开始进入游戏直播领域。

➢ 增长期：随着游戏直播需求的提高，很多人开始重视游戏直播这一领域。与此同时，国家推行光纤入户提升网速，这也催生出了大量主播。虎牙与斗鱼在这一时期分别从YY、AcFun中独立出来，成为新的直播平台。

➢ 爆发期：随着资本的助力，直播行业迅猛发展，直播大战也由此爆发。在这个阶段，市面上同时存在的直播平台多达120余家，如企鹅电竞、全民直播、龙珠直播等平台。游戏直播呈现出平台多、主播多、用户不稳定的发展概况，这也导致了游戏直播行业乱象不断，市场竞争进入白热化阶段。

➢ 成熟发展期：2018年5月，虎牙直播在美国纽交所上市，成为国内首家上市的游戏直播公司。与此同时，腾讯入股斗鱼、虎牙平台，快手等短视频平台也加大了对游戏直播平台的投资。行业格局逐渐稳定，中小平台逐渐退出。例如，2019年3月8日，熊猫直播正式关闭服务器，其工作团队与主播被其他平台吸收。

游戏直播发展至2020年，已经出现了多个热门平台。2020年热门游戏直播平台（排名不分先后）如图2-4所示。

因各平台间的用户群体有所区别，所以各个游戏平台之间的投资方、主打游戏都不一样。例如，龙珠直播与韩国职业电子竞技协会、游戏风云、NICETV达成战略合作，有

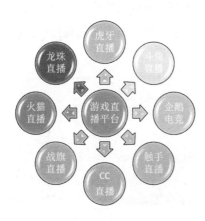

图2-4　2020年热门游戏直播平台

《英雄联盟》《穿越火线》等顶级游戏赛事的直播权;企鹅电竞是腾讯旗下的移动电竞平台,会定期举行手游职业竞赛,并且该平台还有互动视频直播、游戏礼包分享等功能。

2.1.3 体育类平台

随着体育类直播的火热,众多体育明星纷纷加入了直播行列。比如,某知名乒乓球运动员曾于2017年2月14日在花椒直播平台直播,该场直播累计观看次数高达530万。还有原CCTV5的知名主持人,曾带领5位美女主播在熊猫直播,推广某个活动。由此可见,体育类直播有多么火爆。

体育类直播不同于其他直播,很多用户在观看体育赛事直播前后,都会对赛事、球星等内容感兴趣。所以,多个体育类直播平台都为观众提供了有关体育赛事、体育明星的内容。企鹅体育的"新闻"页面如图2-5所示,该页面提供了体育多个方面的实时新闻。

图 2-5 企鹅体育的"新闻"页面

目前较为火热的体育类直播平台如图2-6所示,包括了章鱼TV、企鹅体育、懂球帝、球会体育等平台。

➤ 章鱼TV:该平台是一个互联网视频直播平台,为用户提供覆盖面最广的赛事直播。此外,该平台还会

图 2-6 较为火热的体育类直播平台

特邀一些有个性的主播对赛事进行讲解,让体育赛事融入娱乐元素,以吸引众多用户观看。

➢ 企鹅体育:该平台是腾讯科技有限公司旗下的一款直播平台。在企鹅体育中,用户可与主播进行弹幕互动、抽奖、竞猜、礼物交互等活动,这可以丰富体育赛事的观看模式。

➢ 懂球帝:这是一款提供全球足球新闻、足球赛事直播的软件,可以满足球迷的众多需求,如"足球社区"功能,可以聚集众多球迷在聊天室交流,分析赛事情况。

➢ 球会体育:主要涵盖足球、篮球、电竞、网球、棒球等赛事资讯、直播、社区等信息服务。该平台既有专业解说员,也有幽默风趣的美女主播,让千万球迷与主播用户一起互动,共同为球赛的胜利而呐喊。

2.1.4 购物类平台

主播销售商品从而获得商家给予的提成,是电商直播的最佳变现方式。所以,购物类平台主要体现在淘宝、唯品会、聚美优品、京东以及拼多多等购物平台中。因为这些平台一般会有一定的基础流量,对商品的销售更有利,所以直播板块常常都依附在购物类平台中。淘宝直播在手机端淘宝首页有专门的入口,如图2-7所示;京东直播在手机端京东首页有专门的入口,如图2-8所示。

图 2-7 手机端淘宝首页

图 2-8 手机端京东首页

除此之外，一些明星、网络达人也会通过直播平台代言商品，常用的平台有快手、抖音、YY、虎牙。

2.1.5 专业领域类平台

专业领域类直播指的是主播在财经、金融、电商、社交等领域有所建树，并开通直播间或音频频道讲述专业知识。斗鱼直播"科技教育"板块下关于"汽车"的直播内容，如图2-9所示。对汽车有自己见解的主播会在该板块分享购车、选车、办卡等方面的知识，并帮助用户解决一些与汽车有关的问题。

除纯直播平台外，部分音频平台也会涉及专业领域知识的分享。喜马拉雅"商业财经"板块下的内容如图2-10所示。它由多个财经达人分享财经知识的音频组成。喜马拉雅是一款专业的音频分享平台，其总用户规模已突破4.7亿人，为用户提供了包括小说、直播、广播、相声评书、人文历史在内的海量内容。

图 2-9 斗鱼直播"汽车"板块内容

图 2-10 喜马拉雅"商业财经"板块内容

涉及专业领域类平台比较多，如上述案例中提到的斗鱼、喜马拉雅，以及视吧、疯牛、微吼等。相对于其他直播，关注这类直播的用户年龄普遍偏高，消费水平也处于中上游，且只愿意为真正有价值的内容付费，所以专业领域类直播对主播的要求更高，主播必须有学识、有见解，能为用户提供专业建议或技术服务才行。

2.2 七大主流直播平台的特色

很多直播平台都有游戏竞技、秀场直播、美食吃播等板块。但各直播平台如果想要获得稳定的流量，就必须有独具特色的直播板块。例如，映客直播主打全民直播；虎牙直播主打游戏直播；淘宝直播主打消费类直播。

2.2.1 抖音：全网最热

2020年1月6日抖音官方发布的《抖音2019年度报告》显示，截至2020年1月5日，抖音日活跃用户数突破4亿，它也由此成功变为国内最大的短视频平台。抖音于2016年9月26日上线，之后3年时间里都保持着惊人的用户增长速度，是继微信后成长最快的产品。

极光大数据显示，在抖音上线之前，短视频市场的领头羊一直都是快手。那么，抖音又是如何在短时间内超越快手，成为短视频市场中的佼佼者的呢？

1. 打造音乐短视频社区

抖音一直在致力于打造一个专注于年轻人的音乐短视频社区。它在发布1.1.0版本时，就在软件中加入了社交功能，让用户可以通过软件查找通讯录好友、QQ好友、微博好友的抖音账号。由此可见，抖音不是一个单纯的视频拍摄、播放平台，而是一个有活跃内容的社交平台。

抖音结合音乐和短视频，打造了多首网红歌曲和多个爆款视频。例如，2019年在抖音短视频中火热的《你笑起来真好看》《野狼disco》《芒

第 2 章　选择适合自己的直播平台

种》等歌曲，在各大音乐平台的排名均靠前。而加入这些音乐的短视频，也因更具煽动性和感染力，从而广受网友欢迎。

与《你笑起来真好看》相关的短视频内容页面如图2-11所示。从图中可见，已有7 058.7万人参与该歌曲的视频录制。其中一个与该歌曲相关的短视频，共有224.7万次的点赞数，如图2-12所示。

图 2-11　《你笑起来真好看》的短视频内容　　图 2-12　与歌曲《你笑起来真好看》相关的短视频

像上述案例中因热门歌曲而火爆的短视频多不胜数。仅仅因为一个短视频的音乐与内容相契合，而在几小时内收获大量粉丝的达人也比比皆是。

2. 强大的资金支持

抖音依靠今日头条强大的经济实力，大规模投放广告，并与多位明星合作，以此收获大量用户。抖音曾在上线后的一段时间里默默无闻，直到2017年3月，相声演员岳云鹏在微博上曝光了抖音，该软件的搜索和下载量才迎来了第一个春天。紧接着，抖音利用明星效应进行宣传，从2017年7月17日演员李小璐上传了抖音视频，到杨幂、沈梦辰、赵丽颖等众多明星相继使用抖音，抖音依靠明星成功地打响了知名度。

除此之外，抖音还与《中国有嘻哈》展开合作，并凭借该综艺的热度，收获了大量用户。此后，抖音还与《我想和你唱》《快乐大本营》《大学生来了》《天天向上》等热门节目合作。

相关数据显示，抖音在2017年4月28日时，日下载量只有81 411人次，而发展到2017年12月31日，日下载量已达440 327人次。由此可见，抖音通过与综艺节目以及明星展开合作，收获了大量的用户。

3. 紧追热点

在网络发达的今天，热点内容总能在瞬间吸引大量关注。在发生热门事件后，微信订阅号、头条新闻、微博等平台通常都会更新与热点相关的内容。而抖音、快手等短视频平台，则可以视频的形式，快速、便捷地将热点内容呈现在大众眼前。

不仅如此，抖音还会自主创建一些热门音乐、话题和挑战。抖音小助手主动给用户发送的活动信息如图2-13所示。用户点按任意一个活动后面的"参加"按钮，即可跳转到活动页面。"自制奶茶大赛"在短短一天内，已有2.5亿次播放量，其具体活动页面如图2-14所示。对该活动感兴趣的用户，点按下方的"参与"按钮，即可拍摄视频。

图2-13 抖音小助手主动给用户
发送的活动信息

图2-14 "自制奶茶大赛"
活动页面

4．汇集各个年龄段的用户

抖音凭借其丰富的视频内容以及易参与的规则，汇集了各个年龄段的用户。《抖音2019年度报告》所显示的不同年龄段用户最爱拍摄与最爱观看的视频内容如表2-1所示。

表2-1　不同年龄段用户最爱拍摄与最爱观看的视频内容

年龄层	最爱拍摄的内容	最爱观看的内容
60后	舞蹈	婚礼
70后	美食	手工
80后	亲子	风景
90后	风景	生活探店
00后	二次元	萌宠

抖音平台还会利用大数据为用户推送有价值的内容。如某"00后"用户喜欢萌宠，系统就会为其推荐更多点击率高的萌宠类内容。

抖音于2017年10月31日上线直播功能。与大多数直播平台采取时榜、周榜、月榜或收入榜进行实时排行的方式不同，抖音没有直播排行榜，只会在达人直播时显示其直播头像。且为了增加主播变现方式，抖音在2018年3月30日推出"直达淘宝"功能。用户如果对直播中的商品感兴趣，就可直接点按屏幕中的购物车按钮，跳转到淘宝购买该商品。

2.2.2　快手：下沉覆盖

快手是由快手科技开发的一款短视频工具，可用于直播和记录生活。

快手的前身"GIF快手"，诞生于2011年3月，是一款集制作、分享GIF图片功能于一身的手机工具。2012年11月，快手转型为短视频社区，旨在用于记录和分享生活，并于2014年11月正式改名为"快手"。且到2016年2月，快手总用户数突破3亿人。也就是说，在抖音上线之前，快手已经有了3亿用户，其地位一直领先于其他平台。

截至目前，快手与抖音相比，在用户数量和日活跃用户数量上都已不具优势，并在多次融资后，走上下沉的路线。快手在2019年发布的跨

图 2-15 快手广告

年广告《在快手,看见每一种生活》如图 2-15 所示。该广告邀请了谢娜、黄渤以及一些平台达人入境,意图带动更多普通人用快手记录自己的真实生活。

在该跨年广告中,有一位拥有 100 多万快手粉丝的藏族姑娘,她利用快手平台帮助乡民们售卖地道的农产品,并由此成为快手"幸福村计划"的带头人之一。

2019 年 1 月,快手进行了"幸福乡村战略"的尝试,发起了电商赋能计划,在此过程中,共有 550 名农人加入社群参与学习和讨论快手运营及电商等方面的知识。除了对人才的关注,快手还发起了"家乡好货"的项目活动,旨在为快手上的贫困用户提供流量支持、品牌升级、达人带货等帮助。快手在 2019 年下半年也推出很多内容方面的策略。例如,通过流量扶持打造 10 万名优质创作者。快手是 2020 年《春节联欢晚会》独家互动合作伙伴。据央视索福瑞统计,2001—2019 年,春晚保持平均 30% 的收视率。快手作为日活跃用户超过 2 亿人的短视频平台,能与春晚互动得益于自身的技术积累、对民众真实生活的记录,以及对主流价值导向的坚持。《新闻联播》在入驻快手时曾说:"快手的口号是记录世界记录你,《新闻联播》每天都在记录中国,记录真正追求幸福与进步的中国人。在这一点上,双方是一样的。"

快手没有热搜榜,也不是一个围绕网红、达人去运营的平台,它以为用户记录生活为主,并希望用户上传更多生活中的感悟。

2.2.3 映客:全民直播+人工智能

映客是北京蜜莱坞网络科技有限公司开发的一款直播软件,它开创了"全民直播"的先河,为打造人性化的社交平台做出了突出贡献。映客于2015年5月上线，在6月17日就进入了腾讯应用宝App 5月榜。截至2016年12月，映客用户量超过1.4亿人，日活跃用户数达1 700万。

2016年8月，一份手绘的映客直播说明书在微博走红，具体内容如图2-16所示。它详细讲解了映客直播的用途、登录方式以及直播程序。除此之外，为满足不同用户的需求，映客根据年龄差异专门设计了不同的直播板块，正是这种"走心"营销，使映客收获了不少用户。

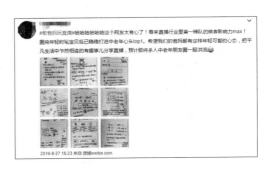

图2-16　手绘映客直播说明书

映客主打"全民直播"，推进直播平台平民化。映客直播大事记如下。

➤ 截至2017年12月，映客共有1.9亿用户，3 680万名主播，是国内主播人数排名第一的直播平台。

➤ 2018年7月12日，映客正式在港交所上市，成为港股中的第一个娱乐直播股。

➤ 2019年8月14日，映客直播上榜"2019年中国互联网企业100强"，排名第47。

创新是映客直播的发展基石。随着人工智能技术的发展，映客也将人工智能应用到了直播中，具体主要体现在用户分析和主播分析两方面。映客平台通过对用户的资料、行为进行分析，为每个用户打上标签，并通过对主播的名称、直播内容进行分析，为主播打上标签，然后利用大数据进行层层筛选，把与用户兴趣标签相契合的主播推荐给用户。相关数据显示，在人工智能的个性化推荐下，用户点击率和在线时长都有所提升。

2.2.4 斗鱼：弹幕式直播分享网站

斗鱼TV是一家弹幕式直播分享网站，前身为"ACFUN生放送直播"，其直播内容涵盖游戏、体育、综艺、娱乐、户外等方面。艾媒咨询数据显示，斗鱼直播在2019年中国在线直播平台PC端月均活跃用户数上，处于领先地位。2019年中国在线直播平台PC端月均活跃用户如图2-17所示。

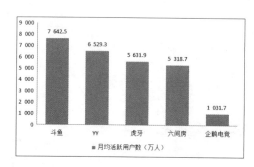

图2-17　2019年中国在线直播平台PC端月均活跃用户

斗鱼直播作为国内较早的直播平台，在直播市场中占据着一定的地位。早在2016年，斗鱼就推出"直播+"发展战略，以发展泛娱乐。

斗鱼的市场份额之所以如此巨大，还离不开斗鱼的主播培养以及其资源变现能力。例如，在《和平精英》游戏火热时，各个平台都在忙着以高薪方式吸引技术玩家入驻，而斗鱼却把重心放在了主播培养上，意图打造富有平台特色的游戏主播，并且争取赛事直播权以为优质直播吸引更多关注。

变现方面，斗鱼推出陪玩服务，具体如图2-18所示。用户可以在"语音互动"板块下的"陪玩"服务中，付费找到人美声甜或技术一流的小哥哥一起玩游戏。

这无疑是一种新的直

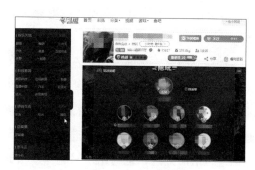

图2-18　斗鱼的陪玩服务

播平台变现方法。用户在下单前，可查看主播的技能截图和个人照，来选择中意的主播。如果主播的服务出现问题，用户可申请退款。

2.2.5 花椒：综艺+VR

花椒直播于2015年上线，是一个具有强属性的移动社交直播平台，已有数百位明星入驻。艾媒咨询数据显示，2019年12月，花椒直播以2 765.8万的月均活跃用户数，排在娱乐类直播平台的首位。2019年12月中国主流在线直播平台（娱乐类）移动端月均活跃用户数统计图如图2-19所示。

那么，花椒直播为什么有如此大的用户数量呢？究其原因有两个，分别是内容和技术。

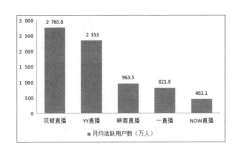

图2-19 2019年12月中国主流在线直播平台（娱乐类）移动端月均活跃用户数统计图

1. 直播综艺

随着直播平台的递增，直播同质化也变得越来越严重。为此花椒直播另辟蹊径，打造多个原创内容活动以避免同质化。例如，2018年1月9日，花椒与美团合作，推出《百万赢家》活动，截至1月22日，该活动共举办160场，累计参与人数达8.6亿，奖金累计达1.3亿元。

因该活动聚集了大量的人气和答题场景的特殊性，所以广告植入和产品营销的效果特别好，这也为直播平台流量变现奠定了坚实基础。此外，该活动参与零门槛，还有机会获得奖金，并具备普及更多知识的优势，使得用户纷纷报名参加活动，这又变相增加了活动的热度。

与此同时，花椒直播还不断创新，推出多个综艺节目，如《料事如神》《一起睡Bar》《剁手吧，老铁》等，向用户提供更多富有趣味性和参与性的内容。

2. 运用VR技术

早在2016年6月2日，花椒就上线了VR专区，成为全球首个VR直播平台。而直播+旅游+VR的方式，则可以更好地吸引用户关注该平台。在VR技术被广泛使用之前，旅游行业主要依靠风景图和宣传片来进行营销。但这种传统的营销方式，常有图片过分美化、与实物相差较远等缺点，而有了VR，主播就可以带着用户看到景点的一草一木，让用户对产品有更真实、更清晰的体验。

技术驱动是花椒直播长期坚持的发展战略。花椒直播在研发新技术方面堪称先锋，且在5G成熟后，花椒直播的AR、VR技术将更加完善，也将给用户带来更好的体验。

2.2.6 虎牙：专业的游戏平台

虎牙直播是一个以游戏直播为主的互动直播平台，其前身是YY游戏直播，于2014年11月21日上线，涵盖的内容包括娱乐、综艺、教育、户外、体育等。

作为国内首家上市的游戏直播公司，虎牙直播在2019年第3季度的月活跃用户已达到1.46亿人。2020年1月17日，虎牙直播发布了《2019虎牙年度大数据报告》，其中4个季度月度活跃用户数量如图2-20所示。

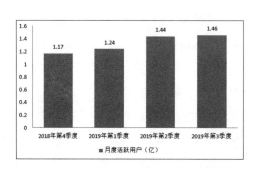

图2-20 虎牙4个季度月度活跃用户数量图

虎牙直播活跃用户能持续性增长的具体原因如下。

➢ 虎牙直播拥有国内最健全的赛事体系，对大型赛事直播有丰富经验，能聚集大量用户。

➢ 虎牙直播以游戏为核心，打造豪华的游戏主播阵容，签约了

Miss、露娜等人气主播。

> 虎牙为热门单机游戏开辟了独立的板块，如《辐射4》《饥荒》《暗黑血统》《方舟：生存进化》等单机游戏。

> 虎牙直播除推出蓝光赛事直播外，还推出了赛事的二台解说，满足了大多数用户了解赛事的需求。

> 虎牙直播与林志玲、陈赫、林允儿、唐嫣等明星合作，让多个明星在虎牙完成了其直播首秀，以此吸引了大批用户。

> 为满足不同用户需求，为非游戏品类用户构建泛娱乐内容，虎牙自制了《一夜真探》《轩子我饿了》《合租大富翁》《偶像陪练团》等热门综艺节目。

> 在技术方面，虎牙是国内首家全网启用HTML5直播技术的平台，可以让用户有蓝光高画质和秒开直播间的体验。

2.2.7 淘宝：消费类直播

淘宝直播是阿里巴巴旗下的直播平台，于2016年3月开始运营，它主要定位于消费类直播，与秀场直播、游戏直播有着较为明显的差距。

淘宝直播在上线100天时，邀请了众多明星参与直播。除明星外，一女装店铺店主张大奕2小时内在淘宝直播赚了2 000万元；2016年5月21日，薇娅开启了第一场淘宝直播，在2小时内新增2 000名粉丝，并在后面的4个月里，引导成交额超过1亿元。早在2018年的"双11"当日，薇娅销售额就达到3.3亿元。

截至2017年3月，淘宝直播上线1年，此时它已服务了80万商家，并吸引了上万主播入驻，累计获得用户观看直播时长达1.4亿小时。相关数据显示，2019年"双11"全天，淘宝直播带动销售额有近200亿元，且2019年通过淘宝直播带动销售额超过5 000万元的店铺就有84家，其中有23家销售额过亿。

由此可见，淘宝中的这类主打购物消费的直播，是比较受商家和用户欢迎的。淘宝直播覆盖了美妆、服饰、食品、母婴等行业。

1. 美妆行业

很多用户在选购美妆商品时，常会有很多疑问，例如，产品是否符合自己的肤质？是否会引起过敏？产品的使用效果如何？以前，电商商家只能收集这些问题，并在商品详情页中笼统地回答顾客的疑问。但有了淘宝直播后，消费者就可在直播间直接向主播提问，主播也可以迅速回答这些问题。

淘宝直播平台下的"美妆护肤控"板块如图2-21所示。用户任意点按一个直播间，就可以观看主播介绍各种各样的商品。在直播间中，用户可提出一些与产品有关的问题，主播会对问题作出解答。在某美妆商品直播间，有用户提到"梅子色看下可以吗"，主播在展示梅子色口红的同时也介绍了其他口红色号，具体情况如图2-22所示。如此主播便在展示美妆商品使用效果的同时，也推销了该商品。

图 2-21　"美妆护肤控"板块　　　图 2-22　某美妆商品直播间

李佳琦是美妆行业的直播达人，曾创下1分钟卖出5 000支小金条口红的纪录。他最初只是一个月入三四千元的化妆品导购员，借助直播和短视频的发展，他成为一个知名美妆博主。

通过直播推荐美妆产品，可以给用户带来更直观的视觉体验，主播在介绍商品的使用方法和使用效果的同时，还可以解答用户的疑问，可谓一举两得。在美妆方面有天赋、有技巧的主播，可学习李佳琦的带货技巧，以此增加自己的收益。

2. 服装行业

服装行业一直都在网络购物中占有重要地位。与传统的图文销售相比，直播可以更直观、更全面地向用户展示服装的材质、样式、尺码、颜色以及试穿效果等信息。

淘宝直播平台下的"穿搭时髦精"板块如图2-23所示。用户任意点按一个直播间，就可以观看主播介绍各种服装商品。在直播间中，主播可以通过试穿来介绍商品。某服装商品直播间如图2-24所示。主播正在展示某裙子的上身效果，而直播间右侧的屏幕还展示了主播的身高、体重等信息，以供用户参考。

图 2-23　"穿搭时髦精"板块　　　图 2-24　某服装商品直播间

主播在直播过程中，除介绍商品外，还可以通过闲聊与用户建立感情基础，以此促成商品销售。例如，某女装穿搭主播，通过直播与粉丝建立感情。在自己结婚生子后，不仅可以推荐女装，还有机会推荐婚纱、婴儿服装等商品。

3. 食品行业

吃饭类真人秀最早在韩国兴起,来到中国与直播文化聚合后,迅速发展为吃播文化。吃播在淘宝直播中很常见。吃播注重吃饭的感染力和观看者的代入感,有亲民化、生活化的特点,是一种适合全民的直播方式。主播只要有时间去秀出自己做饭、吃饭的镜头,就有可能收获忠实粉丝。

在淘宝直播中,主播只要能将食品的美味、新鲜展示出来,就有机会引起消费者的关注。淘宝直播平台下的"美食吃货"板块如图2-25所示。用户任意点按一个直播间,就可以观看主播介绍多种食品。在直播间中,主播通过展示吃美味的瞬间,来勾起用户的食欲,从而刺激用户下单购买这些美食。某食品直播间如图2-26所示。在这个直播间中,主播正在试吃不同口味的千层,以此吸引用户的关注,并利用优惠券来刺激用户下单。

图 2-25 "美食吃货"板块　　图 2-26 某食品直播间

除此之外,直播也可以用来展示部分生鲜商品的生长环境和特点。例如,某主播通过直播展示自己与家人一起采摘、打包芒果的过程,使用户在下单时，发出了诸如"原来芒果是这样长的""太阳也太大了，你们辛苦了""日照足的芒果肯定更甜吧？"的感叹。

4. 母婴行业

母婴行业比较合适已婚并育儿的主播，面向的观众主要是宝妈群体，这类群体经常出没于论坛、贴吧、直播中，想在打发时间的同时，学习更多的育儿经验。因此，主播可以在直播过程中加入自己的育儿经验，从而在满足用户学习需求的同时，让产品更具说服力。

淘宝直播平台下的"母婴萌娃"板块如图2-27所示。该板块涉及母婴服装、婴儿奶粉、辅食、日用品等方面的内容。考虑到宝妈比较看重性价比，很多母婴行业的主播在直播时会特意强调优惠券、满减等福利。某母婴商品直播间，如图2-28所示。主播在介绍某款纸尿裤时，先以自己为例，说明自己在为宝宝选购纸尿裤时尤为注重纸尿裤的厚薄度以及是否侧漏等问题。然后指出这款纸尿裤厚薄适中，防漏效果好，是值得推荐的好产品。为了让用户看到这款产品的性价比，主播还现场计算了商品最省钱的组合方式。

图 2-27 "母婴萌娃"板块

图 2-28 某母婴商品直播间

母婴行业的主播如果能树立一个育儿专家的形象，会更有利于商品的销售，因此主播在平时可多学习和积累一些育儿方面的知识和经验，以在直播中与用户交流。

淘宝直播所覆盖的行业远不止这些，还有家电、家居、数码等行业。并且消费类直播也不是只有淘宝直播，还有京东直播、唯品会直播和拼多多直播。只要主播有一定的销售技巧，就可以开通消费类直播来售卖商品。部分电商商家也可以通过与直播达人合作来销售更多的商品。

2.3 两个角度教你挑选直播平台

主播选择直播平台应当慎重，因为有的平台虽然火热，但不适合自己发展；有的平台适合自己发展，但平台目标用户数量又比较小。所以，主播在开播前，应先分析平台是否符合自身定位，以及平台用户是否精准。

2.3.1 平台是否符合自身定位

主播要想在直播行业获得成功，就要先明白自己最擅长什么，并研究自己所在的平台是否符合自身的定位。

这里以小倩的直播经历为例，讲解平台定位与自身定位。小倩曾从事过实体店服装销售工作，知道服装的进货渠道以及如何抓住客户的心理。在生宝宝后，她辞去了原有工作，开起了网店。但由于学历不高，她在撰写商品详情时十分吃力，也无法做出精美的商品主图，因此店铺一直处于不温不火的状态中。

到了2016年11月，小倩身边的很多亲友都加入了直播大潮。她也心动了，再三考虑后入驻了YY直播，以唱唱跳跳的秀场直播为主。小倩的歌声并不出色，好在身材不错，能吸引一些用户打赏。但几个月下来，老公对她直播持反对态度。一方面，她常常直播到凌晨，为了营造单身女孩的形象，直播期间不得不把孩子推给老公；另一方面，她的收入并没有得到提升。所以,她只好暂时停止了直播。

在休息的这段时间,正好朋友的母婴店赶上"双11"大促,需要大量客服,联系她帮忙回复几天旺旺消息。也正是在做客服的这几天,小倩看到由直播带来的大量订单,这促使她重新进军直播圈。这一次,小倩与某母婴商家合作,帮助商家推销商品。小倩原来就做过销售,知道一些消费者的心理;而且她自己也是一位母亲,知道如何为宝宝选购商品。所以,在直播中,她轻松自如的表现给很多粉丝留下了深刻印象。3个月下来,她的直播账号已经积累了几万名粉丝,由销售商品带来的收入也越来越可观。

粉丝们喜欢小倩幽默诙谐的说话方式,也喜欢她推荐的高性价比商品。久而久之,小倩有了人气和开店成本,她自己开了母婴店,并在固定日期直播。现在,小倩在直播间除推广店内母婴商品外,还帮朋友推广女装、家居用品等商品。

从案例中小倩的经历来看,2016年火热的YY直播确实有不少主播入驻,但不适合她的发展。因为她就适合做销售,也能胜任销售这份工作,所以定位就是消费类直播。那么,小倩在找平台时,也应该找消费类直播。

同理,如果一个擅长打游戏的人,想开通直播,那么首选应该是虎牙、斗鱼、企鹅电竞等游戏类直播平台。

2.3.2 平台用户是否精准

主播在根据自身定位确定好直播分类后,还应重点分析各个平台的用户特色,并重点研究平台用户是否精准,具体的分析内容涉及各个平台的用户总量、日均活跃用户、平台用户的喜好等问题。例如,婚礼主持人小张,想通过拍摄短视频和直播,宣传自己的婚庆公司。

经过初步分析,小张认为快手与自身定位最为契合,为进一步确定该平台用户是否精准,她对快手平台的用户进行了分析。

快手官方发布的《2019内容报告》显示,截至2020年年初,快手日活跃用户数量超过3亿。仅2019年，就有2.5亿人在快手发布作品，累计点赞次数超过3 500亿。艾媒数据显示，2019年9月是快手当年活跃用户数量最高的月份，达到了24 158.964 9万人次。该数据显示的快手用户年龄分布情况如图2-29所示。

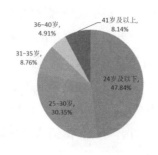

图 2-29　快手用户年龄分布情况

由此可见，快手用户主要集中在30岁以下，其中24岁及以下用户占比47.84%；25—30岁用户占比30.35%。数据还公布了快手用户性别男女比例：男性59.17%，女性40.83%。

另外，快手大数据研究院发布的《2019快手直播生态报告》显示，快手直播日活跃用户数量超过1亿，其中56%的主播是"90后"。根据分析报告可知，"90后"主播观众氛围最活跃；"80后"主播观众，人均日打赏金额最多；"70后"主播观众，人均日评论数最多；"60后"主播观众，人均每天收获的点赞数最多。数据显示，快手直播转换率高，特别是行业共识。其中，护肤、美妆、美发、美甲方面的主播数量和总评论数最多，营收能力强。

经过以上分析，年龄在20—30岁之间的用户，正处于适合结婚、生育的年龄，可能有结婚需求。而且这个年龄段的用户，已经步入社会工作，有一定的支付能力。

所以，快手用户占比最大的用户，恰好是婚礼主持人小张的目标用户。而自己刚好是"90后"，有活跃气氛的信心，也有婚礼主持方面的经验和技巧，可以通过直播、短视频，吸引更多有婚庆需求的用户关注。

2.3.3　挑选直播平台案例

斗鱼TV是一家弹幕式直播分享网站，前身为ACFUN生放送直播，

第 2 章　选择适合自己的直播平台

于2014年更名为斗鱼TV，以游戏直播为主，涵盖了娱乐、综艺、体育、户外等多种直播内容。而冯提莫曾是斗鱼平台中比较有代表性的一个主播。

2014年，冯提莫正式入驻斗鱼直播平台，以直播游戏为主。当时的冯提莫为什么选择斗鱼平台，外人不得而知。但当时的游戏直播平台数斗鱼最火热，而龙珠直播和虎牙直播，分别在2015年2月和2015年4月才上线。换言之，当时的冯提莫选择斗鱼也是必然的结果。

冯提莫在直播玩游戏时，无意间唱了几首歌，因为歌声曼妙开始走红，后发展为娱乐类主播。在斗鱼的那5年，冯提莫因为自己的努力和平台的支持，已经小有名气。2019年9月，冯提莫和斗鱼直播签约到期后，选择了到B站直播。

网友猜测她可能会离开斗鱼去其他平台，但对于她选择B站还是感到意外。在一次采访中，冯提莫道出了真实情况："我和其他平台同时也在接触，只不过我和B站是双向选择。作为一个主播也好，歌手也好，一定要有自己的作品，也就是内容。内容的生命力是最持久的，而B站与自己的想法非常契合。"

从她的话语里能看出她与B站是双向选择，也强调了不管在哪里直播，内容都是最重要的。如图2-30所示，冯提莫于2019年12月19日发布微博宣布与B站合作。同时冯提莫把微博上原有的"主播"标签换成了"歌手"。这也意味着主播冯提莫已经

图 2-30　冯提莫于 2019 年 12 月 19 日发布微博宣布与 B 站合作

走到尽头,而歌手冯提莫的征程刚开始。

冯提莫为什么选择B站？冯提莫的粉丝以喜欢游戏的年轻宅男为主。这类群体的情感表达集中在网络里,有能力也愿意为偶像消费。而B站用户的典型画像,与冯提莫的主要粉丝高度契合。值得一提的是,2019年12月4日,B站以8亿元人民币的价格拍下热门端游《英雄联盟》全球总决赛中国赛区三年独家直播版权。这也预示着将有更多游戏爱好者涌入B站。

虽说作为主播,冯提莫已经很火了,但想靠直播资源更上一层楼也不容易。所以,B站形态多元化的产品也是她与B站合作的一个重要原因。B站覆盖了直播、长视频、短视频、图文、音乐等内容,且各个内容下都有高黏性的用户群。这也意味着她在B站将有更大的发展空间。

另外,B站还有一个容易被隐藏的基因：音乐。此时的冯提莫正好有着迫切转型为歌手的诉求,来到B站将有利于她的才艺发展。

冯提莫如果想要取得更好的发展,与B站合作是一个很好的选择。由此可见,主播在选择平台时,应从自己的实际情况出发,选择与自己契合度高的直播平台。随着自己的发展与直播平台的发展,还有再次选择的空间。

新手问答

1. 如何选择主播公会？

在开直播之前,主播应考虑自己开直播的目的是发展事业还是娱乐。如果仅仅是娱乐,可以抱着一种自由的心态去直播,在直播的时间和内容上也可以随意一些。但是如果是想发展事业,最好有目的、有计划地策划直播内容。但很多直播新手由于特长不专业,也没有经验,就会考虑加入公会参加主播培训。

主播公会,也称"直播公会",是伴随直播行业兴起的新兴行业。通常，主播公会都与直播平台签约，公会负责招募、培养主播，再输送给直播平台。当前，很多红人主播都加入了公会。随着主播公会越来越多，如何选择公会也成了很多新手主播关心的问题。

（1）选择大公会还是小公会？

一般而言，大公会资源多、实力强，推荐位也比较多，理应是很多新手主播的首选。但大公会的主播也更优秀，竞争也更激烈。所以，建议实力强的主播选择大公会。

小公会的质量参差不齐，但总的来说适合新手主播和有潜力的主播。特别是一些新手主播，技能方面有待提升，加入公会可以迅速得到成长，也有机会被公会重视。

（2）底薪与分成。

主播在选择公会时，底薪因素的影响非常大。不同公会的底薪标准各异。有的公会以高额底薪来吸引主播入会，但也常常出现由于礼物打赏不够底薪而被公会淘汰的主播。而有的公会则提出零底薪，赚多赚少全看主播自己的能力。这类主播在培训后，只要肯努力，能发挥技能引关注，长期下来也能收到更多礼物。

分成也是主播选择公会的重要因素。分成指的是将主播收到的礼物变现后，主播可得的部分。有的公会提出50%、60%，甚至70%的分成，让主播激情满满，恨不得马上签约。如果主播的底薪+提成已经高出主播的礼物变现，那公会的盈利点在哪呢？所以，说到底，主播的底薪和分成都来源于自己的礼物，所谓羊毛出在羊身上。

所以，主播在选择公会时，应该有一个正确的心态，不要盲目相信公会高底薪、高提成的承诺。只有努力获得收入才是王道，不要相信天上掉馅饼的好事。

2. 主播可以同时在多个平台直播吗？

很多新手主播为了测试哪个直播平台更利于自身发展，会同时在多个平台进直播。那么，这种做法可取吗？答案显然是否定的。

如图2-31所示，通过提问虎牙人工客服得到了答案：该情况是可能导致平台纠纷的，是属于跳槽侵权等违规行为的。不仅是虎牙，正常情况下，其他任何平台都不允许同一个主播同时在多个平台进行直播。

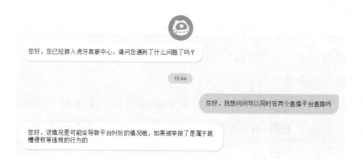

图 2-31　提问虎牙人工客服的截图

在2017年很红火的游戏主播"嗨氏"，就因在没有与虎牙沟通的情况下，私自在斗鱼进行直播而构成了单方面违约，最后被判需要赔偿虎牙4 900万元的违约金。

抛开平台政策不说，同时在多个平台直播的成本也很大。例如，电脑同时开直播的效果不理想，成本也很高。特别是游戏直播，对电脑配置、网络环境要求很高，软件调试也很复杂。如果同时开直播，需要配置两台电脑、高费用的宽带以及多次调试。手机多开直播成本也高，而且无法及时与粉丝互动，容易被发现破绽，带来被举报、封号的风险。

综上所述，主播不可以同时在多个平台进行直播。主播如果想获得更多礼物，其根本方法还是提升自己的技能，以满足粉丝的需求。

第3章 直播变现方式知多少

本章导读

很多主播都认为平台打赏是最好的变现方式。在直播发展初期确实如此,那时的娱乐类直播变现方式较为单一,主播的收入大多只能靠粉丝打赏。但近年来,随着直播形式多样化、直播行业规模扩张以及短视频的发展,直播的变现方式也变得越来越多。

这里列举目前最常见的4种变现方式,分别是平台变现、电商变现、广告变现、付费变现。主播在了解这些变现方式后,可多方面发展争取多方面变现,以获得更多收入。

3.1 4种常见的直播变现方式

大多数主播进行直播的目的都是变现,即利用各种方法,吸引粉丝打赏、购买产品、参与活动,让流量转化成销量,从而获得盈利。直播中常见的变现方式如图3-1所示。

图3-1 直播中常见的变现方式

3.1.1 最直接的变现方式:平台变现

平台变现是目前最直接、最常见的变现方式。几乎每个平台都有礼物道具,粉丝们想送礼物给主播,就必须通过付费充值获得礼物,而主播则可以通过平台将这些礼物折现成人民币。

相关数据显示,2019年4月游戏直播平台礼物收入如图3-2所示。其中,虎牙平台的礼物收入高达60 678.7万元,想必不少游戏主播在除去平台及工会抽成后,赚得盆满钵满。

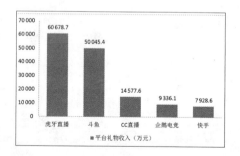

图3-2 2019年4月游戏直播平台礼物收入

除粉丝打赏外,各个直播平台还有多种变现渠道,如平台流量分成、平台资金补贴以及签约费。

3.1.2 最易上手的变现方式:电商变现

电商变现是最易上手的直播变现方式。如今很多直播平台都与电商商家进行合作，为电商商家引流，或者直接在直播平台上开展电商业务。很多热门主播都通过在直播中售卖商品来获取收入。

无论是在淘宝站内，还是直播平台，主播都可通过与电商商家合作，带动商品销量来获得收益。主播可在各大达人网站，如"淘宝达人""阿里V任务"，寻找具体的合作。阿里V平台中一位主播的部分信息如图3-3所示。可以看到，该主播一场专场直播的合作费用已达到了45 000元。

图3-3　阿里V平台中的主播信息（部分）

部分直播平台在接到合作任务后，会将任务下发给各个主播。也有部分主播在积累了一定的人气后，会获得电商商家的合作联系。

3.1.3　最高效的变现方式：广告变现

广告变现是最高效的直播变现方式。直播中常见的广告变现形式如图3-4所示，包括贴片广告、弹窗广告、植入广告、品牌广告和冠名广告。这些广告变现的内容将在后续小节中详细讲解。

图3-4　直播中常见的广告变现形式

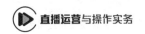

3.1.4 最强有力的变现方式：付费变现

付费变现是最强有力的变现方式。斗鱼在2019年发布的第一季度的数据显示，斗鱼月活跃用户量已达1.59亿人，其中付费用户已达600万人。且近年来随着短视频的发展，不少主播在短视频平台开设账号，以直播、短视频的形式输出自己的专业知识，以吸引粉丝为知识付费。

3.2 平台变现

直播平台变现主要包括吸引粉丝打赏、获得平台流量分成、赚取平台资金补贴，以及打造IP吸引投资。主播应掌握以上4种方法的技巧，在直播中获得更多变现。

3.2.1 吸引粉丝打赏

很多主播都想通过吸引粉丝打赏来增加自己的收入。然而，让粉丝自发、自愿地打赏并不容易。分析粉丝打赏的理由是主播获得打赏的基础，与此同时，主播在索要打赏时使用一些技巧，可以增加粉丝打赏的可能性。

1. 分析粉丝打赏的理由

在很多人看来，花钱没有得到实物非常不划算。那么，为什么还会有粉丝愿意打赏主播呢？有的粉丝通过礼物打赏引起主播注意，在合理范围内要求主播做出如唱歌、跳舞或回答指定问题等操作，以此满足自己的娱乐需求；有的粉丝则是纯粹出于喜欢、崇拜主播，自发地想打赏；有的粉丝则是因为在直播中有所收获，愿意为自己的收获埋单；还有的粉丝纯粹是为了找存在感，特别是在娱乐直播中，高额打赏能获得主播的再三感谢，提升荣誉感和存在感。

因为送礼是通过虚拟货币来完成的，这在很大程度上降低了粉丝对金钱成本的感知。这种打赏方式，也让粉丝在未经核算中超预支地花费了金钱。

2. 索要打赏的技巧

很多主播可能都有这样的疑问：为什么和别的主播使用同样的方式去索要打赏，却无法像其他主播一样获得打赏呢？实际上，粉丝打赏行为没有规律可循。而且有的直播间虽然人气旺盛，粉丝打赏却很少。

但作为主播，还是应该了解粉丝打赏的常见理由。主播想粉丝长期给自己送礼，就需要给粉丝一个送礼的理由。例如，某粉丝喜欢主播，打赏；某粉丝认为主播表演得很好，打赏；某粉丝看到了主播的努力，打赏。可能也有少部分粉丝不需要过多的理由，就是看主播顺眼就打赏。

有的主播，一看到等级稍高的粉丝进入直播间，不管自己与对方是否熟络，只管伸手要礼物，但这个方法不可取。犹如日常生活中，可以用玩笑的方式向关系密切的好友索要礼物，但如果对关系一般的同事也伸手要礼物，可能会遭到对方的拒绝和反感。所以，主播在索要礼物时，一定要对时、对人。主播在和粉丝索要打赏时需要具备一定的技巧，具体技巧如下。

➢ 展示个人魅力。通过展示自己的歌喉、舞蹈等技巧，在得到粉丝认可的同时，索要鼓励（打赏）。例如，"某某这首歌是不是还有很大的进步空间呀？不过也谢谢你们听我唱歌，给我鼓励"。

➢ 表明自己的不易。主播可以在与粉丝聊天的过程中，表明自己做某件事十分不易，利用粉丝的理解和同情获得打赏。例如，某美食主播在直播做蛋糕时，就说道："为了做好这个蛋糕，前面已经尝试了9次手打蛋液，希望这次能成功呀，真的太不容易了。"粉丝听到这些，就有可能因为同情而打赏主播。

➢ 引起共鸣。主播可以在聊天中，说一些能够能引发粉丝在爱情、亲情、友情等方面共鸣的话，以此来获得打赏。例如，"哎，说到我的初恋啊，真是爱而不得。可能你们心里也有这样一个人吧？虽然很喜欢对方，但是也明确知道没有将来的"。这样的话就很容易引起粉丝的共鸣。

主播在索要打赏时，应注意语言和动作的搭配。例如，在谈及自己的初恋时，主播最好能够语气低沉、表情黯淡，表现出遗憾感。另外，主播在索要打赏时也要注意底线，如粉丝纷纷表示不愿意打赏时，也不能破罐子破摔，在直播间恶语伤人。

3. 连麦获得更多打赏

连麦，指两个及两个以上的人同时在麦序，打开麦克风进行互动。新手主播在观看热门主播的同时，可以通过连麦被对方的粉丝注意到，如果自己表现良好，很可能将对方的粉丝转化为自己的粉丝。

新手主播在连麦前，必须对对方主播有所了解，并考虑该直播间的粉丝是否可能成为自己的粉丝。直播内容跨度相差太大的主播间，粉丝较难转变。例如，与"农村会姐"连麦的商家中童装、女装等销售产品的消费者与会姐的粉丝高度重合，其转化率才会高。

连麦可以增加新手主播被人看到的机会，是一个很好的吸引粉丝的技巧。此外，连麦还能活跃直播间的氛围，并在短时间内增加主播的收入。连麦里面的"PK"如同比赛，可以让整个直播间的氛围活跃起来。主播们通过连麦，与其他主播比拼才艺，在整个比赛环节中，以主播获得的打赏数量来判断双方主播的成败。

例如，抖音直播中有两位女主播进行连麦才艺比拼，输的一方会被惩罚，如图3-5所示。左侧获胜的一方，在短短的4分30秒获得了4万多音浪；即使是输的一方，也在短时间内获得了5 000多音浪。而且，在直播间连麦PK的这段时间，两个直播间的人气都很高，粉丝们在为主播刷弹幕加油的同时，也在为心仪的主播赠送礼物。

图 3-5 抖音直播连麦 PK 截图

你问我答 什么是"音浪"?

音浪是用户可以在抖音平台内使用的一种虚拟币,粉丝给主播打赏的音浪越多,主播的人气就越高,其收入也就越高。当主播的音浪积累到一定量,即可提现。

连麦 PK 可以使连麦双方的主播都受益,并且这个方法适用于大多数直播类目。但主播在选择惩罚方式时,应注意底线。部分主播为了吸引眼球,会选择低俗、涉黄的处罚方式,这有可能带来封号的危险。而上述案例中,两个女主播事先说好,输的一方直播卸妆、关美颜的处罚方式就很好。

3.2.2 获得平台流量分成

在直播中,流量指在一定时间内打开直播间的人气访问量。直播间的流量越高,主播通过直播变现的可能性就越高。那么,主播应该如何赚取平台流量呢?

如果把直播平台比喻成一个大型的百货商场,那各个主播就是各种类型的店铺,粉丝就是顾客。顾客一旦进入商场,就意味着商场有了客流量(流量)。并且只有顾客在店铺的消费越多,商场的整体收入才会越多。而商场如果想把合适的店铺推荐给有需求或有兴趣的顾客,就需要知道顾客的需求和兴趣,具体做法如下。

➢ 一方面,对商场进行定位。例如,某商场的产品以轻奢类的为主,就可以向大部分顾客推荐热门的轻奢品牌店铺。

➢ 另一方面,可以对同一类目店铺进行分析。例如,某店铺是商场内人气最高的女装类店铺,那就可以将大部分对女装有需求、有兴趣的顾客引入该店铺。

这些方法具体用在直播圈里,就是直播平台的分发流量机制。系统会把进入平台的粉丝引入不同分类的直播间,并借用一定的方法留下并转化粉丝,具体方法如下。

1. 选对直播平台

主播在选择直播平台前,应对平台进行定位。前面也提到了,各个直播平台的主打内容是有所区别的。例如,虎牙直播主打游戏直播;YY主打娱乐类直播。当有粉丝进入YY时,其平台首页的推荐大多是娱乐类直播间,如图3-6所示。

图3-6 YY首页推荐娱乐类直播间

从这个角度出发，主播如果想获得更多平台流量，那么选择直播平台就尤为关键。例如，游戏类主播想获得更多游戏方面的流量，那么虎牙、龙珠、企鹅电竞等直播平台可能就是首选。

2. 力争分类下的佼佼者

在粉丝进入某直播平台，并选择某分类的情况下，系统会为粉丝优先展现人气高的直播间。虎牙直播"王者荣耀"分类下的排名如图3-7所示。影响排名的标准是各直播间的观看人数，观看人数越多的直播间，越有机会获得好的展现位置，从而吸引到更多流量。

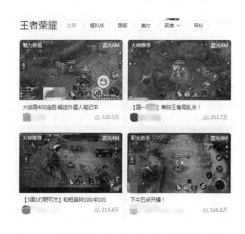

图 3-7 虎牙直播"王者荣耀"分类下的排名

以上流量分成机制并不适用于淘宝、京东等直播平台，这些平台有自己独特的流量分配机制。例如，淘宝直播的流量分配主要根据主播的标签、等级、活动。所以，主播在加入直播平台之前，需详细了解该平台的流量分配机制。

【知识加油站】

通常，直播平台对于新入驻的主播都有几天的扶持时间。在扶持期间，平台会给这些新手主播分配定量流量，如果主播表现好，能在扶持下吸引更多粉丝，平台就会给予更多流量支持，反之，平台会逐渐减少流量扶持。所以，新手主播在刚开播的这段时间，一定要把握好流量扶持，以吸引更多粉丝。

3.2.3 赚取平台资金补贴

各个直播平台会根据自己的发展战略，推出一些资金补贴活动。例如，2020年2月13日的"京东黑板报"公众号文章显示，京东直播就面向主播推出了现金补贴和公域流量两项扶持政策，如图3-8所示。即日（2020年2月13日）起至2月29日，针对食品饮料、生鲜、家庭清洁、纸品、个人护理、厨具、家居日用、宠物生活七大品类，主播开播即可获得现金补贴。同时，新开播主播当月不参与考核，就可直接获取公域流量。

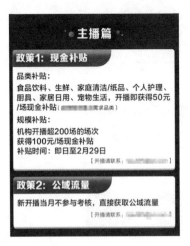

图3-8 "京东黑板报"公众号文章截图

除京东直播外，多个平台也有类似的资金补贴。例如，喜马拉雅也曾推出"谢谢你的爱•主播回报月"计划。在活动期间，主播独家发布原创作品超过10期，即可报名申领现金和流量扶持。平台每天挑选出100人，送出1 000元的爱心奖励金，现金激励总金额为300万元。由此可见，主播只要抓住平台的活动，就有机会赚取更多现金。

3.2.4 打造IP吸引投资

IP是英文"Intellectual Property"的缩写，译为"知识产权"，经过互联网界的发展，可以引申为凭自身吸引力，在多个平台上获得流量的人物。例如，美妆博主李佳琦就是一个IP，他原在淘宝直播销售商品，后来逐渐在抖音、快手、小红书等平台发布内容,以吸引更多流量,也因此成名,使很多商家纷纷上门寻求合作,收入较之前也有所增长。

那么,新手主播应该如何打造IP,以吸引投资呢?打造IP离不开以下3步,具体如图3-9所示。

图3-9 打造IP的步骤

➢ 塑造IP思维:主播如果只想凭借打赏来获得变现是非常不可取的。因为随着直播行业的发展以及直播内容的丰富,其他收入将逐渐代替打赏收入。主播只有塑造IP思维,并努力打造IP,才有可能获得更多变现机会。

➢ 提炼特点优势:主播应主动发现自己的特点优势并在直播中将其表现出来,如长相甜美、歌喉动人、口若悬河、技能高超……

➢ 增加自己的曝光量:主播应在不同渠道增加自己的曝光量,以吸引更多粉丝。例如,某娱乐类主播在直播过程中唱的某段歌曲很动听,受到了粉丝好评,他就可以录制该段直播视频,并将其分享到微信粉丝群、微博、贴吧等传播渠道。

3.3 3种方式实现直播带货

电商与直播、短视频相结合,使商品展现不再局限于单调的图片和文字,商品的功能、优点等信息可以更好地展现给消费者。并且主播还可以用语言实时说服消费者购买商品,人气越高的主播,越能带动商品销售。直播带货的方式多种多样,如:

➢ 主播与电商商家合作,可以从中获得商家给予的佣金;

- 主播自己开设店铺，可以为自营商品带来销量；
- 主播维护好自己的粉丝，开通构建粉丝商业生态圈。

3.3.1 为第三方商品代销

新手主播在聚集了一定量人气后，就可以在各个直播平台或内容服务平台接电商合作了，然后通过在直播或短视频中售卖商家指定的商品获得佣金。例如，淘宝平台的淘宝达人，就常采用商品代销方式来变现。如果某达人是一个服装搭配师，擅长服装搭配，就可以通过"爱逛街""有好货""淘宝直播"等渠道分享自己的穿搭经验，并推荐商家的商品。消费者根据达人的推荐下单后，达人即可获得相应的佣金。

某淘宝达人在淘宝平台分享美食推荐的视频如图3-10所示。除视频外，淘宝达人还可以通过发布种草、帖子、专辑等内容来推荐商品，具体内容如图3-11所示。

图 3-10 淘宝达人分享美食的视频　　图 3-11 淘宝达人分享的内容

第3章　直播变现方式知多少

主播如果对电商平台达人感兴趣，就可尝试申请达人认证，如果只想接一些直播商品代销，就可以自己找商家合作。但实际上，随着主播人气的上升，商家一般会自主找上门来寻求合作。美食达人浪胃仙直播的礼物榜页面如图3-12所示。从榜中可见，送礼前几名基本都是销售水产、粉条等商品的商家。而礼物榜第一的蟹老板，在直播中得到了浪胃仙的推荐，因此粉丝们纷纷关注蟹老板并在其短视频中留言，如图3-13所示。

图 3-12　浪胃仙直播的礼物榜页面　　图 3-13　粉丝在榜一用户视频下的留言

主播在与电商商家合作时，需考虑粉丝与所售商品目标消费者的匹配度。二者匹配度越高，消费者转化的概率也就越大。例如，上述案例中的浪胃仙是美食类达人，所以她合作的商家也大多是食品类商家。

3.3.2 为自营商品带货

电商与直播、短视频的结合，可以吸引庞大的流量并使商品更具说服力，因此电商商家纷纷入驻淘宝直播、抖音、快手等平台，利用直播与短视频推广自己的商品。

入驻淘宝直播的部分商家如图3-14所示；入驻抖音的部分商家如图3-15所示。可以看到，很多商家在这些平台已经积累了几十万、几百万的粉丝量，那么他们在上架新商品及活动促销时，就可以通过直播或短视频的形式来获得流量和销量，从而获得更多收入。

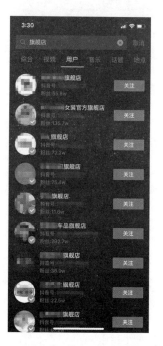

图 3-14　入驻淘宝直播的部分商家　　　图 3-15　入驻抖音的部分商家

很多新手主播可能会问，如果自己没有店铺，该如何进行自营商品带货呢？其实，当主播积累了一定人气后，就可以选择自己开店，并通过直播、短视频来营销自己的商品。

网络达人张大奕，作为模特出身，早在2014年微博粉丝就已达几十万人，她于是在同年开设了网店"吾欢喜的衣橱"，并利用自己的粉丝推广店铺。2014年，该店铺就创造了单店上亿元的年销售额。在2016年的淘宝直播节上，张大奕的直播观看人数达到42.1万，点赞破百万，引导商品成交额超过2 000万元，刷新淘宝直播销量纪录。

截至目前，"吾欢喜的衣橱"的粉丝量已过千万，具体如图3-16所示。店内多个商品销量过万，可以和众多知名服装品牌相提并论。随着张大奕的人气高涨，她陆续开了几家网店，具体如图3-17所示。

图3-16　"吾欢喜的衣橱"店铺商品页

图3-17　张大奕店铺一览

除张大奕外，多个直播、短视频达人也都开设了自己的网店。当然，也有一些主播可以直接在直播平台上开设小店售卖商品。快手平台中直播的老奶奶，正在展示木耳、蜂蜜等商品，粉丝可以点按小黄车下单购买，具体如图3-18所示。为方便粉丝下单，老奶奶在快手平台开设了快手小店,具体如图3-19所示。目前店内有81件在售商品,商品销量共计9.8万件。

图 3-18　老奶奶正在直播中展示商品

图 3-19　老奶奶的快手小店

3.3.3　构建粉丝商业生态圈

　　直播平台及电商平台的流量,说到底还是公域流量,主播只能在满足平台规则的情况下,通过付费或者活动等方式去获取流量,但这些流量无法留存。例如,某主播在抖音有10万名粉丝,但因账号出现问题而被封号,那么主播的粉丝就瞬间蒸发了。想要解决这个问题,就需要发展私域流量来构建粉丝商业生态圈。私域流量是指,主播个人拥有的有完全支配权的账号所沉淀的粉丝、客户、流量,如主播在微信、QQ、微博等平台里的粉丝或客户。

第3章 直播变现方式知多少

主播在直播和短视频中，利用一定技巧把粉丝引入自己微信、微博的情况已经屡见不鲜。如图3-20所示，一个主播除了在商品橱窗展示商品外，还在个人主页中展现自己的微信信息，并在直播中利用一定技巧吸引粉丝主动添加主播微信。

除发展私域流量外，美食达人李子柒更是用短视频构建了一个庞大的粉丝商业生态圈。李子柒的美食短视频基本围绕中国乡村传统生活中的衣、食、住、行展开。她的视频制作精致，选景别致，处处流露出宁静祥和的意境。

图3-20　主播在个人主页中展现微信信息

李子柒的美食视频最初在美拍发布，后陆续在微博、微信、优酷、快手、抖音等平台发布，积累了众多粉丝。一直以来，坚持不接广告、不接商演的李子柒如何变现成了谜。伴随着全网知名度的提高、粉丝数的猛涨，凭借独特的内容风格和极强的粉丝黏性，她掀开了变现的另一条阳光大道。2018年8月17日，农历七夕情人节，李子柒同名天猫店铺正式开业。上线6天后，这个仅有5款产品的店铺销售量破15万、销售额破千万元，成绩十分傲人。截至目前，李子柒新浪微博粉丝数达2 320万人；抖音粉丝3 820.3万人；快手粉丝622.8万人；旗舰店天猫店铺粉丝351万人。

从李子柒的旗舰店的销售量、销售额来看，她的变现离不开微博、微信等平台的粉丝培养。实际上，每当她有新的作品，也都会在多个平台分享，吸引平台内的粉丝点赞、关注。在内容传播渠道广、信息生产发达的今天，粉丝们逐渐对品牌广告失去信任，反而愿意相信好友安利或达人推荐。主播可以朝着这个方向发展，在直播、短视频中积累粉丝，并将这些粉丝引入微信、微博等平台，实时维护粉丝的同时也向这些粉丝推荐更多商品。

你问我答 什么是"安利"？

安利是网络流行语，原指直销品牌安利，用在生活中，指真心推荐、强烈推荐某东西。例如，朋友圈常出现的"给你安利一个东西"，本意就是"给你推荐一个好东西"。

3.4 种类繁多的直播广告变现

随着直播行业的发展，不少短视频平台也逐渐融入了直播功能。例如，快手平台早在2016年就开通了直播功能。很多主播也通过直播和短视频相结合的方式，获得了更多变现机会。新手主播应了解种类繁多的直播广告变现的方式，增加自己变现的可能。

3.4.1 贴片广告

贴片广告是一种通过展示商品品牌来吸引粉丝关注的广告变现方式。贴片广告具备广告信息明确到达、传递高效、互动性强、抗干扰性强等优点。

由于贴片广告的表现形式比较直白，且比较考验粉丝的忠诚度，所以目前这种广告在短视频中并不多见，只有流量与人气达到一定程度的主播，才会接这种广告。但很多主播为了降低广告的商业化信息，也会将广告隐晦地融入短视频内容中。

某在线娱乐品牌的短视频截图如图3-21所示。该条短视频的主题是男女配对，在女主等待男主来相见的空隙，主持人向女孩推荐了一款游戏（实则给镜头前的观众推荐），并提到"这个游戏可以组队升级，可以在里面结婚"，同时给出了游戏的下载链接，视频画面如图3-22所示。主持人在展现广告信息后，问女主角"如果领到福利，你会请某某吃好吃的东西吗？"自然地将话题引到配对主题上。

图 3-21　某在线娱乐品牌的短视频截图　　　图 3-22　贴片广告截图

除了直播以外，主播还可以在短视频、社交平台中植入品牌信息，以获得商家给予的广告费。

3.4.2　弹窗广告

弹窗广告指出现在直播、短视频中，悬挂在画面某处特定位置的LOGO或一句话广告。弹窗广告有着展现时间长、所占位置小、不影响观众视觉体验等优点。某短视频中洗衣凝珠的弹窗广告如图3-23所示。随着电商直播的发展，很多主播在介绍商品时，都爱以弹窗广告的形式来呈现产品信息，具体操作如图3-24所示。

图 3-23　短视频中的弹窗广告　　图 3-24　直播中的弹窗广告

特别是在电商带货中，为便于消费者下单购买，很多主播都会把目前正在讲解的商品以弹窗的形式呈现在右下角，这样消费者如果想要购买商品，只需点按弹窗广告就能跳转至商品详情页下单了。

3.4.3　植入广告

植入性广告，指把产品及其服务具有代表性的视听品牌符号融入直播或短视频中，给粉丝留下印象，以达到营销目的。植入广告可以包括硬性植入和软性植入两种形式。

1. 硬性植入

硬性植入，指不添加修饰或较少修饰，将广告内容植入直播或短视频中。以下为某女主播在短视频中植入某身体乳广告。主播以人妻角色，围绕一家三口拉手合照展开，谈及老公为了家庭付出很多，如图3-25所示。又将整个视频的高度提升到夫妻感情角度，谈及男人要懂相守，女人要懂感恩，爱情才能长久，引起已婚妇女的情感共鸣。紧接着，主播以自己为例,看到老公苍老的手心疼不已,因此给他买了一瓶身体乳。消费者点按视频左下角的小黄车,即可跳转至商品详情页面,如图3-26所示。

图 3-25 硬性植入广告视频截图

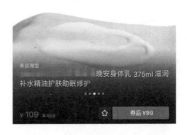

图 3-26 通过点按小黄车跳转的商品详情页

案例中的硬性植入广告,具有鲜明的情感色彩,由夫妻情感引申出产品,被接受的可能性更大,也与传统的电视广告、电台硬性广告有着较大的差别。

2. 软性植入

软性植入,指不露痕迹地将产品的广告信息融入直播和短视频中,从而使观众在不经意间接受这些信息。某短视频的内容截图如图3-27所示。该短视频以某企业老板的视角拍摄,讲述了公司某男员工购买新手机为女同事拍照,受到女同事欢迎的剧情。整个剧情内容跌宕起伏,结局也令人捧腹大笑。

该视频从头至尾都未提到任何手机的品牌或名称，只提到了"50mm人像镜头的小家碧玉""结合着超广角的心旷神怡"等语句，但粉丝们还是通过评论区得知了手机型号，具体评论如图3-28所示。

图3-27 软性植入广告视频截图

图3-28 通过评论区得知手机型号

软性广告与硬性广告相比，渗透力更强、商业味道更淡、可信程度也更高，但设计难度也更大，需要很强的创意性。主播如果是在电商平台直播或发布短视频，则可以选择硬性植入；但如果是在社交平台或娱乐类直播平台进行直播，则建议选择软性植入。

3.4.4 品牌广告

品牌广告是指主播以品牌为中心，为商家量身定做的专属广告。这种广告常见于品牌商家账号，通常以视频的形式出现，制作要求较高，制作难度较大，所需费用也高。

当然，也有一些专业性强的主播会接这类品牌广告。例如，美食类主播可接美食品牌商家的广告。某美食吃播就在某火锅店开直播，并在直播中展现了火锅店的背景，以此来宣传店铺具体画面，如图3-29所示。

粉丝通过背景和直播间其他粉丝的提醒,了解火锅店名称后,就可在大众点评、百度地图等平台搜索商家的信息,商家具体信息如图3-30所示。

图3-29 印有店铺名称的直播间背景截图

图3-30 通过大众点评搜索到的商家信息

【知识加油站】

主播在利用短视频为商家做品牌广告时,不仅可以在视频背景中露出商家的店铺名称,还可以在视频中添加商家位置,便于粉丝直接跳转到店铺的信息页面。

3.4.5 冠名广告

冠名广告是指企业为了提升企业形象、提高产品销量,以及打响品牌知名度而采取的一种阶段性宣传广告,常见于综艺节目。例如,华少在《中国好声音》中口播的"正宗好凉茶,正宗好声音,欢迎收看由凉茶领导品牌加多宝为您冠名的加多宝凉茶中国好声音"就是冠名广告。

随着电视广告费用的增长以及短视频的兴起，很多商家把冠名广告投向了短视频市场。因此，主播们可以抓住机会，依靠冠名广告变现。快手平台有冠名信息的部分短视频，如图3-31所示。这些短视频的内容几乎都是围绕冠名信息展开的，具体内容如图3-32所示。

图 3-31　快手平台有冠名信息的部分短视频

图 3-32　围绕冠名信息展开的短视频内容

冠名广告可以让商家与主播实现共赢。商家可以通过直播和短视频中的冠名广告，提升品牌知名度，进而巩固老用户和吸引新用户，而主播则可以通过冠名广告获得广告费。

3.5　付费观看的直播

知识付费与直播是近年来专业领域类主播较为关注的话题，也是直播变现的一种新思路。付费直播，对于粉丝和主播都有益处，粉丝通过这类直播，可以收获专业知识；而主播通过付费直播，则可以在分享知识的同时获得收益。

3.5.1 教学类直播

2020年，随着在线教育的发展，知识类直播也正在兴起，各个直播平台都涌现了越来越多的教学类主播。教学类主播发展前景可观，主要体现在以下两个方面。

➢ 教学类直播提供服务：主播通过直播能给粉丝营造一种陪伴感，从而为粉丝解答心理问题；

➢ 教学类直播提供价值：主播通过直播，给粉丝灌输多种专业知识，让粉丝有所收获。

因为教学类直播所提供的服务和价值具有不可替代性，所以这类直播的粉丝黏性也非常高。例如，某电商行业达人通过直播分享电商行业的实用知识，粉丝如果在观看直播时有所收获，就很可能愿意付费来观看该达人的其他直播。知名电商达人蒋晖老师在看点直播分享电商知识时的视频截图如图3-33所示。如果粉丝对他的直播内容感兴趣，就可点按直播课链接进入购买页面，页面内容如图3-34所示。

图3-33　分享电商知识的直播截图

图3-34　直播课购买页面

目前，付费的教学类直播已被广泛应用于专业领域类直播中，付费方式主要以课程收费为主。对于粉丝而言，教学类直播有着如下优点。

➤ 相比传统的线上教学，教学直播可以模拟课堂场景：该类直播可提供边看、边播、边评论的服务，粉丝可在线提问，主播可迅速答疑，使学习更加高效。

➤ 不受时间、空间的限制：只要手机有电、有网，粉丝可随时随地在线听课。

➤ 主播资源共享：主播可实现一对多的知识分享，粉丝只需支付少量费用即可享受主播分享的资源，此外主播也可因此节约线下开课所需的场地费、课桌费、黑板费，且随着付费粉丝的增加，其收入也能增加。

【知识加油站】

除利用直播变现外，教学类主播也可以策划付费音频、付费短视频来变现。例如，在喜马拉雅平台中就存在很多付费类的财经知识音频。

3.5.2 咨询类直播

咨询，指通过专业人士所储备的知识、经验及综合信息资料，为决策者充当顾问、参谋的作用，如心理咨询、情感咨询、法律咨询等。咨询的方式多种多样，如面对面咨询、电话咨询、社交平台咨询以及直播、视频咨询。

其中，直播、视频咨询指选择微信视频、QQ视频或直播连麦等方式进行咨询。咨询者和咨询师可以通过网络面对面交流，这对双方都有积极作用：咨询者可以在熟悉的环境下与咨询师交流，费用也较为适中；咨询师可以通过视频看到咨询者的眼神、表情，有利于更全面地了解咨询者。

第 3 章　直播变现方式知多少

你问我答　直播连麦咨询会暴露咨询者的隐私吗？

由于咨询类直播有付费的前提，一般主播与咨询者连麦时，整个直播间就只有主播与咨询者，所以咨询者不用担心自己的隐私暴露。另外，咨询师也必须遵守自己的职业道德，不私下录制、公布与咨询者交流的视频。

对于前几种咨询方式，咨询者需要多方面查找、筛选咨询师，过程较为烦琐，效果也充满不确定性。例如，某咨询者需要咨询法律方面的知识，通过百度搜索引擎搜索"法律咨询"，出现多个法律咨询的广告链接，如图3-35

图 3-35　法律咨询的广告链接

所示。这些链接，主要是通过花钱投放广告得到的展现，咨询者难免遇到诸如收费不合理、咨询无果等情况。

由此，很多咨询师在直播或短视频平台开设账号，以此来分享常见、实用的咨询知识。咨询者可在咨询师的个人首页查看其个人简介、粉丝量、作品等信息，并初步判断该咨询师是否符合自己的咨询诉求，咨询师的个人首页如图3-36所示。为了更了解咨询师的专业知识和咨询水平，咨询者可观看咨询师的视频作品或直播回放。某咨询师的视频内容截图如图3-37所示。

图 3-36　咨询师的个人首页　　图 3-37　某咨询师的视频内容截图

上述案例中，咨询师还将自己的咨询网站链接放在了首页中，并用"关注我，到私信免费领取2万份法律合同模板"的福利吸引用户的关注。咨询者如果对该咨询师满意，就可直接点按"商家"下的服务信息进行下单。

由此可见，咨询师入驻直播、短视频平台，只要有优质内容和大量粉丝，就可能有大量咨询者主动找上门来寻求咨询。

 # 新手问答

1. 主播可以发布视频变现吗？

正文内容中提到，部分直播广告变现需涉及短视频。而且，有的广告插入在短视频中，营销效果更好。但是也有不少主播发问：在虎牙、斗鱼等平台的主播，可以再去抖音、快手等平台发布视频吗？实际上，正所谓"英雄所见略同"，在直播行业发展过程中，多个直播平台与短视频平台已经达成了合作。

例如,虎牙直播与西瓜视频、抖音视频都曾达成合作。虎牙直播2018年1月29日在微博发布了"虎牙游戏频道联合抖音短视频App发起游戏挑战"的活动,从而吸引用户去抖音平台上传精彩游戏视频,活动海报如图3-38所示。

图 3-38 虎牙直播与抖音视频的活动海报

随着直播平台与短视频的合作越来越多,主播可以入驻的短视频平台也越来越多。例如,虎牙平台中的骚男、MISS等多位热门主播都已入驻抖音平台。骚男入驻抖音后,已获得了400多万名粉丝,其在抖音的首页如图3-39所示。

主播可以截取直播中的精彩内容,分享到抖音平台中,以吸引抖音粉丝进入直播间。在平时,主播也可以在抖音中分享自

图 3-39 虎牙主播骚男抖音首页

己的生活琐事，从而拓展抖音的粉丝量，同时一些不好在直播中宣传的产品信息，也可以通过拍摄短视频的形式进行宣传。

值得注意的是，每个直播平台的情况都是不同的，有的直播平台提倡主播入驻指定的短视频平台，但有的直播平台不允许主播去任何短视频平台。具体情况具体分析，是否入驻短视频平台，需要主播自己去斟酌。

2. 何为签约费？

实际上，很多主播除以上的变现方式外，还有一笔看起来很可观的收入。特别是从招聘网站、公会了解到直播行业的主播，对这笔收入一定很熟悉，这就是"签约费"。很多主播在找工作时经常会在招聘网站上（这里以58同城为例）看到主播招聘信息，如图3-40所示。从招聘信息中，可以看出主播薪资非常可观。

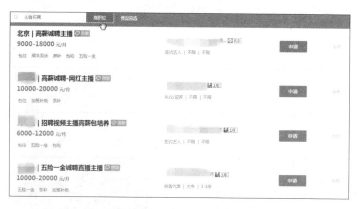

图3-40　58同城"主播招聘"页面

从主播招聘信息中可以看出，主播加入公会，公会会负责主播的才艺培训，也会给予几千至几万元的薪资（签约费）。

一些优质的主播，即使没有公会，也会有直播平台出面签订合约，并给予签约费用。这部分收入，对于主播而言也是一笔很可观的收入。

第4章

直播室搭建有诀窍

本章导读

俗话说"磨刀不误砍柴工",主播在开播之前需做好规划。例如,规划搭建直播室所需的物品、硬件设备,以及熟悉直播流程等。本章以搭建一个淘宝直播间为例,进行详细讲解,帮助各位主播快速掌握搭建直播室的基本工作。

4.1 一个令人愉悦的直播室是什么样的

很多人都习惯视觉优先,用视觉来感知事物。在网络直播中,用户在看主播的同时,也在看直播间布置。一个干净、整洁且带有个人特色的直播室,能快速俘获网友的心,并让他们对主播留下更深刻的印象。

直播间的布置多种多样,比如淡雅清新、雍容华贵、简约简单、严肃正式等。主播应根据直播内容来确定具体的布置方向。

4.1.1 直播室风格要与直播内容合拍

不同类别的直播间,其装饰风格大不相同。例如,授道解惑的教育直播间应有教学氛围。如何才能突出教学氛围呢?

首先,知识需要展现在黑板、白板或电子屏幕上,所以教育直播间必须有黑板、白板或电子屏幕。如图4-1所示,为斗鱼平台某教育直播间截图,当时的老师正在白板上书写讲解的内容。在直播间加入白板的应用,一方面有利于辅助主播讲授知识,另一方面也有利于用户理解知识。

图4-1　斗鱼平台某教育直播间

对于教育类直播,可以选择在卧室、客厅、书房或教室录制。为烘托教学气氛,其直播间摆放的物品也要符合老师形象,在服装方面避免出现过于暴露的情况。其他类别的直播室在装修时,也要注意主播风格与直播内容的合拍性。

4.1.2 游戏类直播室需要一把电竞椅

随着电竞比赛和游戏用户的增长,游戏类、电竞类的主播也在日益增多。通常，这类主播的直播间以游戏主屏为主，只留下一个很小的窗口露出直播颜值。如图4-2所示，为虎牙直播平台某游戏直播间。

由于游戏直播室的窗口较小，所以相比其他直播室，这类直播室

图 4-2　虎牙直播平台某游戏直播间

的布置可以稍微简单一些，在书房或卧室配置一台电脑及一个电竞椅即可。

综观直播平台，不难发现很多游戏主播都用电竞椅。这种椅子是人体工学健康座椅的领航者，独具的设计理念和材质得到高端办公人士和年轻游戏玩家喜爱。主播可以在京东、淘宝等购物平台购买电竞椅。如图4-3所示，为在京东平台搜索"电竞椅"的部分结果。

图 4-3　在京东平台搜索"电竞椅"的部分结果

游戏主播在选购电竞椅时，除考虑价格和整个直播间的搭配外，还要考虑其舒适度。游戏主播常常需要在椅子上度过几个小时，选择一款舒适的椅子能降低劳累感。

4.1.3 电商类直播室的布局

电商类直播室重在展示产品。这类直播室的布局分为室内和室外两部分。大部分服装、鞋帽、家居等产品,宜选择室内直播;部分特色食品、生鲜产品,宜选择室外直播。由于大多数产品适用室内直播室,故这里以室内布局为例,讲解电商类直播室的布局。

1. 选择直播场地

直播场地的大小基本都在5—20平方米,具体大小根据产品特点来确定。例如,直播美妆产品的镜头一般停留在1—2个人的脸部,5平方米足够了;如果是服装产品的直播,镜头需由近到远地展示各类产品及模特穿搭效果,需要15平方米左右的场地。

主播在选择直播场地时,应提前测试场地的隔音效果和回音效果,保证直播期间的语音正常输出。

2. 直播间布景

为避免给用户留下直播室杂乱之感,建议电商类直播室用浅灰色、浅粉色等色系背景。另外,很多直播场地原有的背景墙是白色,但白色容易反光,在展示产品时容易出现镜头模糊的情况。所以,主播可以在网上购买浅色背景布,布置一下直播间。

电商类直播间常常需要陈列多个产品,但为了保持直播间的干净、整洁,建议主播购买陈列架,将产品摆放整齐。例如,服装产品的直播室,可以摆放1—2个衣架;鞋类产品的直播,可以准备1—2排鞋架;美妆产品的直播,可以放置化妆柜、化妆盒。

如图4-4所示,为某服装产品直播间。当主播讲到某某产品时,往后退几步就能拿到产品进行展示,十分方便。这也便于用户直观地看到直播间还有哪些产品。

3. 辅助介绍板

辅助介绍板一般用于填写推广信息,如主播信息、产品信息等,可对直播间信息作补充说明。常见的辅助板包括小黑板、纸板、电子板、投影仪等。其中，纸板或黑板存在局限性，不能随着产品的更换而自动切换，但成本更低；电子板可以随时切换，动态播放也更具吸引力，所需成本更高。主播可根据实际需求进行选购。

如图4-5所示，为某饰品直播间。该直播间用白纸作为简易的产品介绍板，详细说明因五周年店庆，手镯15元1个，吸引用户下单。

图4-4 某服装产品直播间

图4-5 某饰品直播间

由此可见，电商直播间放置辅助介绍板，更有利于产品宣传和销售信息的展示。在泛娱乐直播间，也可以将主播微博、合作方式等信息放在介绍板上，加深用户对主播的印象，便于用户、商家联系主播。

4. 主播走位设置

主播走位设置，指主播在直播过程中的活动区域和路线。特别是服装产品，需全方位进行展示，如何设置走位显得尤为重要。例如，某服装产品直播间，主播在试穿某款连衣裙时，为了让用户更全面地了解产品，她需要在直播间走动，分别展示连衣裙正面、侧面、背面效果。但由于直播间较小，摄像头又是固定的，主播很容易走出镜头。所以，应提前设置主播走位并调试镜头，保证主播能全面展示产品。

4.1.4 用背景墙布降低布置成本

在直播中，常见到有床、沙发、飘窗的直播间，让人感觉整个直播间很大。如图4-6所示，为斗鱼平台某颜值直播间截图。从截图可见，该直播间内置有床、收纳柜、椅子、抱枕等物品，与甜美的主播气质相契合，给人留下清新可爱的印象。

图 4-6　斗鱼平台某颜值直播间截图

是否直播间面积都得很大，需要家具、物品齐全？实际上，在装扮直播间时，为了节约成本，可以购买背景墙布来做背景。背景墙布和传统壁纸、板画不同，可称得上是艺术与装饰的融合，其灵动性能给人营造一种立体真切的感觉。

使用背景墙布来装饰直播间最明显的优势在于节约布置成本。如图4-7所示，在淘宝平台就有诸多物美价廉的背景墙布可供主播们选择。

图 4-7　淘宝平台售卖的背景墙布

在网上购买墙布的主播为避免出现和其他直播间同一背景的尴尬,可以先和商家沟通,在背景墙布中加入自己特有的元素,如主播名称、个人标签等。

4.1.5 在直播间中树立起独有的辨识标志

主播在直播时,如果将有利于粉丝记忆的信息加入直播间装饰中,既不显得刻意又容易引起注意。例如,将直播间二维码或直播间名称打印在镜头前的摆件上,即使不刻意提醒也能被粉丝们注意到。如图4-8所示,某淘宝主播将店铺信息植入直播间背景墙面中,既有利于记忆,又不显刻意。

还有部分主播,为了让粉丝更加了解主播本人,将主播个人信息,如身高、体重等身材信息以卡片的方式插入直播间。如图4-9所示,为某女装类目主播的卡片信息,写明了自己的身材信息和直播时间。身材信息可以让粉丝对服装尺寸大小了解更清晰,开播时间则可以提醒粉丝明天同一时间再来直播间。

图 4-8 把店铺信息植入直播间背景墙面中

图 4-9 把主播身材信息和开播信息以卡片的形式展现

主播可采用类似的方法,将信息插入直播背景中或以卡片的形式插入直播间,起到更好的宣传作用。

4.1.6 户外直播的选景

与室内直播相比,室外直播室虽然不需要过多装饰,但户外直播的选景也很有学问,必须选择与直播内容相契合的场景,才能对直播起到积极作用。

图4-10为某农产品直播间截图,该直播间以售卖农产品为主。当主播在介绍沃柑时,选择来到沃柑种植地,让用户直观地看到沃柑的生长环境以及采摘沃柑的过程,激发用户购买沃柑的欲望。

图4-11为斗鱼直播的某户外旅游直播间截图。因为大多数用户都喜欢美好的事物,故该直播选择风景好的镜头,能吸引用户围观。

图 4-10 某农产品直播间截图　　图 4-11 某户外旅游直播间截图

除选择与直播内容相契合的景色外,主播还应注意风格的统一性。例如,某街头采访直播,应选择不同的热闹街头,营造更真实、更热闹的采访氛围。

4.2 直播所需设备一览

在装扮好直播间后,还需要置办直播所需的设备。所谓"工欲善其事,必先利其器",有了专业设备,才能把主播丰富多彩的技能更好地展现给用户。电脑/手机及宽带是连入网络世界的基础设备。除此之外,还需要配备音频硬件、布光设备、隔音设备以及其他辅助设备等。

4.2.1 基础硬件:电脑与网络

在选购电脑时,主流配置的机型就足以满足直播需求,不必再有特别的开销。但对于游戏主播而言,在直播过程中需要通过直播软件转码游戏画面再输出,整个过程对电脑的CPU和内存性能的要求就更高。手头宽裕的主播,在选购电脑时可以选择性能高、价格稍高的电脑,以保证直播画面的流畅性。

面对众多的网络宽带服务,主播又该如何选择呢?网络直播中涉及的网络带宽与电信营业厅宣传的带宽不同。平时常见的50M、100M宽带是指下行的网速,而做直播更多的是把本地的视频、数据上传到网站,对于上传带宽要求更高,因此在申请宽带前必须先详细了解其上传带宽是多少。宽带选择不好,容易造成直播卡顿的情况。所以,主播需要选择性价比较高的宽带来支持主播的直播工作顺利开展。在资金充裕的情况下,建议主播开通电信宽带。

4.2.2 音频视频硬件:高清摄像头与电容麦克风

有了基础的硬件设备,接下来还需选购摄像头和麦克风,把主播更好的一面展现给用户。

1. 选购摄像头

摄像头是影响直播画面质量的重要因素。一款好的摄像头能够起到美化皮肤、增强视频效果的作用。通过调节或更换摄像头,主播的整体气质会得到提升。

目前,市面上常见的摄像头主要是高清摄像头和红外线摄像头。高清监控摄像头指的是720P或者1080P的摄像头,其中1080P又称为全高清。与普通监控摄像头相比,高清摄像头有更强的光谱矫正能力,可以更好地避免图像的虚化,更加真实地呈现画面内容。

但是太过高清的成像可能会把脸上的痘痘和雀斑照得很清楚,而且面部也会显现出颜色暗淡、憔悴的状态。这时可以考虑另一款摄像头:红外线摄像头。它能自动补光,提高肤色光泽度,让肌肤看起来像婴儿般细嫩,也能掩饰痘痘和雀斑。

另外,也有部分主播使用手机直播,但手机镜头在拍摄外景时可能效果并不理想。在这种情况下,主播可以在京东平台购买手机专用的外置摄像头。

2. 选购麦克风

动听的声音总能给人带来好感。有的人本来声音很好听,但由于音频设备的问题导致输出的声音发生了变化。所以,主播在开播之前应该选购一款好的麦克风,至少能高保真。

在日常生活中,常见的话筒类设备有耳麦、USB麦克风、小型采访式麦克风、电容麦等。主播在进行选购时会发现市面上麦克风的品牌种类有很多,价格和参数也各不相同。不同类别的主播在选购麦克风时也稍有差异。

例如,对于游戏主播而言,露脸的窗口比较小,选择一款音质好的麦克风即可。耳麦由于价格低廉、使用方便,所以使用较为广泛,如图4-12所示。

图4-12 耳麦

但是耳麦对音质的还原不太好,部分对音质要求高的游戏主播也会选择其他的麦克风,如动圈式麦克风或电容式麦克风。动圈式麦克风是利用声波去推动振膜，然后振膜带动线圈，利用磁力线的改变产生微弱的电压。在音质方面，动圈式麦克风能够满足演会现场背景音较大而音响较为剧烈的室外环境使用，如图4-13所示。

图 4-13　动圈式麦克风

对于需要在直播间唱唱跳跳的娱乐类主播而言，耳麦和动圈式麦克风都达不到主播想要的效果。因为普通的麦克风容易产生延迟，在拾音范围、灵敏度和音质方面都不够。所以，这类主播常使用电容式麦克风。电容式麦克风是利用电容充放电原理，将导体间的静电压直接转换成电能信号。适合对音质清晰度、声音还原度有较高要求的情况，比如，背景噪声较低的音乐厅、剧院、个人录音室、录音棚等。

另外，如果是耳麦，直接戴在头上即可，但如果是动圈式麦克风或电容式麦克风则需要拿在手上。很多主播在直播中需要介绍商品、表演肢体动作，无法一直用手拿着麦克风。所以，主播还需要购买麦克风支架。常见的麦克风支架分为桌面、悬臂式和落地式三种，价格在100元左右。

娱乐主播如果想要实现更好的音质，则还可以配备声卡。声卡和麦克风一样是决定声音质量的重要因素，只有当两者都达到一定的等级时，才能够保证传递出高品质的声音。可供主播选择的常见声卡分为内置和外置两种：就价格而言，内置声卡通常比外置声卡便宜；但在功能方面，外置声卡经过不断创新比内置声卡更具功能优势。主播可根据自己的实际需求选购声卡。

4.2.3　布光设备：补光灯、反光布

与光线暗淡的环境相比，明亮光线下的人、物更具吸引力。因此，布置直播室离不开灯光。为了让灯起到更理想的效果，还需要使用反光

布、遮光板等设备。

1. 灯光的组合

很难看到直播间只有一个照明设备的情况。因为单个光源,无论从哪个方向照明都有阴影,而且有的阴影可能会直接丑化镜头里的主播面相。所以,直播间的灯光往往需要最优组合。

很多直播间会选择25W~40W之间的LED暖灯或者暖白灯作为光源支持。特别是部分直播间,灯光非常自然,不存在太暗或太白的情况,还能营造出理想的意境。这是因为直播间布置了多个光源。

就摄影灯而言,需要一白一黄两个灯型。白光灯用于增强光线效果,黄光灯用于柔光补充。例如,白光灯主要用于照明整个直播间,而两盏对称的黄光灯用于照亮主体(主播)和消除阴影。

图 4-14 某柔光箱的使用示意图

2. 反光布

反光布一般布置在位于主播正面的墙上,把硬光变成柔和的漫射光。也有的主播直接购买柔光箱、柔光罩。如图4-14所示,为某柔光箱的使用示意图。柔光箱装灯上,使发出的光更柔和。其原理是能够在普通光源的基础上通过一两层的扩散,使原有光线的照射范围变得更广,使之成为漫射光。

某服装产品的直播间需展示主播全身时,用3盏灯光来突出主体。图4-15为该直播间灯光布

图 4-15 直播间灯光布置示意图

置示意图。

3个灯位的作用如下：

➢ 1号灯位，使用八角柔光箱，照亮主播头发和面部，并充当眼神光；

➢ 2号灯位，使用灯架+柔光罩，给主播补右前侧光的同时，也充当环境光；

➢ 3号灯位，使用灯架+柔光箱，打亮主播身体部分，也充当眼神光。

当然，直播间具体的布光方法不局限于图4-15所示的这一种。具体的布光需要根据直播间大小、产品特点而定。眼神光指的是，反射到人物眼睛里出现的反光点。眼神光反映着主播内心活动和情感，适宜的眼神光可使主播表情更生动。

4.2.4 隔音设备：隔音板与隔音条

很多主播对于噪声深有体会，一方面，直播间的粉丝反映主播声音过小，又怕提高音量影响他人；另一方面，直播间粉丝反映主播周围的声音过于嘈杂，影响直播效果。虽然实体墙面和门窗能阻挡噪声，但对于一些娱乐主播而言，可能需要放置音乐和特效，而直播时间又常常在晚上，这就无法避免对他人造成影响。想要解决这个问题，主播需要购置隔音设备，如隔音玻璃、隔音板以及隔音门帘等。

隔音板具有独特的吸音、隔热、阻燃、耐高温、质轻等综合性能。在京东、淘宝等平台均有售隔音板，价格适中，使用方便。如果给墙体都粘贴了隔音板，则噪声有可能从门窗传播，故主播还可以购买隔音条。图4-16为京东平台某隔音条的详情页，隔音条价格实惠，使用简单。

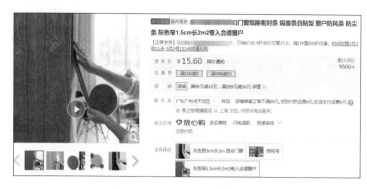

图 4-16 京东平台某隔音条的详情页

部分主播也可以选购隔音门帘、隔音玻璃来隔音。总之，在降低外界噪声的同时，也要使自己对他人的影响降到最低。

4.2.5 户外直播设备：手机、网络、电源及辅助设备

与室内直播相比，室外直播无须布置直播间，也不用购买那么专业的视频、音频设备，看起来所需成本要比室内直播少。但实际上，室外直播需要解决网络、电源以及防抖等问题，也需要购买一些专业设备。

1. 手机或笔记本

很多户外主播都选择手机和笔记本来作为直播的仪器，其中手机更为常见，只有少数对画质和音效要求十分高的直播会选择笔记本。不管是选择手机还是笔记本，只有配置强大的CPU，才能满足直播过程中的高编码要求，还能解决直播软件的兼容性问题。

部分主播用手机直播，智能手机从几百元到几千元价格不等，具体还是根据主播的经济状况来选择。前期主播也可以直接用原来的手机做直播，等资金充裕时再替换质量更优的手机。目前，较多的户外主播会选择品牌旗舰手机来直播，例如苹果、华为、小米等。

【知识加油站】

主播在使用手机直播时，必须有2台或以上的手机。因为一个手机的

电池容量有限,不能支持长时间直播,所以可能需要切换手机直播。另外,在直播过程中,可能需要1个备用手机查看粉丝评论信息。

另外,由于手机的直播屏幕在电脑上显示时较小,对于街头采访等直播就更适合使用笔记本电脑。对主播而言,购买笔记本电脑时,除价钱和品牌的偏好外,还需考虑笔记本电脑的性能、内存、分辨率以及续航能力等问题。

2. 网络

无论是室内直播还是户外直播,网络都至关重要。网络不稳定,就会频繁出现卡顿问题,问题一多,粉丝自然就流失了。尤其是风景秀丽的自然景观,普通网络很难支持直播的流畅性。为解决这一问题,主播必须找到信号稳定、网速快的流量卡;同时考虑到费用问题,还需要找到流量充足又价格合理的流量卡。

由于各个地区的资费不一,具体选择何种流量卡可通过咨询当地运营商后再决定。在直播初期,主播如果不确定网卡的网速情况,可购买两种以上的流量卡(如同时购买电信和移动的流量卡)来进行测试,找到信号、网速都具相对优势的流量卡。

另外,主播也可以选购便携式Wi-Fi。目前已有多款便携式Wi-Fi具有续航时间长、信号强等优点。例如,某款华为旗下的便携式Wi-Fi,可以显示电量、信号强度、运营商信息以及具体流量使用情况等,并支持全网4G网络,可同时连接16个设备,传输速度为2 m/s。某款小米旗下的便携式Wi-Fi,本身还是一个移动电源,可以为数码产品(如手机、笔记本电脑)充电。

3. 电源

解决了网络问题,还有电源的问题需要解决。待机时间再长的手机和电脑,直播时间长了也会没电。为解决这一问题,主播可以选购充电宝或户外电源。如户外时间短的主播,可多选购几个充电宝。需要长时

间户外旅游的主播，可以选购如图4-17所示的户外电源。该户外电源可支持笔记本电脑、手机、单反相机等设备充电。另外，该款户外电源除常规的市电充电和车充充电外，还支持太阳能板充电，特别适合长期在户外直播的主播。

图 4-17　户外电源

主播在选购充电宝时，为了便于飞行安检，建议选购单个低于或等于10 000毫安的充电宝。如果认为10 000毫安不能满足自己的用电需求，可以携带多个充电宝。

4. 辅助设备

为了呈现更好的直播效果，主播还可以考虑入手麦克风、自拍杆等设备来优化直播画面和音质效果。

在户外直播过程中，为了减少杂音，主播可以使用手机自带的耳麦，这是最节约资金的提升音质的方法。也有主播使用迷你手持麦克风，能在周围的嘈杂声音中起到一个定向作用，加大拾音的灵敏度。

很多人在拍摄时都会出现手抖问题，导致画面效果不佳。为解决这个问题，主播可以选购一个手机稳定器。如图4-18所示的某手机稳定器，价格在200元左右，可以有效减轻手机移动造成的画面抖动。

图 4-18　某手机稳定器

部分需要户外直播的娱乐主播,也可以购买一个补光自拍杆,在直播中为主播提供光源,提亮直播环境的光线。

4.3 根据需要选择最合适的上镜角度

在日常拍摄照片、视频时,大多数人都会选取一个恰到好处的角度来优化拍摄效果。同理,主播如果选择一个适宜的上镜角度,能提升直播效果。常见的主播上镜角度如图4-19所示,包括正面、侧面、俯仰等。

图 4-19 常见的主播上镜角度

4.3.1 正面直播是最常用角度

正面直播,指的是摄像头与主播处在同一水平线上。正面直播显得更加客观,更加贴近生活,人物更显亲切自然。图4-20所示为虎牙平台某音乐直播间,主播与连麦的3名主播都选择了正面直播角度。

图 4-20 某音乐直播间

在日常人际交往中,面部表情可以充分展现一个人的人格。大多数观看直播的粉丝,也喜欢脸带微笑、和颜悦色的主播。主播在直播时,眼睛要自然地正视屏幕,使整个直播画面更加贴近生活,这样也可以让自己显得更加自然真实。

4.3.2 侧面直播展示手部操作

特别是针对一些手艺直播、游戏直播而言，需重点展示手部操作。

图4-21所示为B站某原创绘画直播间。主播采用侧面直播，展示自己一步步在右侧滑板上画出左侧成品图的过程。整个直播过程，既让在线粉丝有绘画方面的收获，也证明了绘画作品的真实性。

图 4-21　某原创绘画直播间

特别是部分游戏主播，由于技术精湛收获大量粉丝，但也正因为实力太强，频频被黑粉怀疑技术的真实性。为避免这类问题，游戏主播可采取侧面直播，展示手部操作游戏鼠标和键盘，以此证明自己技术的真实性。

4.3.3 根据需求设定镜头俯仰角度

俯仰角度分为俯拍角度和仰拍角度。通常，俯拍应用在鸟瞰全景的直播镜头中。例如，主播坐在直升机上，拍摄下面的城市。仰拍，指一种拍摄方式，摄影师以一个低的角度从下往上拍摄画面。

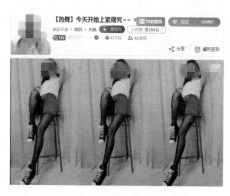

图 4-22　某舞蹈直播间截图

不同的直播需求，往往需要不同的角度。综观舞蹈类的视频，不难发现很多视频都以仰拍为主。因为仰拍可以使人物显得高大挺拔。图4-22为斗鱼某舞蹈直播间截图，主播采用仰拍角度，显得双腿纤细且修长，再加上舞姿灵活，获得了大家的喜爱。对于腿部过短的主播而言，可以选择仰拍角度，以弥补自身不足。

当然，主播在采用俯仰角度直播时，要注意真实性。有的主播为了拉长腿部线条，在仰拍的同时，还使用特效，使得整个人身材严重失调，必然会引起粉丝的讨论和厌恶。

4.4 淘宝直播实操

前面讲解了搭建直播间、直播所需设备以及上镜角度等内容，这里从实操的角度出发，帮助新手主播迅速创建一个专属于自己的直播间。主播通过淘宝直播卖货是常见的变现方式，所以这里以创建淘宝直播间为例，进行讲解。

4.4.1 注册淘宝直播

很多主播在开播初期选择在阿里V任务平台接商家的合作单，开启直播生涯。但由于阿里V任务对达人有要求，所以无法迅速创建直播间。但只要是有淘宝账号的用户，都可以开设自己的店铺，创建直播间，上架商品。以下是创建直播间步骤。

01 下载并登录淘宝主播App，进入首页，点按"主播入驻"按钮，如图4-23所示。

02 跳转主播入驻页面，根据提示完成实人认证（面部识别确认为本人），点开"直播开店"按钮，设置店铺昵称，选中同意以下协议按钮，点按"完成"按钮，如图4-24所示。

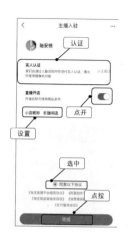

图4-23 淘宝主播首页   图4-24 主播入驻页面

03 跳转入驻成功页面，点按"开播领奖励"按钮，如图4-25所示。

04 跳转完成创建页面，填写直播标题、内容简介、频道栏目等信息，添加售卖的宝贝（商品），点按"现在开始直播"按钮，如图4-26所示。

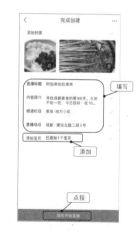

图4-25 主播入驻成功页面   图4-26 完成创建页面

根据以上操作，即可创建一个淘宝主播账号。至于直播间的详细设置，将在下一节进行讲解。

4.4.2 设置手机淘宝直播间

主播可以在直播间中添加相关设置，以提升直播间的人气。这里以淘宝直播为例，讲解直播间的常见设置方法。

1. 直播清晰度选择

用手机直播的主播，在开播前需要选择直播清晰度，如图4-27所示，可选择"流畅360p"或"高清720p"。按理说，选择高清模式，当然能给粉丝带来更好的视觉效果。

图4-27 直播清晰度选择

但如果是在网络不好的情况下，选择高清容易导致直播出现卡顿的问题。所以，主播必须在确认网络通畅的前提下，才选择高清模式。

2. 设置镜头和美颜功能

主播在直播过程中，用前摄像头或后摄像头直播，点按翻转摄像头按钮，即可自由切换摄像头。同时，主播还可以在直播间右上角点按设置按钮，选择开启或关闭美颜以及调整美颜，如图4-28所示。在直播间的右上角可查看直播时间、直播观看量以及点赞等信息。

图4-28 设置镜头和美颜

【知识加油站】

美颜固然能使主播看起来肤色更白净，五官更动人，但如果过度使用容易给粉丝留下不真实的感觉。所以，主播在设置美颜时，应注意把握尺度。

3. 添加宝贝

在完成创建页面后，有添加宝贝选项，但如果主播在前期忘记添加宝贝,可以在直播间添加。主播可点按直播间左下角的"添加"按钮,如图4-29所示。进入选择宝贝页面,可添加收藏夹、购物车、已购买等分类下的产品,如图4-30所示。

图 4-29　点按"添加"按钮

图 4-30　选择宝贝页面

【知识加油站】

按照上述方法添加宝贝,无法添加店铺出售中的宝贝。建议主播提前将出售中的宝贝添加到直播间。

图 4-31　发布宝贝页面

主播也可以点按"发布"按钮,进入发布宝贝页面,填写宝贝标题、价格、库存等信息,再点按"发布宝贝"按钮,上传新的宝贝,如图4-31所示。

4. 分享直播间

新手主播在开播时,为避免直播间空无一人的窘境,主播可以点按"分享"按钮,在弹出的分享页面选择将直播间分享给微信好友、QQ好友、微博好友等，如图4-32所示。

5. 粉丝推送设置

根据上述操作进入直播间后，可见直播页面下角有"更多"按钮，如图4-33所示。主播点按"更多"按

图 4-32　分享页面

钮，可以进行"粉丝推送""粉丝连麦""加购连麦PK"等操作。这里以进行粉丝推送为例，点按"粉丝推送"按钮，在弹出的文本框中点按"确认"按钮即可，如图4-34所示。

图 4-33　点按"更多"按钮

图 4-34　进行粉丝推送操作

从粉丝推送框中可见，每个用户一天能接收最多2条开播提醒。例如，小张关注了100名淘宝主播。在5月15日这天，可能这100名主播都会给她推送信息，但她只能接收到最早给她发推送信息的2名直播信息，其余的推送都被拒之门外了。因此，为了得到粉丝推送流量，建议主播们早点开启直播，并且一开播就将信息推送给粉丝。

6. "热"字标签

当在淘宝直播间添加的产品超过6款时，第一名产品就显示有"热"字标签，如图4-35所示。该标签默认打在淘宝直播间中第1个添加的宝贝

上面，所以建议主播在直播时，首先添加主推宝贝，使其带有"热"字标签，以吸引更多粉丝的关注。

7. 宝贝讲解

主播在讲解宝贝信息时，可以点按"标记讲解"按钮，如图4-36所示，将直播中对宝贝讲解的信息录制成视频，以供后面进来的粉

图 4-35 带有"热"字标签的宝贝

丝点按查看。当主播标记讲解后，粉丝进入直播间，可点按产品下方的"看讲解"按钮查看视频，如图4-37所示。

图 4-36 点按"标记讲解"按钮

图 4-37 点按"看讲解"按钮

主播也可以将直播中讲解宝贝的镜头录制下来，放在宝贝主图、详情页、微淘等地方，加深用户对宝贝的印象。

8. 切换手机直播

由于手机的容量有限，而一场直播时间长达6—8小时，所以主播可能需要切换手机直播。当主播由于手机没电或有来电时，直播间默认出现如图4-38所示的提示。当主播重新登录淘宝主播App，可在"我的直

播"中看到刚才的直播间，点按"继续直播"按钮，如图4-39所示，即可重新进入直播间，接着之前的内容直播。

图4-38 提示主播不在的页面

图4-39 点按"继续直播"按钮

其他直播平台的手机端直播设置与淘宝直播类似，主播根据自己的需求，进行镜头、美颜、添加宝贝等设置即可。电脑端的直播和手机端大同小异，主播可以尝试、对比在不同端口直播。

4.4.3 发布直播预告

在一部电影上映前，通常会通过召开发布会或公布电影预告等方式达到炒作的目的，以让更多用户留意到电影。在直播中，也可以用这个方法来吸引粉丝。目前，多个直播平台都支持发布直播预告，以提前吸引粉丝的关注，图4-40为李佳琦的直播预告截图。

一个清晰描述直播主题、内容的直播预告，可以让粉丝提前了解直播内容，也便于系统识别该场直播，

图4-40 李佳琦直播预告截图

给予更多展现机会。就淘宝直播而言,一个符合要求的直播预告,有以下好处。

➢ 有机会出现在淘宝直播首页的预告模块,也有机会在直播时优先获得浮现权。

➢ 有机会以焦点图的形式展现在"今日必看"板块下。

➢ 有机会展现在手机淘宝首页,获得大量流量。

➢ 预告能让站内用户了解直播间播放的内容,能吸引到与直播内容匹配的粉丝。

➢ 在淘宝千人千面的算法下,也便于淘宝平台根据直播预告内容,将其内容推广给精准用户,从而吸到更多公域流量来到直播间。

主播可以在电脑端或手机端发布直播预告。下面以在手机端发布直播预告为例,进行详细讲解。

01 登录"淘宝主播"App,下拉页面至更多工具页面,点按"创建预告"页面,如图 4-41 所示。

02 进入直播预告创建页面,添加直播封面、视频,填写直播标题、直播时间、直播简介等内容,点按"发布预告"按钮,如图 4-42 所示。

图 4-41　更多工具页面

图 4-42　直播预告创建页面

03 根据上述操作，即可成功创建一个直播预告。返回到首页可看到直播预告，如图 4-43 所示。主播可直接点按"开始直播"按钮开始直播。

图 4-43 创建好的直播预告

主播可发布一个月以内的直播预告，例如今日是5月20日11:40分，可发布当日12:40的预告，也可以发布6月19日11:40的直播预告。并且，主播可以同时发布多个直播预告。但为了将直播规律化，可效仿李佳琦，每天只发布一个次日的直播预告即可。

4.5 高效利用直播辅助软件

在直播过程中，可以借助辅助软件增强直播效果。这里以淘宝直播为例，介绍淘宝直播中常见的辅助软件的使用方法，如推流软件、互动工具、权益工具等。

4.5.1 利用推流软件工具提高直播效果

淘宝直播推流，指把视频推送到网络中的过程。淘宝直播的推流渠道又分为手机端和电脑端。这里以电脑端为例，进行详细讲解。与手机端相比，电脑端直播有什么优势呢？

➤ 手机直播过程中，容易遇到无线网络不稳定，出现直播卡顿问题。但电脑可以使用有线网络直播，从而网络更稳定；

➤ 在直播过程中，电脑直播软件可以对音视频进行加工，增加更多趣味元素；

➤ 手机镜头像素可能不够高，容易出现镜头模糊问题，电脑可以配置专业的摄像头，镜头更清晰；

➤ 手机性能有局限性，如果长时间直播，容易出现手机发烫、电源

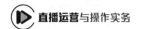

不够等情况造成直播卡顿、暂停。电脑性能更高,能减少发生上述问题的概率。

下面详细讲解设置直播推流的步骤。

01 在电脑中下载并登录淘宝直播软件,填写手机号、验证码,单击"确定"按钮,如图4-44所示。

02 登录成功后,出现直播列表窗口,选择直播或预告,单击"确定"按钮,如图4-45所示。如果是新手主播,登录时没有直播或预告,可以先进入直播中控台创建直播或预告后,再回到该页面。

图 4-44　登录淘宝直播软件

图 4-45　选择直播或预告

03 进入淘宝直播页面,单击左上角的"摄像头"按钮,在弹出的文本框中查看摄像头信息,并单击"确定"键,即可添加摄像头,如图4-46所示。

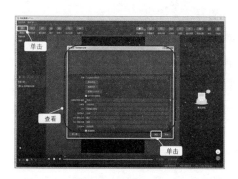

图 4-46　添加摄像头

【知识加油站】

当电脑连接多个摄像头时，可以重复上述操作，添加多个摄像头拍摄画面，形成画中画。

04 主播可单击左上角的"媒体视频"按钮，选择视频，单击"打开"按钮，在直播中添加视频，如图 4-47 所示。例如，某主播在介绍某款多功能拖把时，可添加一段使用拖把场景的视频，便于粉丝了解该拖把的功能。

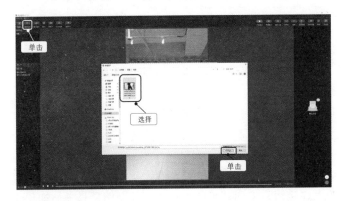

图 4-47　添加媒体视频

【知识加油站】

主播按照添加媒体视频的操作方法，可单击"图片"按钮，在直播画面中添加图片。特别是部分主播，想在直播中添加"求关注""点点小爱心"等动态图时，可进行上述操作。

05 主播可单击"信息卡"按钮，在弹出的文本框中单击"创建"按钮，并在弹出的信息卡中输入信息，单击"确定"按钮，如图 4-48 所示。

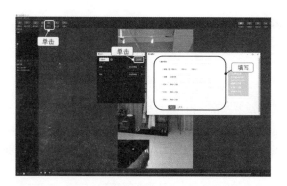

图 4-48　添加信息卡

【知识加油站】

常见的信息卡由3部分构成：第一部分是主播昵称；第二部分是主播个人重要信息，如服装类主播的身材信息，游戏类主播的游戏等级信息等；第三部分则是当场直播的利益点，如第二件半价、买一送一、关注有礼等。

按照上述操作，返回到页面中，在添加好的信息卡后面单击"添加到画面"按钮，即可成功添加信息卡。

06　主播可按照自己的需求，进行其他设置，如点击"美颜"，在弹出的文本框中选择打开美颜功能，并自主选择美白度、磨皮度等，如图4-49所示。主播在设置美颜时，应注意尺度，特别是带货类的主播，如果美颜效果过度，容易导致画面中展现的商品色差大，被粉丝误会。

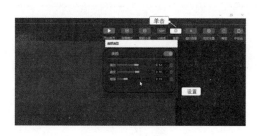

图 4-49　设置美颜

07 主播在设置好所有信息后,可单击"开始推流"按钮,如图4-50所示。

图 4-50　单击"开始推流"

08 再回到直播中控台页面,可在画面中看到有自己的镜头页面,在一切准备就绪后,单击"正式开播"按钮,如图4-51所示,即可开启一场直播。

图 4-51　单击"正式开播"

主播在开播过程中,仍然可以在直播软件中对刚才提到的内容进行设置,如添加视频、添加图片等。在中控台点击"结束直播"后,还应回到直播软件的推流页面中,点击"结束推流"按钮来结束推流。

4.5.2　直播中控台优惠工具的应用

在直播中,主播为了刺激粉丝关注、刺激消费者下单,会设置不同的优惠活动。如图4-52所示,主播好礼主要是为了刺激粉丝产生关注主播的动力;再如图4-53所示,为了刺激粉丝分享直播间,设置了分享3名好友可获得10元优惠券的活动。

图 4-52　主播好礼优惠券　　　　图 4-53　分享好友可得优惠券

实际上，主播除可以在直播中添加优惠券外，还可以在直播中发起一系列活动，如第二件半价、拍下××元、抽奖活动等。

1. 添加商品

主播可以在发布预告或建立直播时添加商品，也可以在开播前或开播过程中再添加商品。而在电脑端直播前或直播中添加商品，可以发起半价购买、第二件0元等活动，吸引更多粉丝转化。下面以添加2个商品为例进行讲解。

01 在直播中状态下的电脑端的中控台中，单击"宝贝"按钮，如图 4-54 所示。

图 4-54　单击"宝贝"

02 弹出添加宝贝页面，添加商品链接，单击"获取宝贝"按钮，勾选宝贝，在右侧的"自定义"框中填入商品利益点,这里以填写"第二件0元(同款)"为例,如图4-55所示。

03 返回到直播页面,即可看到刚添加的商品以及商品利益点,如图4-56所示。

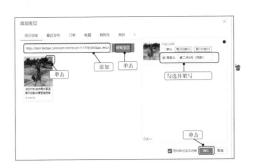

图4-55 添加宝贝页面图　　　　4-56 查看已添加的商品

值得注意的是,如果主播用淘宝主播App在直播,同时在电脑中控台添加商品,那么粉丝无法查看到商品利益点。所以,主播如果想展示利益点,最好用电脑直播。另外,主播在添加商品及利益点时,最好加上语言诱惑。例如,在讲解上述商品时,可加上"我现在要上架一款热门商品,为了感谢大家对我的支持,特推出第二件0元的活动。活动名额只有50个,大家做好抢购准备哟"之类的话语。

2. 设置抽奖活动

主播为了推广自己和活跃直播间气氛会推出活动,其中就包括抽奖活动。抽奖活动可以吸引到更多粉丝,达到推广目的。发起抽奖活动的方法如下。

01 在直播中状态下的电脑端的中控台中,单击"抽奖"按钮,如图4-57所示。

图4-57 单击"抽奖"按钮

02 弹出抽奖页面,填写奖品信息和中奖人数,单击"开始抽奖"按钮,如图4-58所示。

03 根据以上操作,粉丝在直播页面可看到"福利来袭"的提示,并参与抽奖。在抽奖结果页面,可弹出中奖名单信息,如图4-59所示。

图4-58 设置优惠券页面

图4-59 抽奖结果页面

这种抽奖没有设置门槛,只要是直播间的用户都有机会参与,对于主播来说,效果可能不如优惠券。而且这种抽奖需要较多的观众量,不适宜新手主播的直播间。主播在使用该方法抽奖时,一旦退出抽奖页面将无法恢复,所以最好用拍照或截屏的方式证明抽奖结果。

综观知名主播,其在直播时,往往采取另一种抽奖方式。例如,某家居用品的直播间,每到整点时,都有一波抽奖。在19:59的时候,主播就会提醒在线观众,等会儿倒数十个数,粉丝们可在评论区留言某某口号(如"买某某,找某某"),并且将手机的评论区展现在镜头前,数到"1"时,就倒计时结束,截屏中显示口号的前3名(或5名)用户为中奖者,并提示中奖者可联系客服领取奖品。营造出实时互动、实时发福利的氛围。

3. 设置投票活动

为了加大互动力度,主播也可以在直播中发起投票。同时,主播还能用投票的方式来调研粉丝的喜好。发起投票活动的方法如下。

01 在直播中状态下的电脑端的中控台中,单击"投票"按钮,如图4-60所示。

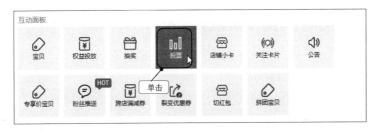

图 4-60 单击"投票"

02 弹出投票页面,填写抽奖主题和时长,单击"开始投票"按钮,如图 4-61 所示。

图 4-61 投票页面

03 根据以上操作,粉丝在直播页面可看到投票提示并进行投票操作,主播可在后台查看投票结果,如图 4-62 所示。

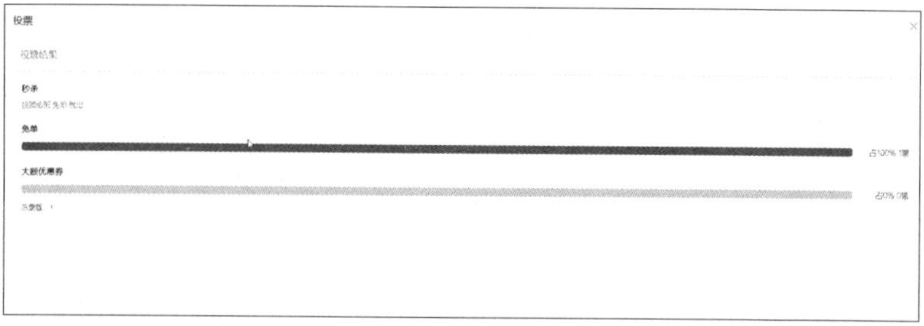

图 4-62 投票结果页面

新手主播的直播间人数可能不多，如果主播是为了活跃氛围，可发起投票活动。但如果是为了测试粉丝的喜好，人数少很可能导致最终的结果不精准。故新手主播应该慎用该工具。

4. 设置店铺小卡

店铺小卡是淘宝直播的工具之一，其主要目的是引导粉丝进入店铺。设置成功后，淘宝直播页面中会展现进入店铺的引导卡，方便粉丝直接进入商家的店铺。设置店铺小卡的方法如下。

01 在直播中状态下的电脑端的中控台中，单击"店铺小卡"按钮，如图 4-63 所示。

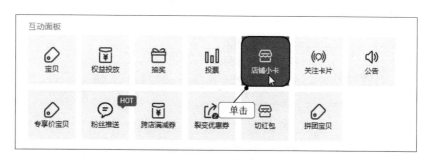

图 4-63 单击"店铺小卡"

02 弹出添加店铺页面，添加店铺信息，填写引导文案，单击"发送"按钮，如图 4-64 所示。

第 4 章　直播室搭建有诀窍

主播在填写引导文案时,最好表明进店的利益点,这样才能吸引更多粉丝进入店铺。例如,"今日进店有豪礼相送""单击这里进店领取优惠券"等。

主播除了设置店铺小卡外,还可以设置关

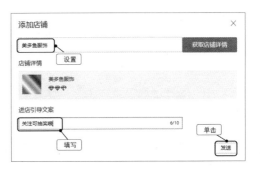

图 4-64　添加店铺页面

注、公告等信息,提醒粉丝关注店铺、下单购买商品等。主播可根据自己的需求,设置单个或多个优惠工具,吸引更多粉丝。

4.5.3　设置权益投放

权益投放,指主播通过设置将优惠券、红包、淘金币等福利投放给用户,可起到引导粉丝、活跃氛围,并在一定程度上刺激粉丝下单的效果,是直播中常见的玩法。主播可在中控台的权益投放中,设置优惠券、红包雨、淘金币等活动。主播发放权益的操作如下。

01 在直播中状态下的电脑端的中控台中,单击"权益投放"按钮,如图 4-65 所示。

图 4-65　单击"权益投放"

02 在弹出的界面里点"选择权益",然后在权益设置中选择需要发放的优惠券。如果优惠券的列表为空,则需要先单击右上角的"创建优惠券"后才能选择,如图4-66所示。

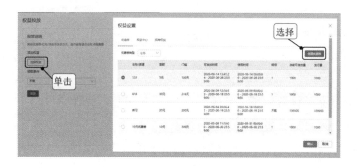

图4-66 权益设置页面

03 在弹出的添加奖品页面,有优惠券、权益中心、招商权益等选项,这里以选择优惠券为例,单击优惠券后面的"创建优惠券"按钮,如图4-67所示。

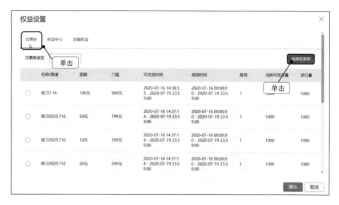

图4-67 添加奖品页面

【知识加油站】

在添加奖品页面中,分别有优惠券、权益中心、招商权益等选项,其中优惠券的定义浅显易懂，无须赘述。"权益中心"指直播间红包，"招商权益"则指淘金币。在这3种玩法中，前两种使用较为广泛，最后一种不多见。

04 跳转到卖家中心的营销工作台，可选择创建店铺优惠券、商品优惠券、裂变优惠券，这里以选择创建商品优惠券为例，单击"创建商品优惠券"按钮，如图4-68所示。

图4-68　单击"创建商品优惠券"按钮

05 跳转到创建优惠券页面，原本可选择全网自动推广、官方渠道推广、自动渠道推广。但由于是投放在直播间的优惠券，故建议主播单击"官方渠道推广"按钮，如图4-69所示。

图4-69　单击"官方渠道推广"按钮

06 在弹出的渠道推广页面中，选择"淘宝直播渠道优惠券"，单击"确认"按钮，如图4-70所示。

07 跳回创建优惠券页面，完善优惠券的基本信息及面额信息，单击"确认创建"按钮，如图 4-71 所示。

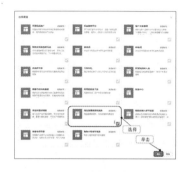

图 4-70　选择"淘宝直播渠道优惠券"

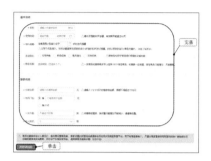

图 4-71　完善优惠券的基本信息和面额信息

08 手动返回添加奖品页面，单击文本框中的"我已经成功创建"按钮，如图 4-72 所示。

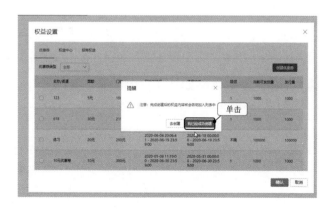

图 4-72　单击"我已经成功创建"按钮

09 系统自动刷新页面，即可看到添加的优惠券名称、面额、门槛、发放时间及使用时间等信息，核对完无误后，单击优惠券计划前面的小圆点，再单击"确认"按钮，如图 4-73 所示。

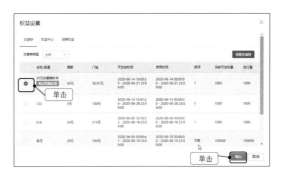

图 4-73 核对并点击计划

10 创建成功后，再回到权益投放页面，选择刚才创建的权益计划，设置领取条件，单击"投放"按钮，如图 4-74 所示。

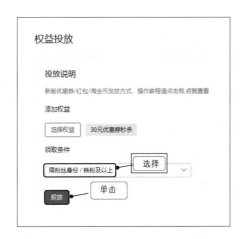

图 4-74 设置领取权益条件页面

完成以上操作后，粉丝就可以在直播间中看到一个商品优惠券了，感兴趣的粉丝可根据提示领取优惠券。

达人主播在直播中售卖其他商家商品时，可根据上述操作设置店铺优惠券、商品优惠券，但无法设置红包和淘金币。主播如果需要设置红包和淘金币，只有联系商家拿到主账号，才可完成设置。其他计划的设置方法与优惠券计划类似，主播平时可进行实践练习。

4.5.4 直播中控台互动工具的定时使用

直播平台之间的差异,决定了很多直播平台不能满足主播多样化的要求。例如,主播在设置优惠时,需要手动操作。如果一个直播间只有一个主播,在与粉丝实时互动的同时还要去操作中控台,很可能出现手忙脚乱的情况。但如果主播借助辅助工具,可以更方便、快捷地完成直播间设置。

以淘宝直播为例,"大紫达人"就是一款实用的直播辅助工具。大紫达人可以帮助主播们完成批量上架、定时发送优惠券、发送关注信息等操作,确保主播的直播工作顺利进行。主播可下载大紫达人压缩包,进行安装、设置。下载并解压大紫达人的安装包后,其使用方法如下。

01 打开与大紫达人相匹配的浏览器(如谷歌浏览器),单击右上角的" "按钮,在弹出的文本框中单击"更多工具",单击"扩展程序",如图4-75所示。

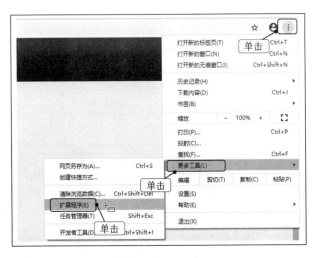

图4-75 打开浏览器

02 弹出扩展程序页面,单击打开右上侧的"开发者模式",如图4-76所示。

图 4-76　单击打开右上侧的"开发者模式"

03 打开之前解压好的大紫达人安装包，如图 4-77 所示。

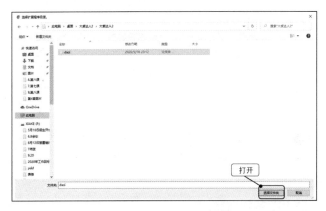

图 4-77　打开大紫达人安装包

04 根据以上操作，如果成功安装大紫达人插件，可在浏览器右上角看到一个彩色图标，如图 4-78 所示。

图 4-78　彩色图标

05 在大紫达人插件安装成功后，再进入直播中控台，微信扫码登录后可看到明显变化，如图 4-79 所示。

图 4-79　有大紫达人的直播中控台变化

对于主播而言，安装大紫达人的意义体现在哪方面呢？首先，大紫达人支持同时上架多款商品，还支持发优惠券、关注卡片、公告发送等，下面逐一进行讲解。

1. 同时上架多款商品

在安装大紫达人插件后，主播可以选择一次性导入多件商品。

01 进入已安装大紫达人的中控台，单击"批量导入宝贝"按钮，如图4-80所示。

图 4-80　单击批量导入宝贝按钮

02 弹出输入宝贝链接页面，输入商品链接，单击"下一步"按钮，如图 4-81 所示。

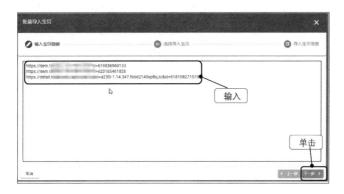

图 4-81　输入宝贝链接页面

03 跳转到选择导入宝贝页面，选择需要添加的宝贝，单击"导入宝贝"按钮，如图 4-82 所示。

图 4-82　导入宝贝页面

04 回到直播中控台，可以看到宝贝下方有红色、绿色、蓝色数字。红色代表已上架的商品，绿色代表正在仓库中的商品，而蓝色则代表可继续添加上传的商品。主播到了这一步，可选中绿色商品，单击"上架所有"，在弹出的文本框中点击"是的，立刻上架"，如图 4-83 所示，即可完成批量上传商品。

图 4-83 批量上传商品

2. 定时发送优惠券

在一个直播间只有一名主播的情况下,既要面对镜头活跃直播间气氛,又要上架商品、发送优惠券,是十分不容易的,更有甚者可能因为误操作导致填写错商品数量、价格、优惠券面额等数据。故主播可以借助大紫达人插件,提前设置好优惠券的面额、发放条件以及领取条件等。

01 进入已安装大紫达人的中控台,单击"发优惠券"按钮,如图 4-84 所示。系统提示需要主播自主输入优惠券链接。那么,主播应如何生成优惠券链接呢?

图 4-84 单击"发优惠券"

02 主播需要进入卖家中心——店铺营销工具找到优惠券的工具,单击"创建店铺券"按钮,如图 4-85 所示。

图 4-85 单击"创建店铺券"

03 跳转到创建店铺优惠券页面，根据提示填写优惠券的信息，单击"资金风险校验"按钮，如图 4-86 所示。

04 跳转到优惠券页面，可看到之前创建的多张优惠券，通过大紫达人插件创建的优惠券后面多出了"结束"和"链接"按钮，主播单击"链接"按钮，弹出链接框，点击"去除链接"按钮，如图 4-87 所示。

图 4-86 创建店铺优惠券页面   图 4-87 复制优惠券链接

05 返回至发放优惠券页面，把复制好的优惠券粘贴在框中，单击"刷新"按钮，页面下方即显示优惠券信息，主播可按照自己的规划设置发放优惠券的间隔，如可以修改设置关注、点赞等互动行为才能领取；或是铁粉、钻粉才能领取。主播还可以将弹设置、弹优惠券的方式设置为连续弹或循环弹，并且可以设置弹的频率等。这里以选择"立即弹"为例，如图 4-88 所示。

图 4-88　设置优惠券发送时长

根据以上操作，即可成功设置定时发送优惠券。至于优惠券时长的选择，可根据主播的内容来决定。例如，有的直播间在开播初期，需要大量优惠券来吸引粉丝的关注，则可以频繁发放优惠券；而有的直播间，观看量和互动率已经趋于稳定，则可减少优惠券的发放。

在安装了大紫达人插件的前提下，直播中控台的优惠券、关注卡片等信息都可以设置固定时间固定发送。例如，主播打开关注卡片页面，输入关注提示语，设置发送频率（这里以设置连续弹3次为例），直接单击相应的设置计划即可，如图4-89所示。

图 4-89　设置关注卡片发送时长

上述操作之后，弹关注卡片的频率和效果如图4-90所示。

图 4-90　弹关注卡片之后的结果页

根据上述操作，主播可设置多个轮播公告、自动回复话术等，加大与粉丝的互动，增加直播效率。除淘宝直播的大紫达人插件外还有其他插件工具，主播可根据自身需要去寻找、下载、安装插件工具。

新手问答

1. 如何解决直播间过大或过小的问题？

很多新手主播在选择直播间时，由于对空间大小没有判断能力，所以经过基本的装扮后发现直播间存在过大或过小的问题。那么，如何有效地来解决这些问题呢？

对于直播间空间过大的问题，解决方法很简单。在直播中，摄像头的范围有限，所以，主播可只装饰镜头所涉及的范围。例如，某情感类主播可选用一整间卧室作为直播间，在镜头中可展现卧室的一个角落，如梳妆台、书桌等。或者，主播可以在直播间内添置如沙发、书柜等家具来填充直播间。

对于直播间过小的问题，也很好解决。同理，镜头可拍摄到的地方毕竟很有限，只要把展现在镜头里的地方布置好就行。

2. 直播中出现声音问题怎么办？

很多主播会发现，即使自己购买了较好的音频设备，在直播中仍然会出现喷麦、爆麦或齿音等现象。那么，这些情况是如何产生的？又如何避免呢？问题的具体表现以及解决方法如图4-91所示。

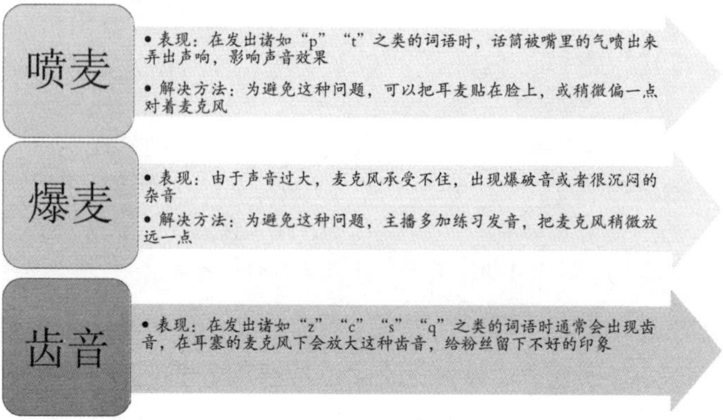

喷麦
- 表现：在发出诸如"p""t"之类的词语时，话筒被嘴里的气喷出来弄出声响，影响声音效果
- 解决方法：为避免这种问题，可以把耳麦贴在脸上，或稍微偏一点对着麦克风

爆麦
- 表现：由于声音过大，麦克风承受不住，出现爆破音或者很沉闷的杂音
- 解决方法：为避免这种问题，主播多加练习发音，把麦克风稍微放远一点

齿音
- 表现：在发出诸如"z""c""s""q"之类的词语时通常会出现齿音，在耳塞的麦克风下会放大这种齿音，给粉丝留下不好的印象

图 4-91 音频问题的具体表现以及解决方法

麦克风防喷罩经过双层过滤网的设计，能有效地过滤外界出现的噪声、风声等，使直播传输的声音更加清晰。另外，直播室偶尔还存在电流声，影响音质。这种情况多是由于电子设备的干扰，例如直播时一旁的手机正好来电，就可能会对电脑造成干扰。也有可能是声卡出现故障后出现的电流声，这时就需要更换声卡。总之，直播过程中可能遇到的问题也很多，需要主播不断学习，去一一解决问题。

第5章

精心打造主播人设与账号

── 本章导读 ──

　　人设是主播人和人格的一种延伸,是对个人的行为、语言等进行包装,以满足粉丝需求的一种体现,是根据主播本身的特点再结合粉丝的需求呈现出来的一种标准。主播人设需要满足真实、有特色、专业、能给粉丝提供价值的特点。一名专业的主播,需打造出符合大众喜欢的外在形象,并提高自己的内在修为,然后将这些信息通过直播资料呈现在粉丝眼前,这样有机会得到更多粉丝的认可和关注。

5.1 打造主播的形象与能力

人物形象设定（简称"人设"），指根据一个人的姓名、年龄、家庭背景、学历背景、从业经验、擅长领域、职业设定等信息，树立一个形象。主播通过人设可以让自己的定位更加鲜明立体，更容易被粉丝记住。

5.1.1 主播人设定位

对于已经有粉丝基础的主播而言，都有了自己的人设。例如，一提到主播薇娅，很多人的脑海里就会跳出一个邻家大姐姐的形象。她在直播中频繁提及自己的生活经历，分享护肤经验，推荐高性价比产品，给粉丝树立起一个既专业又能干的大姐姐形象。

那么，新手主播应该如何设定自己的人设呢？这主要通过主播的昵称、头像、简介以及直播中常用的口头禅等塑造。图5-1为快手一个名为"农村会姐"的账号首页，从图中可以看到该账号目前共有1 000多万名粉丝。

"会姐"真名"王利会"，全家住在河南的一个普通农村里。就是这样一个普通的农村家庭妇女，却有着火爆的人气。会姐时常更新自己做饭的视频，也时常在直播间展现一家人做饭、吃饭的镜头。

"农村会姐"的账号简单介绍了自己是农村人，"会姐"还给自己取了一个通俗易记的昵称。账号头像是会姐和3个男孩的真实合照。通过个性签名介绍了自己的角色定位："我是一个普通的农村人，每天会给大家分享一些家常饭菜……"。为了说明镜头里常出现的人物关系，会姐在介绍里也提到老大、老二、老三的名字、年龄以及和自己的关系。除了这3个小孩之外，还有1个成年男人也常出现在短视频和直播的镜头中，他就是会姐的老公，也是享用会姐手艺的第4个男人，得名"老四"。

很多人都会觉得奇怪，会姐一个相貌平平的家庭主妇，为什么会有如此高的人气？这与会姐的人设分不开，会姐就是这样一个普通人，厨艺无法和大厨相比，口才也不如销售强，但就是这样平凡的生活，引起了很多已婚妇女的关注。这与会姐曾说的"做直播的初衷和价值在于勾起宝妈的做饭欲望"相契合。

会姐的变现方式主要是粉丝礼物、平台分成以及产品推广。别人的直播间连麦经常是以PK的形式获得更多礼物，而会姐的连麦经常是推荐粉丝去关注连麦方。会姐生性直爽，直播间里的她嗓音粗犷、朴实，她鼓励自己的粉丝去关注那些商家。她的吆喝声也确实为商家带去了很多粉丝。例如，"某某鞋厂""某某童装工厂直营店""某某大码女装店"都是会姐直播间的连麦常客，他们也是礼物榜的前几名。

如图5-2所示，会姐在直播中连麦某食品商家。直播间里，素颜的会姐加上朴素的衣着，就是一个普通的农村妇女形象，与连麦方衣着光鲜的商家也形成了鲜明对比。

图 5-1　"农村会姐"的账号首页　　图 5-2　会姐在直播中连麦某食品商家

新手主播在开播前就要做好自己的人设定位，并将人设信息通过昵称、头像、个性签名等方式展现出来。

5.1.2 塑造主播的外在形象

主播的外在形象包括仪容、仪表、仪态，通俗点说就是主播的相貌、穿着打扮、言谈举止。在直播平台中，大多数主播在各方面都给人大方得体的印象。不仅娱乐主播如此，游戏主播、教育类主播、电商主播等主播身上也都有所体现。主播塑造外在形象，主要包括妆容和服饰两方面。

1. 更上镜的妆容

作为一名网络主播除了要有才华以外，颜值也很关键。主播的妆容将给粉丝带来最直观的视觉感受，不管直播的节目风格和类型如何，一个精致的妆容将给自己带来不少的人气。另外化妆还能遮盖脸部缺陷，如瘢痕、眼圈等，可以让主播看起来更加容光焕发。

当然，也有的主播依靠直播软件自带的美颜特效也能有适合上镜的妆容。但特效容易在脸部有遮挡时现出素颜，招来粉丝谩骂。所以，保险起见，主播在直播前最好先化一个精致的妆容，再用直播软件起到润色的作用。新手主播如果不懂化妆技巧，可以多观看其他美妆博主的直播、视频，或到线下实体店找专业人员学习化妆技术。

这里需要注意的是，不同人设对妆容要求可能略有不同。例如，某主播是带动农产品销售的村播，就建议其以真实素颜面对粉丝，不要刻意浓妆艳抹。例如，曾有人在"农村会姐"的短视频下留言"为什么会姐那么有钱了也不收拾收拾自己的脸？"有不少粉丝在留言下面作出回答"就喜欢她的真实""浓妆艳抹不适合她"。

2. 符合人设的服饰

对于网络主播来说，服装是一种无声语言，精心设计的服装体现着主播的个性，与其他的表达手段一起，共同成为主播表情达意的载体。服装的选配是一门学问，主播虽然不参与服装的制作设计，但是应该了解服装的相关搭配。精心选配与直播类型相对应的穿着，这是主播形象设计的重要组成部分，有助于获得更好的直播效果。

粉丝从主播的手势、眼神、表情等，可以到了解主播的思想感情。而主播的衣着打扮不仅能直接衬托或显示出自己的身姿，还能给粉丝以美的感觉，并且也不同程度地折射出自己的内在。因此，主播们在服装的选用搭配上绝不可掉以轻心。那么，主播的着装打扮应该达到什么样的要求呢？

> 符合自己的体形：主播的服饰过长、过短、过松、过紧，都会分散观众的注意力，因此主播的服饰必须符合自己的体型。

> 符合自己的身份：主播必须清楚地知道自己在直播中的定位，合理地选择符合自己身份特征的服饰，这样才能在直播中达到更好的效果。

> 符合自己的年龄：电视节目主持人在主持节目时需要选择符合自己年龄的服装，当然网络主播也不例外，选择适合自己年龄的服装，会给粉丝留下一个良好的印象。

> 符合节目的要求：网络主播的着装还应符合节目的要求，根据直播节目的特性来选择适合自己的服装。比如做在线教育类的直播，主播的着装就应该以简洁庄重为主。

尤其是部分舞蹈类的主播，喜欢穿紧身短裙，这样的服装确实能引人注目，但也容易被举报为"涉黄"。所以，主播的服装一定要大方得体。

5.1.3 主播的气质培养

气质，与平时常说的"脾气""禀性"相似，指一个人相对稳定的个性特点，如活泼、直爽、浮躁等。粉丝进入直播间，可能首先会关注主播的外在形象或者技能，但时间一长必定也关注主播的气质。甚至有的主播气质佳，长相方面略差都有可能吸引到很多粉丝。

对于主播而言，外在形象固然重要，但比外形更重要的是气质。气质可以提升魅力，有气质的人更懂得如何收放自如，更懂得进退有度，是有自信、有内涵、有宽容胸怀、有理智头脑的人才具备的。提升自己

图 5-3　提升气质必须内外兼修

的气质,做一个精致的主播。有的气质是天生的,也有的气质是后天培养的。作为主播,想要有良好的气质,必须做到内外兼修,如图 5-3 所示。

1. 内修学识

在这个"人人都想成为网红"的时代,直播平台为大家提供了一个机会。但并非每个主播都能够红起来。主播必须有自己的特色,才能脱颖而出,而要想在直播道路上长期发展,还得提升自己的内涵,做一个有"范儿"的主播。

作为一名主播,才学体现在良好的个人形象上,而才学来源于学习和累积,只有不断地学习,才能提高自身素质和修养。有着深厚文化底蕴、高尚情操及良好修养的人,才会在言语与表情中自然流露出独特的人格魅力。

直播是一项富有创造性的工作,主播创造、驾驭有声语言的能力和直播技巧,取决于主播对直播内容的理解程度。而主播对直播内容的理解程度,则取决于文化素养的高低。因此,一名优秀的网络主播必须广泛涉猎,不断扩大自己的知识领域,提高自己的文化素养。

例如,著名的电视节目主持人孟非,当年靠兴趣读书,在学校学过的很多古文,他到现在还能全文背诵,连教材里的插图、插图注解也全都记得。有时候在节目中嘉宾引经据典出了错误,他能够顺口更正。读报栏目的很多主持人会让后方编导先选择新闻并撰写评论,再"充满现场感"地朗读,但孟非却一直坚持自己选新闻,自己评。

其实像孟非这样优秀的主播也很多,他们都是以过硬的播音功底、丰富的文化知识征服了粉丝,在粉丝心目中树立了良好的形象。因此,主播们要想在平台上长期发展下去,就要努力提升自己的内涵,用人格魅力来吸引粉丝。

2. 外修形体

很多人的气质不体现在语言中，而是体现在形体上。例如，一些知名模特站在那里，即使不说话，也是一道风景线。主播也是一样的，有的主播即使不善言辞，就安静地坐在镜头前，也会给人留下很深刻的印象。特别是娱乐类的主播，在提升自己才艺的同时，也要注重修炼形体。

常见的形体训练多种多样，如瑜伽、舞蹈等。

➢ 瑜伽：是目前较为热门的一种有氧运动方式，注重塑形和心灵的修炼。瑜伽塑形的效果很好，能起到紧致肌肉的作用，让身体曲线更具美感，体型也能得到改善。

➢ 舞蹈：种类繁多，也是提升气质的有效方式。例如，芭蕾舞就是众多女星喜爱的热门舞蹈。歌手蔡依林每次出新专辑都会大秀才艺，其中就包括旋转20圈的成人芭蕾舞。没有舞蹈基础的主播，可以先学习成人形体芭蕾舞。

即使主播没有舞蹈细胞，在尝试学习舞蹈但没有效果的情况下，也可以通过游戏、跑步等方式来运动，在塑造形体的同时也保持身体健康。

5.1.4 用SRIL法则来判定人设塑造的方向

人设越清晰，粉丝对主播的印象越深。例如，甲主播和某某演员长相相近，并且歌声动听；乙主播外貌不出众，但歌喉惊人的好听；丙主播性格爽朗，像女汉子，衣品很是讨喜等等。以上都是主播的一些明确人设，明确的人设有很多优势。

➢ 吸引精准粉丝：主播的人设决定了他能吸引到什么类型的粉丝。例如，让一个看起来弱不禁风的男生或女生来做美食类主播，无法营造出食欲满满的感觉，容易被粉丝认为在假吃，从而得不到关注和好评。

➢ 提升关注度：主播的人设越强，越具有吸引力。例如，同样是美妆博主，甲博主化妆前后效果对比强烈，能快速抓住粉丝的目光，自然获得更多人关注。所以,主播要通过人设来体现出自己和其他同类主播的区别,提升被关注的可能性。

➤ 提升互动和停留时间:主播人设越强,粉丝在直播间停留的时间就可能越久。只有在主播的风格受到粉丝喜欢时,粉丝才更愿意和主播进行点赞、评论等互动。

➤ 提升粉丝转化率和流量:人设是主播自我风格的延伸和拓展,观众喜欢主播的风格才可能关注他,经常看他。一旦人设不明确,则主播的流量也不稳定。

主播在塑造人设时,可以用如图5-4所示的SRIL法则来判定人设塑造的方向。

李子柒,真名李佳佳,美食短视频创作者。2012年,李子柒因奶奶生病需要人照顾,留在家乡以开淘宝店为生。此时的她为了让生意更好,开始拍摄一些制作美食的视频;2015年,她开始自拍自导古风美食短视频,虽然创意很好,但质量一般;直至2016年,随着微博用户数量剧增,她贴近生活的视频才逐渐火热起来;2017年4月,李子柒一条制作秋千的视频在美拍平台点击量突破1 000万,全网播放量达8 000多万,点赞超过100万;2018年,李子柒的原创视频在某外国平台粉丝数破百万;同年8月,李子柒旗舰店开业,在短短6天里,店内产品销量突破15万件;时至今日,李子柒已经是拥有千万粉丝的博主。

下面就以李子柒为例,使用SRIL法则来剖析人设。李子柒人设的SRIL,如图5-5所示。

图 5-4 SRIL 法则

第5章　精心打造主播人设与账号

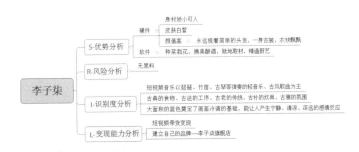

图 5-5　李子柒人设的 SRIL

➢ S 优势分析：在优势分析方面，主播可以从硬件和软件方面去剖析自己。硬件是短时间内很难改变的一些东西，如身高、体重、身材、颜值、宗教信仰、所处的地理环境等；软件方面，则指可以通过一定的努力去获得的沉淀优势，如专业知识、技能、才艺等。

➢ R 风险分析：分析直播中可能会遇到的风险，如法律、道德、价值观等。这也要求主播细读平台规则，不去触犯法律和规则。同时，主播售卖的产品，在不违反交易规则的前提下，还要注重质量，不然会影响到粉丝对主播的信任。

➢ I 识别度分析：主播在人设确定过程中，需要分析自己的人设是否有辨识度。辨识度高的主播，更较容易得到粉丝的关注。主播可以对比自己与专业领域的主播，找到自己和她们的共同点和差异点，如直播场景、风格、形象、声音等。

➢ L 变现能力分析：主播在人设塑造过程中，要评估自己的带货能力，并根据人设标签来预估变现能力以及后期是否有商业价值。

5.2　主播的内在修养是吸引粉丝的关键

主播想获得更多粉丝的喜欢，提升内在修养也是关键点。综观火热的主播，都有着过硬的专业能力、良好的表达能力以及灵活应变能力。

更有部分主播，凭借着自己的幽默感，获得众多忠实粉丝。

5.2.1 过硬的专业能力

无论什么类型的主播，都一定要有过硬的专业能力，这样才能在众多同类主播中脱颖而出。例如，涉足美妆的主播多不胜数，涉足电商直播的主播也不在少数，为何李佳琦可以脱颖而出，成为火热的"口红一哥"呢？截至目前，李佳琦在淘宝直播共有1 972.31万名粉丝，如图5-6所示；在抖音共有4 026.4万名粉丝，如图5-7所示。

图 5-6　李佳琦淘宝直播主页　　　　图 5-7　李佳琦抖音主页

李佳琦的火热也并非偶然，他在美妆行业和直播行业都有着过硬的能力。在美妆方面，他能迅速说明哪些产品适合哪些肤质，哪些皮肤问题又有哪些解决方法；在直播中，他能一边演示产品的使用方法并详细解读产品的优点，又一边分析产品是否受欢迎，提醒上链接、补货以及回应海量弹幕。

很多人都羡慕李佳琦今日的成就，但很少有人知道知道他为此准备了多久，付出了多少努力。李佳琦于2011年考入南昌大学舞蹈专业，从大三开始就在欧莱雅柜台兼职做彩妆师。大学毕业后，也继续在欧莱雅专柜做彩妆师和销售，这份工作一直做到了2016年年底。经过3年多的柜台经验，他的美妆能力和销售能力均得到提升。这也是他能在超过2 000支口红的柜子里，迅速找出弹幕里提到的口红色号的原因。正是因为有这样极致的美妆能力打底，才使他能抓住2016年的直播机会。

同理，无论什么类型的主播都要有过硬的专业能力。再如，从主播转型为歌手的冯提莫为什么能从众多娱乐主播中脱颖而出呢？这与她的专业能力息息相关，她不仅能唱出动人的歌曲，也有能力出专辑、开演唱会、做评审老师。所以，主播们应该提升自己的专业能力，成为同类中的佼佼者，这样才能被更多人关注。

5.2.2 良好的表达能力

表达能力，指一个人把自己的思想、情感、想法和意图等，通过语言、文字、图形、表情和动作等方式清晰明确地表达出来的能力。主播常用到的表达能力主要体现在语言表达能力上。无论是什么类型的主播内容，都必然要与粉丝聊天。为什么有的主播随意聊聊，能卖货，能获得打赏；而有的主播随意聊聊，却招来骂声一片呢？排除三观有问题外，还有可能是表达能力太差引起粉丝误解。

例如，知名美食博主"浪胃仙"曾在一场抖音直播里被粉丝提问："对什么过敏吗（食物）？"她直言说道："现在好像没有对什么过敏，小时候会对某某过敏。"当时直播间正好有粉丝出言不逊，她看到后淡然地说道："哦，我可能对黑粉过敏，所以黑粉请你不要惹我。"既淡定地回应了黑粉，也对黑粉给出警示，其他粉丝听到后也纷纷刷弹幕怒骂黑粉。

同样是面对黑粉，有的主播表达能力过差，在骂黑粉的同时也得罪了其他粉丝，把自己置身于谩骂声中。那么，如何来解决这一问题呢？语言是人类最基本的交流工具，主播需要随时运用口头语言艺术和粉丝交流对话。语言可以说是主播最基本的业务技能，是衡量主播水平高低

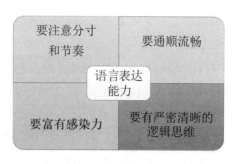

图5-8 主播应具备的语言表达能力

的重要尺度。主播应具备的语言表达能力如图5-8所示。

1. 要通顺流畅

主播说话要口齿伶俐，表达清楚。如果说话吞吞吐吐，前言不搭后语，会导致粉丝无法明白自己要表达的意思。主播们要想做到语言表达通顺流畅，就一定要勤于锻炼自己语言和语流上的基本功，要言语有心、言语用心，加强自己吐字归音的基本功训练，注意把话说好。

2. 要有严密清晰的逻辑思维

主播在言语表达方面，最忌讳生搬硬套、张冠李戴。作为主播，在说话时一定要做到心中有数，要刻意培养自己缜密的逻辑思维，使脑中思路清晰、条理清楚，以利于更好地表达，更好地与粉丝沟通与交流。

特别是在回答粉丝弹幕中提到的问题时，不要前言不搭后语，前一句认同A，后一句又来否定A。长此以往，必然会给粉丝留下不好的印象。

3. 要富有感染力

主播与粉丝的交流主要是一种情感上的沟通与交流，因此主播的语言一定要富有感染力，这样才能吸引和打动粉丝。那么，如何使语言富有感染力呢？首先，语言要平实自然，然后在此基础上，根据当时氛围下的语言表达需要，可以适当运用夸张、含蓄等语言表达方式。

4. 要注意分寸和节奏

语言表达的分寸是要求主播通过语言表达，和粉丝像朋友一样平等交流。既不能和粉丝之间的心理距离拉得太远，去居高临下地说教；也不能和粉丝的心理距离太近，否则无法起到引导者的作用。部分主播在粉丝数量增加后，言语间透露出傲慢，容易得罪忠实粉丝。

作为主播，语言表达要亲切自然、随和真诚。如果语言表达的分寸把握得体，就会出现主播与粉丝间情绪的相互激发、感染、交流与共鸣，就能增进自己与观众之间的联系；反之，分寸若没有把握好，就会出现情感沟通的阻隔与断裂。因此，主播们一定要将自己摆在一个正确的位置上，使自己能够较好地掌握语言表达的分寸。

主播在语言表达上除了要注意分寸还应注意把握语言表达的节奏。当语言表达的节奏掌握得恰到好处时，会收到提高观众期待的效果。语言表达的节奏如果掌握不好，会让观众觉得主播的语言干涩而毫无生机，自然无法引起观众的兴趣。

例如，在推荐产品时要看粉丝对产品的热情度。如果粉丝通过弹幕纷纷表示这款产品质量有问题、价格过高、不愿意接受等情况，主播应懂得适可而止，转换其他话题。

5.2.3 灵活的应变能力

应变能力，指人在外界事物发生改变时所做出的反应。主播在直播过程中遇到了突发情况时，必须充分调动自己的主观能动性，使大脑思维处于高速运转和思考状态，从而做出迅速快捷的反应，用巧妙的语言扭转局势，化险为夷，使变故向好的方向转化。

2019年12月12日，美妆达人李佳琦在新浪微博发布一条"duck不必"的微博，如图5-9所示。该条微博引发7 000多条评论，获得10多万个赞。这条微博源于一场直播"事故"。李

图5-9 "Duck不必"的微博

佳琦在一场直播中,让商家再加5万份卤鸭,结果商家一时失误在5后面多加了一个0,直接新增了50万份。直播间的粉丝迅速抢购了10多万份。当李佳琦发现问题时,在直播间大喊"商家你是疯了吗?老板你要完蛋了。这么多鸭子你从哪里整?要把全国的鸭子都杀了吗?"粉丝们纷纷刷弹幕调侃"Duck 不必""鸭鸭惶恐"。

这正是李佳琦灵活的应变能力的体现。在及时发现商家手误的同时也提醒粉丝们不要再拍了。通过"老板你要完蛋了"的语言,也向粉丝们说明了商家可能会出现无法正常发货的情况。不仅维护了粉丝,也帮助商家化解了失误。

主播在直播过程中难免遇到一些意外情况,比如出现设备问题、技术问题、口误问题等,如果处理不好这些意外,就会造成粉丝流失。但如果有灵活的应变能力,说不定也有机会和李佳琦一样,因为一场直播意外,迅速带红一个网络热词。

5.2.4 锦上添花的幽默感

幽默感是一种以亲切感为基础的情绪表现。富有幽默感的主播,充满了对于粉丝的理解和共鸣,常常被粉丝所喜欢。幽默也是一种生活的调味品,是人际关系的润滑剂。不难发现,生活中有幽默感的人十分健谈,人缘也特别好,走到哪里都充满欢声笑语。

例如,在众多游戏主播中,有一位就凭借幽默风趣的口头禅"弟弟救我""弟弟舔他"走红网络。这位在虎牙直播的游戏主播姜韬(直播名"骚男")曾获得"2016中国游戏风云榜新锐电竞主播""2017年中国游戏风云榜年度人气主播"等多个奖项。截至目前,姜韬在虎牙平台已有2 000多万订阅量,如图5-10所示。

图 5-10　姜韬在虎牙平台的订阅量

当然，身为一名人气游戏主播，他具备精湛的游戏技术和技巧，但他能收获人气，与他的幽默也息息相关。例如，他在直播中，每每有亮眼操作时，就会在屏幕前拿出一个计算器，疯狂地按"66666"，粉丝们看到这一幕也开始刷弹幕"66666"。除这个操作外，他喝水时故意露出猥琐的表情和贱贱的笑容，被网友制作成表情包，走红网络。

主播平时可以观看相声、小品、电影等内容，从中收集幽默素材，再结合自己的直播内容，去尝试讲一些属于自己的段子。也可以每天花10分钟左右去了解今日热门趣味段子，在直播时进行转述。例如，"对了，我今天在微博上看到一个关于某某的段子，分享给你们……"

5.3　设计好自己的直播名片

每一个直播都需要开通一个直播账号，包括设定账号昵称、头像、个性签名等，在开始一场直播前，需上传直播封面、直播标题等。这些信息在一定程度上展现了一场直播的主旨和内容，也决定了直播的点击率、观看量等数据。因此，主播在开播前一定要设计好自己的直播名片。

5.3.1 起一个好听好记的昵称

主播昵称代表了一个账号的身份,例如前面提到的"农村会姐",就简明扼要地表达了这一定是一个与农村相关的账号。所以,昵称对于主播而言,起着至关重要的作用。

有的主播为了凸显自己的独特个性,喜欢在昵称中加入生僻字、特殊符号。实际上,这不仅不利于粉丝记忆和搜索,还容易给粉丝留下负面印象。也有的主播在起名时,选择简单的文字进行组合。但当粉丝有意了解主播时,搜索引擎中就会出现多个重名情况。例如,某主播名称为"小冰",当粉丝在百度搜索引擎中搜索"小冰"时,出现诸如"微软小冰""虎牙小冰人""小冰冰"等网页信息,粉丝很难分辨哪个才是自己想要了解的"小冰"。

那么,主播应该如何起名呢?建议用简短的文字阐述清楚该账号的定位。如图5-11所示,为抖音平台某萌宠达人的昵称"会说话的刘二豆"。"刘二豆"是一只猫的名字,"会说话"则代表着该账号里的猫有"说话"技能。其实,该账号的内容,主要通过主人的剪辑和配音,让这只名为"刘二豆"的猫以及另一只猫有了各式各样的对话。该账号截至目前共有4 000多万名粉丝,获得4亿多个赞。

图 5-11 昵称"会说话的刘二豆"

名字的长短也有讲究,太长的名字会增加粉丝记忆和搜索的难度。因此,在取名时建议在8个字符内,可由中文或中英文组合而成。简短易记的名字让人读起来朗朗上口,便于粉丝记忆。另外,还要注重关键词的提取。例如上述案例中提到的"会说话""刘二豆"都是重要关键词,与直播内容紧密相关。

5.3.2 头像要符合人设

头像是一个账号的门面,且要与人设相符合。直播头像的质量,决定了吸引力。无论哪个平台,哪个分类,都有众多同质化直播间。颇具特色的头像,能吸引粉丝注意并进入直播间。那么,如何设定头像呢?

首先,各个平台对于头像尺寸有硬性规定。如图5-12所示,为斗鱼平台对头像大小、尺寸及格式的规定。

图5-12　斗鱼平台对头像的硬性规定

除了硬性要求外,头像还要具有很强的吸引力,主播不仅要展示出最好看的一面,还要展示出直播类型及风格,这样才能吸引精准粉丝进入直播间。一般用艺术照作为主播头像的情况比较常见,艺术照加上适当的文字,整体感觉简洁、大方又美观。主播可以去线下实体店找专业摄影师拍摄一组简洁的艺术照,或者自己用手机和摄影软件拍摄干净、大方的照片来做头像。

另外,主播在制作头像时,应考虑到人设问题。例如,一名教育类型的主播在制作头像时应尽量身着正装,神情严肃,给人留下一个专业导师的形象。

【知识加油站】

新手主播如果有幸与行业名人、明星等合照,可以用合照来做头像,这样有机会获得更多人气。或者,主播如果有机会参加知名活动,也可以用来做头像，这等同于告知粉丝自己在某某方面也有突出成绩，直观地增加个人品牌含金量。

主播在设计头像时，要注意图片的清晰度，不要为了营造朦胧感，使得头像模糊不清。背景也不能太杂，色调简单明暗适度。部分主播为了头像有更好的效果，会选择PS，但必须注意适可而止，避免出现头像与真人差距太大的情况。

5.3.3 签名应体现个性或目的

个性签名是除昵称外的重要营销形象布局要素，具有很高的营销价值。签名可以用一句话来告诉粉丝，能为他带来什么价值，或表明自己的身份。

图5-13为快手平台某萌娃的主页信息，该个性签名以萌娃口吻提到"……我是你们的小乖乖，某某，喜欢宝贝的请关注我一下下，一起见证我的成长吧！爱你们呦"，介绍了自己是个小萌娃，希望网友们能关注他。

如图5-14所示，为快手平台某手机摄影达人的主页信息，该个性签名提到"学习手机制作视频……报名即可学习，制作容易，简单上手"，介绍了自己是个手机摄影方面的达人，也标明了自己能为广大网友带来更多手机摄影方面的技巧，并提醒喜欢手机摄影的用户可购买学习教程。

图5-13 某萌娃的主页信息

图5-14 某手机摄影达人的主页信息

另外，主播在设置个性签名时，要注意是否与人设定位相契合。避免出现前后不一的尴尬情况，引发粉丝的谩骂。例如，某主播的头像和昵称都表明自己是个宝妈，却在个性签名中直言想尝试初恋，这很容易引起粉丝的误解。

5.3.4 打造个人特色标签

当主播具备特色标签后，更有辨识度。例如，李佳琦在直播早期就被打上"口红一哥"的标签，认为他无论涂什么色号的口红都好看；后又被打上"比女生还会化妆的男生"的标签，受到广大粉丝的喜欢。实际上，最初的李佳琦就是通过男生试用并推荐口红的反差形象，才打造了后来的这两个标签。主播通过打造自己的特色标签，能增加自己的辨识度，被更多粉丝关注。那么，主播如何去打造标签呢？

1. 塑造出身背景

很多直播间文案会写到"放弃高薪职业返乡创业""厂长表妹福利大放送"等信息，透露着主播的背景，如"创业者""厂长表妹"等。这有利于粉丝联想直播内容及主播人设。

例如，艺人李湘自身就是艺人，还邀请了艺人朋友在直播中露镜，打造出明星阵容的背景，让粉丝一看就知道关注她可以看到很多熟脸艺人；而"厂长表妹"的直播间，则明显是工厂背景，是以卖货为主题的直播间。而且"表妹"人设，说明她与厂长关系熟络，能拿到低折扣。

所以，主播要根据自己的直播人设和直播内容，塑造出身背景。为了获得更广泛的关注，这个背景最好面向多个人群。

2. 标签联想

一个成功的标签，能让粉丝看到标签时，就联想到更多信息。例如，锤子科技创始人罗永浩，在抖音开启第一场直播时，很多人由他的个人标签，联想到他的自媒体和电子产品，主动观看他的直播。

其他主播在开播初期，没办法做到罗永浩这样的高人气，但仍然可以用标签引发粉丝的联想。例如,某主播昵称为"××水冰月","水冰月"来自美少女战士中的一个卡通形象,是很多"80后""90后"粉丝的童年记忆。所以,很多粉丝在看到主播这个昵称时,会主动点进直播间。

3. 相貌妆容

主播还可以根据个人外形特征或妆容来给自己贴标签。例如,一个名为"混血儿艾薇儿"的主播,很容易让人联想到混血儿,加上"艾薇儿",使得很多人想点进直播间看看,从而增加直播间人气。如果主播本身或通过妆容能让上述两个标签得到认可,那会有更多人关注主播。

5.3.5 剖析高点击率封面图的构图逻辑

图 5-15 淘宝直播精选页面

在很多直播平台,直播间信息主要由标题和封面图构成,如图5-15所示,打开淘宝直播精选页面,可看到直播间的封面图、直播间标题、直播间里的产品等信息。其中,封面图所占位置最大,也是最能决定粉丝是否点击进入直播间的元素。所以,主播必须策划出高点击率的封面图,为直播间带去更多粉丝。

1. 封面图规则

主播在设置封面图时,需满足平台对封面图的规则。如淘宝直播平台,就明确规定封面图须满足如图5-16所示规则。

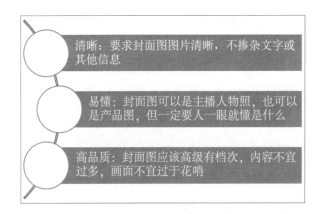

图 5-16 淘宝直播封面图规则

除此之外，淘宝直播封面图还应注意以下几点：

> 封面图中不能出现文字、水印；
> 封面图不能是拼接图片；
> 封面图中不能张贴其他元素。

2. 达人主播封面图

当主播积累到大量粉丝，有了一定的辨识度后，可将自己的照片作为封面图，让粉丝一看就知道这是某某的直播间，进而产生点击行为。例如，知名主播薇娅、李佳琦等，都用自己的真实照片做封面图。

【知识加油站】

正是因为很多达人主播自带流量，所以很多新手主播在封面图中加入达人主播的照片。如某美妆主播未获得李佳琦的授权，擅自用李佳琦的照片加上"新手主播某某挑战李佳琦"等文字，作为直播间封面图，这属于侵犯他人肖像权，会受到平台的处罚。

另外，如果是颜值类、才艺类的新手主播，虽然粉丝量较小，也没有辨识度，但仍然可以把能够展现自己颜值类的内容作为直播封面。

3. 以产品为主的封面图

如果是以带货为主的主播，可在分析自己产品的受众用户后，拍摄满足平台要求的封面图。主播要明确产品的受众群体，并深入这些粉丝在使用产品的场景中挖掘粉丝的需求和喜好，设置出对胃口的封面图。

例如，一个对美妆产品有需求的粉丝在浏览直播页面时，可能不关心主播的身材，而是关心主播的肤质、妆容等问题。所以，主播在封面图中，应重点展示自己使用产品前后的对比内容，抓住粉丝眼球，使其有点击欲望。

这里以淘宝直播为例，讲解服饰、美妆、食品、农产品等封面图的要求和示例。

（1）服饰类产品。

服饰类产品的封面图必须是带有主播人物的照片，或搭配后的美照，而不能是单个产品的照片。另外，服饰类的封面图须和直播标题涉及的搭配类型保持一致。图5-17为某服饰类产品的直播封面图，选用身材姣好的女主播实拍图作为封面，加上"夏日吸睛穿搭术"的标题，给人留下主播很会穿搭的印象，进而吸引粉丝进入直播间。

图 5-17　服饰类产品的封面图示例

（2）美妆类产品。

美妆类产品的封面图也必须是主播人物照片或护肤、妆后照片，而不仅仅是产品图片。同理，美妆类产品的封面图也必须和直播标题涉及的妆容类型保持一致。图5-18为某美妆类产品的直播封面图，选用皮肤光滑的主播照片加上"亲测有效祛痘去闭口"的标题，吸引有痘痘、闭口等皮肤问题的粉丝点击、关注。

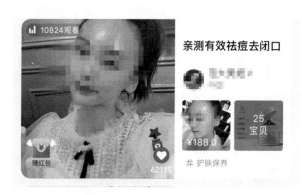

图 5-18　美妆类产品的封面图示例

【知识加油站】

闭口，也称为"闭口粉刺"，指闭合性粉刺。闭口和痘痘类似，长在脸上会影响美观，是很多青少年的共同烦恼。

（3）食品类产品。

食品类产品的封面图，可以是主播本人照片，也可以是食品图片。但食品图片，需要图片色泽鲜明有吸引力，且和直播标题涉及的美食类型保持一致。图5-19为两个食品类产品的直播封面图，均采用了人物+食品照片的方式，吸引粉丝进入直播间。

图 5-19　食品类产品的封面图示例

（4）农产品类。

在淘宝、京东、快手等平台，设有农村类型的主题分类，如淘宝直播设有"村播"分类。这类农产品的直播封面应以产品生长环境、采摘步骤等图片作为封面，用很强的代入感吸引粉丝点击。

如图5-20中的两个直播封面图，前者为主播用自己在雪山中挖虫草的图片作为封面图，呼应标题"新鲜冬虫夏草"，吸引2万多名粉丝观看；后者则直接用产品（榴莲）作为封面图，且标题中透露出"只发新疆"的信息，让很多不是新疆地区的粉丝望而却步，故而只有70多个粉丝观看。

图 5-20　农产品类封面图示例

其他类目的主播在选取封面图时，只要满足平台要求，展现产品卖点吸引粉丝点击即可。

【知识加油站】

对于地域性特色突出的农产品而言，更应该选择产地作为封面图，让粉丝有身临其境的感觉，自然更能引起粉丝点击的兴趣。

5.3.6　高点击率封面图的拍摄及设计方案

主播在做出自己满意的封面图后，可在投入使用后查看封面图的点击率。如图5-21所示，打开直播列表，点按某场直播后面的"⊙"按钮，即可打开直播数据页面。在数据页面中可查看封面图的点击率，如图5-22所示。

图 5-21　直播列表页面

图 5-22　某直播数据页面

【知识加油站】

　　系统提供30天内的直播数据，超过30天则无法查看。故主播在测试封面图时，应集中在30天内测试完毕，这样才能经过对比找到点击率最好的封面图。

　　由于直播类型和产品存在差异，所以没有一个固定的参考点击率供主播参考。这里说一下点击率的大致参考范围：平均点击率在5%—15%之间。主播可以理解为，如果自己的封面图点击率低于5%，则说明需要优化。

　　那么，那些高点击率的封面图又是如何策划、拍摄出来的呢？主播可以通过分析同行观看量高的直播封面图，从中得到启发。例如，某专门带货的主播，主要售卖珠宝、首饰类产品，她在分析多个同行直播封面图后，得到以下启发。

　　（1）档口饰品封面图。

　　如图5-23所示，这张封面图以档口饰品作为背景，将饰品整齐摆放在货架上,其创意展现了饰品种类多、选择多,且物美价廉等特点,吸引了2万多名的粉丝观看。主播在查看该封面图后,联想到自己也可以在批发档口,挑选合适的角度拍摄,通过封面图表现自己直播间的饰品种类繁多,可供各种各样的人群挑选。

图 5-23　档口饰品封面图

(2)奢华饰品封面图。

如图5-24所示,这张封面图里放满了饰品、墨镜和首饰盒,还有金光闪闪的点缀,以俯拍的角度营造出很多女孩想拥有的奢华饰品场景。很多女孩梦想中的首饰盒,就是装满颜值高的饰品,而图片中正好是丰富的首饰,让人一看就很想得到,愿意点击进入直播间。主播可以找来高端首饰盒,将饰品放入首饰中,加上恰到好处的灯光效果,营造出一种奢华感。

图 5-24　奢华饰品封面图

(3) 可爱饰品的封面图。

如图5-25所示,这张封面图选用了可爱的饰品来拍照,给人留下一种可爱、简洁的感觉。部分喜欢这种甜美、可爱风的女孩,看到这个封面图会有点击欲望。因此,主播可以找饰品台,挑选出带有可爱、简洁风格的饰品来拍摄封面图,给粉丝留下一个可爱的印象。

图 5-25　可爱饰品封面图

(4) 真人试戴饰品封面图。

如图5-26所示,该封面图选用真人主播试戴饰品拍摄的方式,展现出真人试戴产品的效果,使得粉丝更有代入感,从而加大被点击的可能。因此,主播也可以采取拍摄自己试戴饰品效果的方式,将饰品展现在粉丝眼前。

饰品类的高点击率封面图不只有以上几种,主播可以效仿以上做法,将同行超1万点击的直播封面图截图保存至少20张,然后把这些图片保存到表格里分析这些图片的特点,包括如表5-1所示的环境、背景、模特、道具、

图 5-26　真人试戴饰品封面图

创意等。

表5-1 查看同行高点击率封面图

封面图	环境、背景	模特/平铺	道具	姿势	拍摄角度	备注分析自己可以联想到的图片策划
图片1	桌面上摆拍	平铺	饰品盒子	产品相互依靠	45度	准备一张桌子，在上面铺一层漂亮布，把多个同款产品放在一起拍摄
图片2	室内简洁环境	手持饰品	饰品卡纸	给单个产品特写	45度	选择代表自己风格的一款或多款产品，打造一个简洁的店铺名片
图片3	室内简洁环境	手上戴满手链	无	同时展现多个产品，造成视觉冲击力	正拍	主播在简洁的环境中，同时佩戴多款产品，吸引粉丝点击

5.3.7 分析高吸引力的直播标题写法

和直播封面图一样，直播标题也是影响直播点击率的重要因素。一个好的直播标题，能准确定位直播的内容，引起粉丝点击的兴趣。例如，"不过敏，洗澡不用摘的纯银锁骨链"，传达了自己的纯银饰品不过敏、不掉色等信息，解决了很多人在购买饰品时的担心，如过敏、掉色等问题。下面列举几个常见类目产品的正面与反面标题案例，如表5-2所示。

表5-2 产品的正面与反面标题案例

产品类目	标题	点评
美妆类	秒杀/手把手教你打造轻熟甜美妆	"秒杀"一词，表明主播让利吸引人，粉丝需要抢；"手把手教学"，表明可以让粉丝收获技巧，学到知识；整个标题以利益点+教程的形式，刺激有美妆需要的粉丝产生点击行为
	分分钟变甜美女孩	标题过于随意，粉丝无法从标题中看出直播内容

续表

产品类目	标题	点评
服饰类	春装上新/肉肉女孩也可以仙气飘飘	"春装"一词,结合时令; "肉肉女孩",找准目标人群; "仙气飘飘"告诉粉丝可以达到的目的。 总体评价:通过简洁文字,戳中身材丰盈女孩想穿成仙女的痛点,也让这类女孩认为直播内容与自己有关,从而产生共鸣,愿意点进去一探究竟
	装饰仙气生活	从标题中不能看出直播内容
食品类	吃货推荐之美味牛肉干休闲零食	"吃货"一词表明直播间的受众应该是喜欢美食的人; "牛肉干"表明自己的产品; "休闲零食"则表明这款牛肉干的使用场景。 总体评价:切入休闲场景(如办公室、居家),刺激粉丝的食欲,从而吸引眼球
	吃的重要性	虽然可以猜测出与"吃"相关,但是无法猜测直播内容与受众群体
母婴类	某某小课堂之如何挑选婴儿奶粉	"某某"是育儿界的专家,内容更具权威性; "小课堂"表明该场直播有知识可分享,让观看的人有所收获; "挑选婴儿奶粉",旨在帮助宝妈们挑选合适的奶粉。 总体评价:让目标群体(宝妈)了解直播内容,并知道通过直播可获得知识,从而刺激目标群体点击
	宝妈买买买	只强调了目标群体(宝妈),但是没说明买什么,也不知道直播内容是什么

主播也可用分析同行高点击率封面图的方法来分析标题。通过收集同行点击率高的标题,找到自己可以效仿的地方,重组、优化自己的标题。

新手问答

1. 如何提升主播的唱歌水平？

无论什么类型的主播，在直播中都可以一展歌喉，为自己加分。歌声是否动听，既取决于个体差异，也取决于后天努力。部分人天生唱歌不好听，但通过后天的努力，一开口就能牢牢抓住粉丝的耳朵。故主播在闲暇时，可通过练习来提升唱歌水平。

➢ 用调音器来校准自己的音准：音准是指歌唱和乐器演奏中所发的音高，能与一定律制的音高相符。在唱歌的时候，音准其实非常重要，如果音准不好，就会出现唱歌跑调或者走调的情况。主播可用调音器来校准自己唱歌的音准。

➢ 腹式呼吸让气息更加悠长平稳：在日常生活中，大家采用的是自然式呼吸，而在唱歌时则采用的是比较深的腹式呼吸法。腹式呼吸法，指主播在唱歌时气要吸到腰的周围，然后利用呼气肌和吸气肌的对抗，找到用力的支点，使声音完全通过气息来控制。

➢ 如何避免唱歌时破音？主播在练歌时，很容易在高音区出现破音现象。为避免这种现象频繁出现，主播在练歌时要注意呼吸的自然、顺畅；同时要注意用说话的感觉唱歌，口腔一定要自然，不要过分地去找"打开喉咙"的感觉，也不要寻求所谓的美声发声方式和声音感觉，要自然地去歌唱，当声音技术解决后再根据风格的不同来演唱不同风格的歌曲。

唱歌是主播的一项必备技能，平时就要加以练习。但没有好的唱功怎么在观众面前展现自己呢？所以很多主播立志要练好自己的歌喉。但是单独去KTV开包间练歌太贵，买套家用卡拉OK设备又会吵到邻居，这里就给各位主播们推荐一款能够助大家快速提升唱功的K歌软件——全民K歌。

全民K歌是腾讯公司发布的一款唱歌软件，也是全球首款基于熟人社交的欢唱打擂K歌软件。全民K歌独创歌曲段落重唱功能，并且集合了智能打分、专业混音、好友擂台以及社交分享等特色功能，还能和好友互发弹幕互动。该软件拥有海量高品质伴奏以及原唱音频，涵盖最新最热歌曲，能够有效帮助各位主播们在最短时间内提升自己的唱功。

2. 能够快速上手的舞蹈有哪些？

对于想通过舞蹈来展示自身才艺的主播们来说，选择要表演的舞蹈种类一定是主播们要面对的一个问题。那么如何选择最适合自己的舞蹈呢？下面就为大家推荐几种舞蹈的种类，主播们可以根据自己的实际情况选择适合自己的舞蹈。

（1）不用压腿的成人芭蕾舞。

不用压腿、不用踮脚，这种没有难度的芭蕾舞，被专业人士称为成人形体芭蕾舞。这种芭蕾舞是专门针对喜欢芭蕾舞却从没有经过专业训练的成年人设计的，修形且运动量不大，特别受喜欢古典美的女孩子欢迎。

《天鹅湖》等经典的古典芭蕾舞中，一定会包含踮脚、压腿这些芭蕾舞的基本动作。而成人芭蕾其实就是学习踮脚和压腿以外的所有动作，也包括旋转和跳跃。

成人芭蕾舞在短短一两个月的时间就可以迅速学成，最开始练习时，对劈叉和踮脚都没有太大要求，练得时间久了，也就能做一些有难度的动作了。

（2）丰富多彩的民族舞。

民族舞泛指产生并流传于民间、受民俗文化制约、即兴表演但风格相对稳定、以自娱为主要功能的舞蹈形式。受生存环境、风俗习惯、生活方式、民族性格、文化传统、宗教信仰等因素的影响，以及受表演者的年龄、性别等生理条件的限制，不同地区、国家、民族之间的民间舞蹈在表演技巧和风格上有着十分明显的差异。民族舞具有朴实无华、形式多样、内容丰富、形象生动等特点，历来都是各国古典舞、民间舞、宫廷舞和专业舞蹈创作中不可或缺的素材来源。

（3）帅气十足的街舞。

街舞，也称HIP-HOP，起源于美国，基于不同的街头文化或音乐风格产生了多个不同种类的舞蹈。街舞因其轻松随意、自由本性和反叛精神而受到年轻人的喜欢。现在的街舞，在过滤掉原有街头舞蹈的痞味和浮夸之后，也受到越来越多人的接受和喜爱。

街舞的每个动作都有着很强的爆发力，由各种走、跑、跳组合而成，并通过头、颈、肩、上肢、躯干等关节的屈伸、转动、绕环、摆振、波浪形扭动等连贯组合而成。街舞在服饰装扮上十分中性化，音乐选择上也很前卫。

（4）火辣性感的钢管舞。

近年来才流行的钢管舞是利用钢管作为道具，综合爵士舞、现代舞、民族舞、芭蕾舞、瑜伽、肚皮舞、拉丁舞等各种不同风格舞种，又集合杂技、艺术体操、健身类别的运动而衍生出来的新型舞蹈。钢管舞特别适合那些追求性感的人群尝试，即使离开钢管，举手投足间也会不自觉地融入一份魅力。

钢管舞分成杆上技巧和杆下舞蹈动作两部分。杆上技巧可以让身体中的每一块肌肉得到运动，特别是手臂、大腿、臀部、腰部；杆下舞蹈动作，结合了爵士舞、肚皮舞、芭蕾舞等多种舞蹈元素。

（5）神秘的肚皮舞。

肚皮舞是一种带有阿拉伯风情的舞蹈形式，这种舞最早并不是作为一门舞蹈艺术流行，而是一种娱乐。肚皮舞是较为女性化的舞蹈，其特色是舞者随着变化万千的节奏快速摆动臀部和腹部，舞姿优美，变化多端，彰显出一种神秘的美感。与钢管舞相比，肚皮舞暗藏性感，更适合喜欢神秘色彩、喜欢幻想、含蓄的人。

3. 各类主播的妆容和服装建议

主播在带货时，需要根据产品类目来设定个人的妆容和服装。这里以常见的珠宝类、护肤品类、穿搭类等类目为例,介绍一下适合这些类目主播的服饰和妆容。

(1)珠宝类产品。

由于珠宝类产品一般都是采用手播、脖子等局部细节展示,展示全身的场景较少,所以作为主播平时要多留意手部保养、指甲美化。为了更好地展示首饰光泽感,在选择背景时,更偏向黑色。

如果主播主要售卖翡翠、玉石、蜜蜡、文玩等产品,直播间背景布置、穿衣打扮上要偏向中国风,整体表现出优雅稳重,不过于张扬时尚、奢华。这类主播在妆容上不宜浓妆艳抹,一般用生活淡妆、裸妆即可;服装可以多选择黑、灰等体现质感的颜色,并带有丝绸、刺绣等展示华丽、贵气的材质。

(2)护肤品类。

如果是客单价较高的产品或大牌、奢侈品类护肤品,在整体的造型上需要体现出精致、艳丽,可以走小明星路线,避免廉价元素。这类主播在妆容上,主要以韩妆、小烟熏妆、猫眼等为主;在服装上,可选小礼服、气质套装、精致连衣裙搭配气质高跟鞋;在饰品上,可选择品牌饰品、K金、钻石等。

如果是低客单价(如100元以内的面膜、粉底)的产品,主播在整体上应体现亲和力、接地气,避免过于奢华、小众。这类主播在妆容上,可以选择韩妆、裸妆、芭比妆;在服装上,可以选择近期热卖的服装元素。

(3)穿搭类。

如果是高客单价类的产品,如定制类服装、礼服、品牌服装、品牌包包等,应体现出气质、艳丽、优雅。这类主播在妆容上,可选择彩妆、韩妆、小烟熏妆、猫眼妆;在饰品上,可选择铂金、彩金、钻石珠宝、手表。

而低客单价的产品,如卫衣、老爹鞋、破洞牛仔裤、打底裤等产品,则应体现出时尚、潮流、洋气；在妆容上，选择生活淡妆、韩妆、芭比妆等。

（4）美食、亲子、家居和村播类。

这一系列的主播打造个人形象时，应更多地体现出亲民风格，应具有亲和力和生活气息。如果是地方特色美食和村播类产品，整体造型上可突出当地民俗习惯。在妆容上可选择裸妆、生活妆等；在服装上，可以选择日常着装，尽量穿暖色系，避免黑色、紫色、蓝色、灰色。

第6章

直播数据运营

本章导读

　　任何一种营销方法,都有数据支撑,直播营销也不例外。主播如果只知道查看每日收入,而不去分析具体数据,是很难长久运营下去的。因为每个数据背后都有价值,部分数据直接披露了问题,主播只有找到这些问题并解决,才能减少类似问题的发生,让直播间处于正向、积极的运营状态。

6.1 直播流量权重解析

互联网时代下的直播卖货与传统电视购物有着诸多不同,其中,直播就有着粉丝可控化和数据可视化等优点。主播可以通过数据来衡量直播运营效果,便于发现问题、解决问题。

6.1.1 直播系统的核心数据认知

部分新手主播常根据直播观看量来判定直播效果,但仅凭这一项数据,很难说明问题。例如,有的直播虽然观看人数多,但这些人进进出出,没有赠送礼物,也没有产生交易,甚至没有点赞、关注行为,这些人对于直播间的价值就微乎其微了。那么,主播应该关注哪些核心数据呢?

1. 主播应关注的数据

这里以淘宝直播为例,淘宝主播应关注的数据包括但不限于直播时长、直播次数、观看人数、观看时长、在线时长、观看指数、粉丝回访、收藏率、加购率、转化率等。其中,部分重要数据解释如表6-1所示。

表6-1 直播重要数据解释

数据名称	解释
观看次数	选择的场次直播被观看的次数,多次观看计算为多次
人均观看时长	指粉丝平均观看时长,其计算公式为 人均观看时长=直播时长总和÷直播观看人数总和
粉丝观看次数	当场直播被粉丝观看的次数,仅计算粉丝数据
转粉率	转粉率=当场直播新增加的粉丝数÷游客人数 例如,一场直播中有100个非粉丝观看,其中10人在观看本场直播时关注了直播间,那么转粉率就是10%
互动率	互动率=在当场直播中有评论、点赞等行为的人数÷直播间的总人数
粉丝回访率	粉丝回访率=当场直播粉丝观看的人数÷直播间粉丝总人数

续表

数据名称	解释
点击率（商品）	指通过点击直播间购物袋进入商品页面的粉丝占总粉丝的概率，其计算公式为 点击率=通过点击直播间购物袋进入商品页面的粉丝÷直播间总人数
转化率	指通过直播间进入店铺购买商品的人数除以直播间总人数。例如当场直播总共1 000人观看，其中共有10人在观看直播的过程中购买了商品，那么直播转化率为10÷1000×100%=1%
人均观看量	人均观看量=进入直播间的总人次÷当场直播的总人数
新UV占比	作为一个反映直播间拉新能力的重要数据指标，其计算公式为 新UV占比=新的访客÷直播总访客

主播可通过直播平台查看直播数据，如淘宝直播推出新版主播实时数据（PC网页版"智能数据助理"）工具，供主播或商家查看数据。

正在进行中的直播，主播可通过PC直播中控台首页的查看详细，跳转到直播数据页面，如图6-1所示。

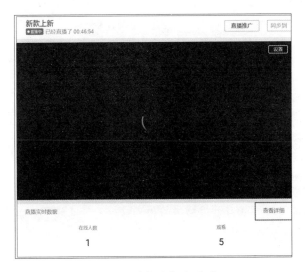

图6-1 直播中控台首页

根据上述操作，即可进入直播数据页面，可查看直播数据，如观看次数、实时在线人数等数据，如图6-2所示。

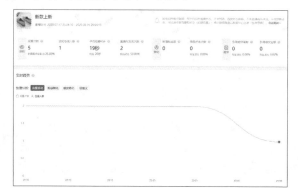

图6-2 直播中的数据

主播也可在直播结束后，打开PC直播中控台——我的直播——选中某条直播回放，单击"查看数据详情"按钮，查看该场直播的详细数据，如图6-3所示。

图6-3 查看直播历史数据

【知识加油站】

系统仅保留近30日开播场次的历史数据，超过30日将无法查看。所以，主播分析数据要及时。

如果主播与淘宝商家合作，无法通过以上店铺路径查看直播数据，可通过"阿里创作平台"——【统计】——【内容分析】——【单条分析】——【直播】查看数据，如图6-4所示。

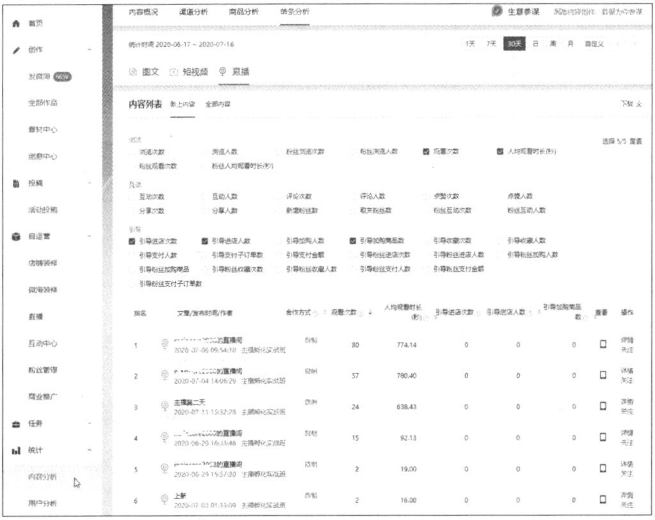

图6-4 阿里创作平台中的直播数据

在其他直播平台的主播,也可以在直播平台后台或者借助辅助工具查看直播数据。例如,主播在抖音结束一场直播后,系统会自动弹出数据页面,如图6-5所示。主播还可以点按"更多数据"按钮,查看更多数据。

图6-5 抖音直播数据页面

无论在哪个平台直播的主播，都可以及时收集、分析、对比数据，主动发现自己在直播中存在的问题，并及时改进。

2. 主播数据考核

很多主播与商家合作，采取底薪+提成的合作模式；而一些主播长期与商家合作，则采取月度底薪+月度考核的方式。其考核的主要内容就是直播中的重要数据，以某服装类目商家对主播考核表为例，讲解主播的主要考核薪资构成（60%），如表6-2所示。

表6-2 主播的主要考核薪资构成

考核指标	分数	评分依据及标准（公式或规则）	考核标准	得分
互动率（H）	10	标准：10%	H≥10%	10
			H≥9%	9
			H≥8%	8
			H≥5%	5
			H≥3%	3
转粉率(C)	12	标准：10%	C≥10%	12
			C≥9.5%	11
			C≥9%	10
			C≥8%	8
			C≥7%	5
停留时长(T)	12	标准：20%	T≥20%	12
			T≥18%	11
			T≥15%	10
			T≥10%	8
			T≥8%	7

续表

考核指标	分数	评分依据及标准（公式或规则）	考核标准	得分
个人直播时的观看量增长速度（以小时计）(G)	10	标准：1 000人观看/小时	G≥1 000人	10
			G≥900人	9
			G≥800人	8
			G≥500人	5
			G≥300人	3
客单价(J)	5	直播成交客单价	J≥1.2	100
			J≥1.1	95
			J≥0.8	90

由此可见，主播长期与商家合作，转化率和成交金额都不是唯一的考核指标，商家也看中互动率、转化率、停留时长等数据。商家对主播的考核，除以上内容外，还包括主播对直播规则的了解、执行，对店铺商品的熟悉以及直播时长等。例如，要求准时开播，不得迟到、早退等。

6.1.2 数据提升的前提——浮现权

淘宝直播浮现权，可以理解为淘宝直播的排名，系统对直播间的数据进行分析后给出智能排名，排名越靠前的直播间越能获得更多的展现机会，吸引更多粉丝进入直播间。总体而言，开通直播浮现权有如下好处。

➢ 获得更多自然流量：互动率和转化率高的直播间，有机会获得直播浮现权，展现在淘宝直播频道首页，从而获得更多流量；

➢ 获得更多活动流量：无论是店铺直播还是达人直播，都可以通过参加直播活动，获得活动流量。当然了，很多活动的报名前提是有直播浮现权，所以浮现权对于获取活动流量有着重要意义。

由此可见，开通直播浮现权是提升直播间数据的基本前提。根据淘宝直播相关规则，开通直播浮现权共包括如表6-3所示的4个步骤。

表6-3 开通直播浮现权的步骤

序号	标题	主要内容
第1步	硬性规定	（1）考核周期：从3月1日开始，每隔15天对主播进行考核； （2）考核范围：拥有直播发布权限15天以上，在考核周期内近15天发布直播30分钟以上直播5次以上的达人主播； （3）具体考核的数值为：场均观看UV50，人均观看停留时长0.5分钟。 备注：以上标准为暂定值，可能有浮动
第2步	确定直播号属性	直播号又分为店铺号、达人号、全球购号等。不同属性的直播号，在开通浮现权时的要求有所不同。例如，全球购直播号的浮现要求比达人直播号低，如果一个主播明明开通的是全球购直播号，就要按照全球购号的标准去申请，避免误选账号导致无法获得浮现权
第3步	监测、分析直播间数据	申请浮现权的通过与否，与各数据息息相关。如果一个直播间的互动率、转化率等数据不乐观，那获得浮现权的可能性也不高。故主播要实时监测、分析直播间数据，使数据均高于同行平均值
第4步	避免雷区	主播在申请浮现权时若出现以下问题，将无法获得浮现权： （1）直播间杂乱无章； （2）主播不修边幅或出现空镜头； （3）使用商品图或非本人照片作为封面； （4）售卖低价劣质产品

另外，直播浮现权的规则会发生实时变化，主播需关注变化并满足规则，主动提出申请，即有机会获得浮现权。

6.1.3 直播的数据记录表

主播可以将近期的直播数据整理到Excel表格中，生成数据记录表。部分主播可能会发问，为什么要整理数据记录表呢？直播数据记录表可以针对已显出的数据，对直播间进行分析诊断。可以理解为通过整理数据、分析数据，找到直播中需要改进的地方。

例如，主播可以把数据生成每日数据记录表，主要用于记录一个周期内（通常为1周或1个月）的直播时长、时速、人均观看量、粉丝总数、转粉率等数据，便于主播分析该周期内的直播内容质量好坏。直播数据记录表所记录的内容众多，主播可按实际情况添加，尤其需要注意如图6-6所示的数据。

图 6-6 直播数据记录

➢ 转粉率：要求直播间的转粉率在5%以上，例如一共有100名用户进入直播间，5%的转粉率就要求至少有5个人有关注行为，才可达标。

➢ 停留时长：要求所有在直播间的人均停留时长在300秒（5分钟）以上，该数据可在直播后台中直接获取。

➢ 互动率：要求互动率在10%以上，例如某直播间共有100个用户，10%的互动率就要求有10个人有互动行为，如点赞、评论等。

➢ 粉丝回访率：要求粉丝回访率在10%以上，例如某直播间累计总粉丝共有10 000个，10%的粉丝回访率就要求有10 000×10%=1 000个老粉丝来直播间。

➢ 点击率（商品）：要求点击率在20%以上，例如某直播间共有100名用户，20%的点击率就要求达到100×20%=20人进店或点击产品详情页。

➢ 直播间转化率：各个产品之间的转化率有差异，故没有固定参考值。建议主播参考类目行业平均转化率。

➢ 人均观看量：与其他数据相反，人均观看数值量越小，越有利于直播间的发展。因为人均观看量数值越大，越有刷人气的嫌疑。建议人均观看量在1~3次最佳，最好不要超过5次。

➢ 时速：指每小时的观看量情况，其计算公式为时速=观看量÷时长。时速没有具体标准，越高越好。

> 新UV占比：要求达到50%以上，上不封顶。例如，某直播间共有100个粉丝，新粉丝占比要达到50%，就要求至少有50个新粉丝。

例如，某居家建材类的直播间在2020年2月的每日数据记录（部分）如图6-7所示。从图中可以看到，该直播间的观看量呈上升趋势，且新粉占比达到了90%多。这是因为，作为一个新直播间，坚持在2月的春节期间开播5—10小时，所以平台愿意给予新流量。

时速	直播总UV	人均观看量	老粉UV	新UV	新流量占比	人均停留时长	新增粉数	粉丝总数	老粉回访率	转粉率	互动人数	互动率
612	5021	1.218681538	253	4768	94.96%	37.31	40	14164	1.79%	0.64%	194	3.86%
591	4815	1.226375909	210	4605	95.64%	41.02	39	14203	1.48%	0.85%	232	4.82%
692	2893	1.196681645	163	2730	94.37%	41.68	30	14233	1.15%	1.10%	135	4.67%
964	3332	1.446878752	141	3191	95.77%	39.73	34	14267	0.99%	1.07%	145	4.35%
716	5794	1.236106317	243	5551	95.81%	31.54	57	14324	1.70%	1.03%	228	3.94%

图 6-7 某居家建材类直播间的2月数据记录（部分）

当然，从表中也可以看出诸多问题，例如，人均停留时长在30—40秒之间，离目标300秒还相差很远，需要把进入直播间的用户留下来。比如，相比讲解一个产品就用30分钟的主播，用5分钟讲解完的主播更可能留下用户，因为用户进入直播间发现主播讲解的产品不是自己喜欢的，但由于主播讲解产品很快，那他可能愿意多停留一会儿看看其他产品。

再来看粉丝回访率，从图中可看出直播间总粉丝在1万多名，但粉丝回访数量在200人左右，就说明大部分粉丝在关注主播后都没有再回来，有买粉丝的嫌疑，所以主播要想办法把粉丝吸引回来，比如设置粉丝专享价、发起粉丝福利活动等。

6.1.4 直播的观看层论

直播中的很多数据都对直播间的发展起着至关重要的作用。例如，直播平台在给直播间分配流量时，是根据直播间层级进行分配的。直播间的层级越高，获得系统推荐的到公域位置上展示的机会就越多。而决定直播间层级的重要因素之一，就是直播间观看量，表6-4展示的是直播间层级与观看量的关系。

表6-4 直播间层级与观看量的关系

直播间层级	场观
第一层级	0—5 000观看量
第二层级	5 000—1万观看量
第三层级	1万—3万观看量
第四层级	3万—5万观看量
第五层级	5万—10万观看量
第六层级	10万—30万观看量
第七层级	30万—50万观看量
第八层级	50万—100万观看量
更高层级	大咖达人主播突破

直播间层级越高,越可以获得更多公域资源位的推荐,从而获得更多观看量。主播在开播初期,观看量可能较少,如何才能获得更多观看量,突破第一层级到达第二层级,从第二层到第三层呢?根据影响直播观看量的因素,列举几个层级增长的方法,如表6-5所示。

表6-5 层级增长的方法

层级关系	方法
从第一层级到第二层级	(1)必须有浮现权 (2)每天直播不低于6小时 (3)每天坚持、不停播 (4)数据要求:保持螺旋增长,转粉率在7%左右。当天吸引的粉丝数量应该是前一天的1.1倍,例如前一天吸引了5个粉丝,当天应该吸引5×1.1=5.5(实际需6个粉丝);停留时长在180秒以上
从第二层级到第三层级	(1)必须有浮现权 (2)每天直播不低于6小时 (3)每天坚持、不停播 (4)数据要求:保持螺旋增长,转粉率在6%左右;停留时长在300秒以上

续表

层级关系	方法
第三层级突破第四层级	（1）必须有浮现权 （2）每天直播不低于6小时 （3）每天坚持、不停播 （4）数据要求：转粉率在6%左右；停留时长在400秒以上；互动率在10%左右；粉丝回访率在10%左右；转化率≥同行平均转化率

从表中可见，直播间层级越靠后，需要关注的数据就越多。尤其到了第四层级时，不仅需要关注转粉率还要关注转化率，且转化率越高，越能为主播带来收益。

无论什么层级，它们之间的增长方法都有着共性，如要求浮现权、直播时间、数据要求等。其中，浮现权是一种标识，满足条件的主播可在直播后台申请。主播间获得浮现权，相当于获得了好排名，系统会将直播间推荐给更多用户。另外，一定要按时、按量直播，如坚持每天直播，每天直播不低于6小时，得到系统的认可。数据方面，要保持螺旋增长，让系统认定该直播间有发展潜力，从而愿意给予更多流量支持。

所以，主播应该尽可能地提升自己直播间的数据，提高直播间层级，得到系统更多青睐，从而愿意给予更多展现机会。

6.1.5 借力系统工具和活动做专业提升

主播想提升直播间的各项数据，可以从多方面入手，如图6-8所示，可大致分为3个方面，主播依据直播间的实际情况进行选择。

➢ 优化直播间：通过做好直播间标题、封面、内容等优化工作，使直播间更具吸引力，

图6-8 提升直播间数据的方法

吸引更多流量；

➢ 付费推广：通过付费创建超级推荐、直通车计划等，使直播间获得更多曝光，吸引更多用户进入直播间；

➢ 策划活动：通过策划关注有奖、分享有奖等抽奖活动以及粉丝秒杀价等活动，吸引更多用户关注主播、参与互动等。

6.2 认识直播展现位及流量的获取

主播想获得更多流量之前，必须认识直播的展示位，以及如何出现在这些展现位中。以淘宝直播为例，直播主要展现在淘宝直播App以及手机淘宝（手淘）首页中的"猜你喜欢"、微淘、店铺首页等地方。下面逐一介绍这些展现位。

6.2.1 淘宝直播App

淘宝直播App，是一款便于用户观看淘宝直播而开发的软件，与手淘首页中展现的"淘宝直播"功能一致。打开手淘，可在首页中看到如"百亿补贴""淘宝直播""聚划算""有好货"等板块，如图6-9所示。淘宝用户点按"淘宝直播"按钮，即可进入淘宝直播页面。

这里的展位实际上是整个淘宝直播的入口，无论是点按"淘宝直播"按钮或下面的产品封面图，都只能进到淘宝直播页面，而非某个特定的直播间。淘宝直播App与手

图6-9 手淘首页的淘宝直播展位

图 6-10 淘宝直播 App 展位

淘首页"淘宝直播"频道展位一致,主要包含如图6-10所示的六大位置。

1. 关注展位

淘宝直播的关注展位,展现粉丝已经关注了的主播。例如,粉丝小李关注了甲乙丙丁4个主播,当她打开淘宝直播"关注"板块时,恰好这4个主播正在直播,那这些主播的直播间就会以主播动态的形式展现在粉丝眼前,如图6-11所示。该展位流量属于私域流量,有粉丝关注主播,该主播才能获得这部分流量。

2. 精选展位

直播精选,指优质的淘宝直播内容。系统筛选出内容丰富、互动性强的直播间进行优先展示,如图6-12所示。想出现在这里的直播间,要么努力提升直播质量,要么付费推广。满足展现条件的直播间,将自动被系统展现在该展现位。

图 6-11 关注展位

图 6-12 精选展位

主播具体应该如何做才能得到精选展示位的展现呢？方法如下。

➢ 固定直播主题，如美妆、穿搭等受众面较广的主题，并围绕主题生产直播内容；

➢ 封面美观有吸引力，且与标题相呼应，能吸引粉丝点击；

➢ 选择优质产品直播，避免劣质产品得罪粉丝，影响主播口碑；

➢ 提前设计好直播脚本，做好与粉丝的互动工作，保持直播间热闹氛围；

➢ 发布直播预告，让粉丝和系统大致知道直播内容，以提升直播间人气。

总体而言，主播想获得精选展位，必须从直播内容入手，让系统和粉丝都作出该直播间质量好的判断，这样才可以上精选被更多粉丝看到。

3. 栏目标签

栏目标签指在开启直播前选择的栏目，如美食、穿搭、美妆、鲜花等。粉丝在进入直播频道后，可能会根据栏目标签查找直播间，如珠宝、美食等，如图6-13和图6-14所示。

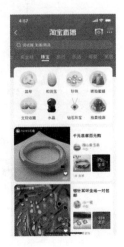 

图6-13 珠宝标签展位　　图6-14 美食标签展位

每个栏目标签都有流量，只是流量有多有少，竞争有强有弱而已。

主播依然可以通过丰富直播内容，加大直播间互动来获得好排名，展现在栏目标签下。那么，是不是每个产品都必须放在相应的栏目标签里呢？

其实不然，例如薇娅、李佳琦等达人主播，在直播间内售卖的产品不只在一个特定的栏目中。再如，从美食栏目标签下的直播内容可以看出，有非美食类的直播间出现在标签下。这又是怎么回事呢？有的栏目标签流量少，但竞争非常大，主播再把直播间选在这个栏目下，会减小获得展现的机会。故部分主播也会选择不是特定栏目的标签，如主播所经营的产品有服饰和美妆，但考虑到服饰栏目竞争大，故可以选择美妆栏目。

4. 关注有礼

关注有礼专区，是系统给场均观看量低于500人的账号的流量支持。当粉丝下滑栏目标签时，可看到如图6-15所示的关注有礼专区。任意点按一个封面图，即可进入一个直播间，如图6-16所示。

图6-15 关注有礼专区

图6-16 从关注有礼专区进来的直播间

主播只要符合关注有礼专区的规则，并开通关注有礼，就会得到系统给予的展现机会，让直播间获得额外曝光和流量。设置关注有礼的规则如下。

> 7天最少开播3场；

> 每场直播时长不低于1小时，且不能出现挂机、播放视频等情况。

主播在设置关注有礼时，一定要设置充足的福利，如关注主播获取优惠券、红包、淘金币等，并在直播中不断引导粉丝关注自己。

5. 搜索展位

当粉丝在搜索框输入商品名称或主播名称时，直播间有机会展现在搜索结果中。如图6-17所示，当粉丝在搜索"连衣裙"时，页面上半部分会展现与"连衣裙"相关的直播昵称，下半部分会展示正在直播连衣裙的直播间。这部分展位的流量属于公域流量，在粉丝搜索商品关键词时，只要自己的昵称或直播内容与之相关，就有展现的机会。

当粉丝搜索与主播相关的关键词时，搜索结果中也会展现与之相关的主播和直播间，如图6-18所示。但这部分流量属于私域流量，是其他主播无法获得的流量。如图6-18所示，搜索主播昵称"薇娅"，在展现的搜索结果中，无论是主播还是直播间都与薇娅本人高度契合，其他主播无法展现在该展位上。

图 6-17　搜索商品的结果页面　　图 6-18　搜索主播的结果页面

6. 主题活动标签

淘宝直播平台会发起不同的活动，满足活动条件的主播在报名活动和直播中，将有机会展现在活动页面。图6-19所示为淘宝直播发起的"全球日"活动，一个主题活动下又分布着多个同类型的活动。

报名参加了活动的直播间有机会展现在该页面中。例如，点按"云逛免税店"海报，即可跳转至该活动页面，可看到多个参加了该活动的直播间，如图6-20所示。

诸如"全球日"的活动多不胜数，主播可以多留意活动招募计划，并主动报名参与到活动中去，以获得活动展现的机会，也获得更多流量。

图6-19 "全球日"活动页面　　图6-20 "云逛免税店"展现的直播间

综上所述，在这六大展位中，有公域流量也有私域流量，如图6-21所示。

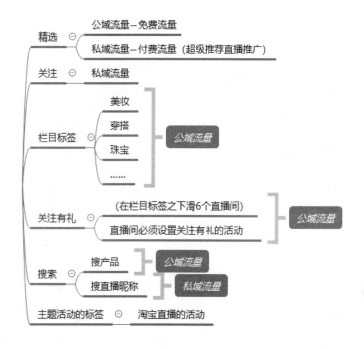

图 6-21 六大展位公、私域流量一览

主播应该从公域流量入手,设计出美观的封面图和切合主题的标题,以吸引更多粉丝点击进入直播间,并主动引导粉丝关注、互动,从而让系统识别出直播间人气旺、内容丰富,愿意给更多展现机会。

6.2.2 手淘首页"猜你喜欢"

"猜你喜欢"是淘宝的推广方式,当用户浏览、购买了一件商品后,系统会根据用户的浏览痕迹以及下单的情况来推荐商品。"猜你喜欢"展现在手淘首页的一个显眼位置,如图6-22所示。

在"猜你喜欢"的板块中,穿插着一些直播间信息,如图6-23所示。该直播间当时观看人数已达到1 144 352人,称得上是热门直播间。

图 6-22 "猜你喜欢"页面　　图 6-23 穿插在"猜你喜欢"中的直播间

该展位的流量比较集中,也比较精准,是很多主播的必争之地。主播可使用淘宝的营销工具"超级推荐"得到该展位。

另外,在"猜你喜欢"旁边还有个"直播"频道,如图6-24所示。在该展位展示的直播间,大多是淘宝系统根据千人千面功能向用户推送用户浏览过或感兴趣的直播间。该展位也属于私域流量,需要粉丝关注主播或看过直播间,才能得到展现。

图 6-24 "猜你喜欢"展位旁边的直播频道

6.2.3 微淘

微淘是手淘的重要板块,其定位是便于手机端用户购物服务。微淘可以作社区化的营销,商家可用微淘来实现导购、销售、互动。微淘属于典型的内容运营,商家可在微淘中发布文字、图片、视频、直播等内容,来吸引用户的关注和互动。微淘内容涵盖关注、上新、直播、种草、福利等,如图6-25所示。

在微淘中,"关注""上新"等展位大多属于私域流量,粉丝只有关注了商家或主播,才能看到对应的微淘内容。但是在直播、种草、福利等展位中,有公域流量也有私域流量。特别是在直播展位中,大多是正在直播的热门直播间,其中也有参与超级推荐推广的付费直播间,如图6-26所示。

图 6-25　微淘种草页面　　图 6-26　微淘直播页面

那么,主播如何做,才能使直播间信息展现在微淘的直播中呢?实际上,满足条件的主播在开直播时,系统就会将直播间信息自动同步在微淘上了。当然,主播也可以通过付费的方式,使直播间展现在该展位,以吸引更多微淘粉丝关注。

6.2.4 店铺首页和商品详情页

当某个商品或店铺正在直播时,直播间信息还会展现在店铺首页与商品详情页里,如图6-27和图6-28所示,便于用户通过直播形式来更直观地查看商品属性。

图 6-27　店铺首页的直播页面　　图 6-28　商品详情页的直播页面

这部分展位的流量属于私域流量,需要粉丝进入店铺或商品详情页才能看到直播信息。主播可在开播时选择同步到店铺首页或商品详情页,如图6-29所示。

图 6-29　"猜你喜欢"展位旁边的直播频道

综上所述，主播应该从更多公域流量展位入手，不断优化直播内容，获得系统的青睐，从而让系统给予更多展现机会。

6.3 用直播付费推广带动直播间

主播在做好封面图、丰富直播内容等基础工作后，引流效果仍然不佳时，可考虑付费推广。多个直播平台都支持付费推广，如抖音直播可根据自己的需求创建推广计划，吸引更多粉丝进入直播间或吸引更多人关注等，如图6-30所示。

相比抖音、快手的直播付费推广，淘宝付费推广更为复杂也更为精准，并有多种玩法供主播选择，如直通车、超级推荐、达摩盘等。因为直通车和达摩盘的起点较高，所以这里重点讲解超级推荐玩法。

图 6-30 抖音创建推广计划页面

6.3.1 超级推荐的基本原理

超级推荐是淘宝推出的一种精准推广工具，于2019年4月上线。主播付费投放超级推广计划，可以获得更多精准流量。

超级推荐是在手淘"猜你喜欢"等推荐场景中穿插原生形式信息的推广产品，有着全场景覆盖、多创意沟通、数据技术驱动、多维度价值等优势，其核心是用内容创造消费需求，用产品挖掘潜在人群。超级推荐在内容化运作的大趋势下，极大地丰富了主播内容化运营的场景，并加深了主播与粉丝的互动。超级推荐的作用如图6-31所示。

拉新：让新用户进入直播间。这些人可能不会直接关注、下单，主要是增加直播间人气及产品的收藏率、加购率。

收割：把认识、熟悉直播间的粉丝再次吸引进直播间，促成关注、转化，为直播间带来更多可观数据。

图6-31 超级推荐的作用

低价引流：对于大部分产品而言，超级推荐的点击单价比其他推广工具略低，且超级推荐操作简单，可用于引流。

主播投放超级推荐计划，最大的目的在于获得更多流量、销量，从而打败竞争对手，在直播中树立重要地位。

超级推荐推广展示位主要集中在手机端首页"猜你喜欢"板块中，也会分布在购物车、支付成功、直播板块。展位不同，主要是因为投放模式不同。总体而言，超级推荐包括商品推广、图文、短视频推广以及直播推广等投放模式。

直播推广以在直播广场中推广实时直播为主。直播推广的核心资源位主要在"猜你喜欢"频道和淘宝直播精选feeds资源位、淘宝微淘feeds资源位。如图6-32所示，就是展现在直播精选feeds资源位的超级推荐直播，目前已有2万多名用户在线观看该场直播。

图 6-32 直播精选 feeds 资源位

加入超级推荐的直播间,不仅在直播频道拥有显眼展示位,还展现在淘宝平台的其他位置,图 6-33 所示为展现在手淘首页"猜你喜欢"板块的直播间。

设置有超级推荐推广计划的直播间,确实有机会获得更好的展位,更容易吸引到粉丝。但也不是每个人都适合开通这种付费推广计划,因为有的直播间属于起步阶段,其基本设置都没到位,即使投钱做推广也难以取得理想效果。

图 6-33 展现在手淘首页"猜你喜欢"板块的直播间

【知识加油站】

有的主播一时兴起，想通过超级推荐来获得高人气或高流量。但实际上，超级推荐计划很难在一两天内见效，故如果只是为了测试的主播，大可不必浪费钱。

那么，做超级推荐的前提是什么呢？首先，必须是一个直播间的吸引粉丝率及转化率中的一个或两个数据都高于市场均值时，才有必要付费推广；其次，直播间有数据提升的需求时，可以做付费推广。例如，某主播临近下播，场观量达到4 900，离自己的目标还差100时，可以开超级推荐计划吸引更多人群进入直播间。

6.3.2 超级推荐的入口

超级推荐作为一款推广工具，可用于推广产品，也可带动更多免费的场观，是很多主播引流的不二之选。主播可通过卖家中心——营销中心——我要推广页面中，找到超级推荐工具，单击"立即行动"按钮，如图6-34所示。

图6-34 单击"立即行动"按钮

【知识加油站】

达人主播也可在阿里创作平台的直播中开通超级推荐功能，其操作与开通店铺的超级推荐类似。

进入超级推荐首页页面，如图6-35所示，可看到账户整体效果概览、账户余额、今日预算等数据。从页面中可以看出，展现的数据以推荐量、推荐率为主。

图6-35 超级推荐首页

【知识加油站】

主播在投放超级推荐计划之前，需充值一定的费用。超级推荐充值金额为300元起，且阿里妈妈App暂时不支持充值，仅支持PC后台操作充值。

截至目前，超级推荐的付费方式共分为如图6-36所示的两种，分别是按点击付费和按展现付费。

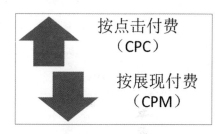

➢ 按点击付费（CPC）：指主播在投放超级推荐广告后，直播间展现在展位上，粉丝点击进入直播间后，主播需支付一定的费用；

图6-36 超级推荐付费方式

➢ 按展现付费（CPM）：指主播在投放超级推荐广告后，直播间展现在展位上，粉丝浏览到直播间信息，无论是否进入直播间主播都需要支付一定的费用。

新手主播为了更好地控制推广费用，可选择按点击付费（CPC），直播间在超级推荐展位上展现免费，只有粉丝在点击了直播间后，才会产生扣费。

主播如果想创建超级推荐计划，可单击"计划"按钮，弹出带有商品推广、图文/短视频推广、直播推广的窗口，如图6-37所示。

超级推荐的营销主体其实不仅限于商品推广、图文推广、直播推广等。故主播可任意选择一个场景，下拉看到如图6-38所示的计划页面，单击"新建推广计划"按钮。

图6-37 超级推荐计划页面

图6-38 新建推荐计划页面

在跳转的页面中，可选择商品推广、图文推广、直播推广和活动推广等。这4种推广方式，其实大多都展现在手淘首页"猜你喜欢"这个页面中，只是推广的内容不一样。例如，商品推广展现的可能是一个产品链接；图文推广展现的可能是一个短视频或一张图片；直播推广展现的可能是一个直播间。如图6-39所示，在手淘首页的"猜你喜欢"中，分别分布着超级推荐的商品推广、直播推广和视频

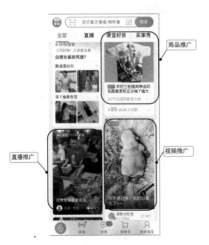

图6-39 手淘"猜你喜欢"分布着多个超级推荐展位页面

推广。

主播可根据自己的需求选择推广主体，大多数主播都选择直播推广。直播推广是以直播为主体的营销推广，将直播推广至直播广场、"猜你喜欢"等优质资源位，按点击或展示收费。

6.3.3 推广计划设置

超级推广计划分为智能推广计划和自定义推广计划。智能推广计划与自定义推广计划最大的区别在于，智能推广计划是系统自动跑数据；自定义推广计划可以由主播自主设置数据来测试。主播可根据不同目的设置不同的计划，这里以创建一个测试直播封面图的计划为例进行讲解。

【知识加油站】

直播推广的操作步骤主要包括资源位设置、计划名称、投放日期、付费方式、每日预算、地域设置、时段设置、投放方式、单元名称、设置定向人群、人群出价、资源位以及溢价、添加创意等。

01 打开超级推荐后台，单击"计划"按钮，在弹出带有商品推广、图文推广、直播推广的窗口中单击"直播推广"按钮，如图6-40所示。

图6-40 单击"直播推广"按钮

02 跳转到直播推广页面,单击"计划"下的"新建推广计划"按钮,如图6-41所示。

图6-41 单击"新建推广计划"按钮

03 跳转到普通计划推广主体页面,单击"直播推广"按钮,如图6-42所示。

图6-42 单击"直播推广"按钮

04 在弹出的营销环境中,单击"直播引流"按钮,如图6-43所示。可见直播引流主要以增加直播间的观看量为目标,把直播间推送给关联人群,最大化地提升直播观看量,可投放至"猜你喜欢""直播广场""微淘"等展位;智能投放,则只需设置预算、出价等关键要素,投放人群和资源位的选择由系统进行智能筛选;自定义则是自助设置定向人群、出价等推广要素，进行直播推广。建议新手选择直播引流，逐渐熟练后选择自定义计划。

图 6-43 单击"直播引流"按钮

05 跳转到计划基本信息页面，填写计划名称、预算，选择投放日期和付费方式等内容，如图 6-44 所示。在打开该页面时，系统一般会默认一个计划名称，但主播为了分辨各个计划，可将计划名称设置为"日期+目的+营销场景"；预算方面建议新手主播设置在 200—300 元即可；投放日期可选 1 天、1 周或 1 个月等；付费方式默认为按点击付费；有连续投放需求的可打开"直播连续投放"功能。

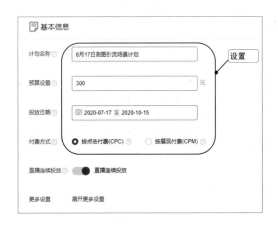

图 6-44 设置计划的名称、预算等基本信息

06 根据上述步骤,可完成计划的基本信息,对投放地域和时段等有设置需求的主播,可在上述操作中单击"展开更多设置"按钮,完成设置。主播单击地域设置后面的"自定义"按钮,自主勾选地域,单击"保存为模板"按钮,即可设置好计划的投放地域,如图6-45所示。主播也可以直接单击常用模板,套用常用地域。

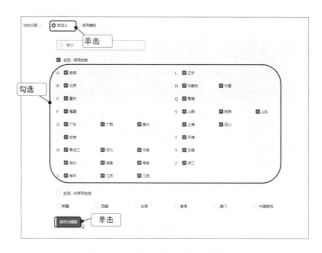

图6-45 设置计划的地域信息

07 点击"时段设置"后面的"自定义"按钮,自主勾选投放时段,点击"保存为模板"按钮,即可设置好投放时段,如图6-46所示。

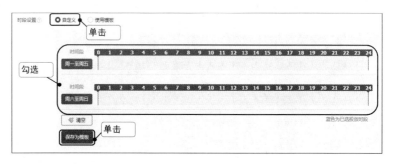

图6-46 设置计划的时段信息

【知识加油站】

关于计划投放时段,有个前提:所有的超级推广计划投放时段,都是正在直播的时段。无论展现在哪个地方的计划,都必须是正在直播中,才能得到展现。因此,主播即使选择了全天投放,但真正的投放时段也只是主播正在直播的时段。

08 主播单击投放方式后面的"均匀投放"或"尽快投放",即可完成投放方式的设置。均匀投放指全天预算平均投放;尽快投放指如需合适流量,预算集中投放,在测图时建议主播选择"尽快投放",如图 6-47 所示。

图 6-47 设置投放方式

09 设置好以上信息后,单击"下一步,设置推广单元"按钮,即可进行下一步的设置,如图 6-48 所示。

图 6-48 "下一步,设置推广单元"按钮

10 进入推广直播页面,单击"添加推广直播"按钮,勾选直播内容,单击"确定"按钮,如图 6-49 所示。值得注意的是,这里只能勾选直播预告或正在直播的内容,无法勾选已经直播的内容。

图 6-49　单击"添加推广直播"按钮

11 进入设置单元页面，下拉页面至"定向人群"页面，根据自己的需求选择投放人群，如图 6-50 所示。在选择定向人群时，尽量把能选的又合适的人都选上，如必选系统优选人群和行业精选人群，适量选择增加观看优选人群。

图 6-50　选择定向人群页面

【知识加油站】

　　达摩盘平台精选是系统选取跟店铺类目关联的人群，可以对粉丝的年龄、性别、消费水平、兴趣爱好作精细化定向，匹配到符合产品特征的粉丝。达摩盘是阿里妈妈平台推出的一款精准营销工具，能快速分析粉丝，便于主播对不同的人群采取不同的营销战略。当主播自定义计划时，如果发现超级推广的人群定位不准确，可开通达摩盘工具，将超级推广和达摩盘进行结合，使计划达到更好的效果。

12 下拉设置单元页面至"人群出价"页面，设置出价。在设置出价时，建议选择"市场平均价"，当显示"出价低于 0.6，不利于获取更多优质流量，点此查看出价技巧"时，可将价格修改为"1 元"，后期逐渐优化，如图 6-51 所示。

图 6-51　设置人群出价页面

13 下拉设置单元页面至"资源位及溢价"页面，根据直播间实际情况，针对想做的资源位，进行溢价设置。如图 6-52 所示，对以下 3 个资源位进行 50% 的溢价。设置好溢价信息后，计划的单元信息基本设置完毕，单击"下一步，上传创意"按钮，进入下一步。

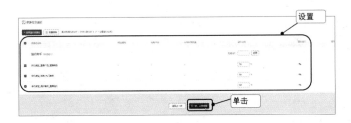

图 6-52　设置资源位及溢价

资源位溢价，指对心仪的资源位投入更高的费用，以拿到更多流量。重点资源位的出价计算公式为：重点资源位的出价=定向人群出价×（1+位置溢价比例）。例如，某主播认为自己的直播内容更适合在"猜你喜欢"展位进行展现，原本每个点击出价为1元，为"猜你喜欢"展位设置300%的溢价，则最终扣费=1×（1+300%）=4元。建议新手主播将溢价设置在30%~50%范围内。

14 跳转到添加创意页面，可以单击"开始制作"在线制作推广创意图，做好之后单击"下一步，完成"按钮，如图6-53所示。

15 完成以上步骤，即可完成创建，如图6-54所示。该页面会写明预估人群覆盖数量以及预估展现覆盖数量。

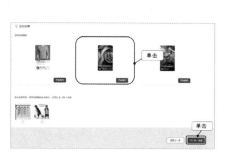

图 6-53　添加创意页面

图 6-54　完成创建页面

在上述页面中，单击"新建其他计划"，可新建计划；单击"查看计划列表"按钮，即可查看该计划的数据。如图6-55所示，点击"查看计划列表"按钮，可进入计划列表页面，查看计划是否处于正在投放状态中。该计划虽然处于正在投放状态中，但由于直播还未开始，故该计划的展现量、点击率等数据为空。

图 6-55　计划列表页面

创建一个超级推广计划并不难，把信息填写、完善、提交即可。难点在于如何配置计划信息，因为不同的配置，必然产生不同的结果。这里以测图目的超级推荐计划为例，详细说明其计划配置。

初次投放计划的主播，在不知道自己在哪些地区、时段更受欢迎时，可投放常用地区，如北京、上海、深圳等；选择消费者较为集中的时间段，如18:00—23:00。

➢ 资源位方面，因为带有测图目的，所以只选手淘首页的"猜你喜欢"位置，达到一个资源位对应多个人群的效果；

➢ 创意图方面，一个计划的创意图不宜过多，2~4张即可。创意图的点击率越高，说明该创意图越有吸引力。

为什么只选1个资源位呢？因为在直播广场中，还有很多没有参加付费推广的位置，主播如果想获得这些位置，必须测试出粉丝喜欢的图片。至于为什么要投放多个计划测试创意图呢？因为需要通过数据对比，找出表现最好的创意图。

6.4 直播活动运营

活动通常能够在为粉丝制造赠送礼物理由的同时，也为直播间销售增添动力。掌握活动运营的相关知识与举办流程是每个主播的必修课，具体内容包括认识活动的作用，熟悉创建活动的流程，以及知道主动报名参加活动等。

6.4.1 认识活动的作用

主播想提升直播间的各项数据，少不了举办各式各样的营销活动。活动的作用主要体现在如图6-56所示的3个方面。

1. 吸引粉丝积极参与

一个好的活动可以调动粉丝的积极性，吸引新老粉丝参与到活动中来。主播只有吸引更多粉丝，产品信息或直播间信息才能得到宣传。例如，很多直播间在活动环节，是粉丝积极性最高的时刻。所以，活动能吸引粉丝积极参与。

图 6-56　活动的作用

2. 提高直播间的展现量和转化率

部分主播策划活动，不仅仅是为了售卖产品，还想提高直播间展现量。当粉丝熟悉、认可直播间后，就有了信任背书，从而更愿意购买直播间的产品。例如，很多人都知道李佳琦的直播间会售卖热门美妆产品，当自己有美妆方面的需求时，会主动点击进入李佳琦的直播间，直播间的展现量从而得以提高。

同时，大部分成功的活动，都能为产品或直播间带来不少流量。如果活动中产品又比较有吸引力，那直播间转化率也会很不错。

3. 有利于新品销售及处理库存品

通常，粉丝对新品有一种抗拒心理，不愿意冒风险去尝试新品，所以处于上新阶段的产品，没有基础销量和评价，很难展开销售局面。如果主办方能在产品上新时策划活动激励粉丝下单，降低粉丝初次消费成本，可促使粉丝购买新品。

另外，很多主办方都会面临库存积压的问题。积压的产品如果不及时处理，则可能影响主办方的资金流转。针对这种情况，可利用促销活动来处理库存积压产品。

由此可见，策划直播间活动可谓有百利而无一害，主播可根据直播间的实际情况，来策划更多活动。

6.4.2 常见的直播间活动

与常见的电商活动不同，直播间活动可分为两大类，分别是抽奖类和秒杀类。而这两大类又可以分为很多小类，如抽奖类可分为问答式抽奖、动态点赞抽奖以及开播福利抽奖等等。主播需熟悉这些活动玩法，有利于今后自己的活动运营。

1. 抽奖类活动

抽奖类活动是直播间最常见的活动玩法，如图6-57所示，主要包括问答式抽奖、动态点赞抽奖、开播福利抽奖、整点抽奖以及悬念抽奖等。

（1）问答式抽奖。

主播提出问题，率先得出正确答案的粉丝可获得礼品。例如，

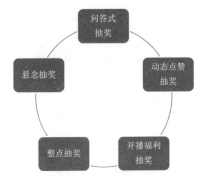

图 6-57 抽奖类活动玩法

一位售卖鲜花的主播，提问粉丝自己手里拿的花叫什么名字（正确答案可在产品详情页中找到），粉丝纷纷留言给出答案，主播在弹幕中找到最先回答正确的3名或5名粉丝，送出礼品。这样能刺激粉丝主动浏览产品详情页，并在找产品的过程中，提高对产品的兴趣及购买的可能，与粉丝互动，也能提高直播间热度。

（2）动态点赞抽奖。

主播让粉丝在特定环境下点赞，抽取幸运儿赠送奖品。例如，很多淘宝主播会提醒粉丝们点点右下角的点赞按钮，如图6-58所示。当点赞量达到特定数量时，抽取一波福利。这种玩法比较简单，但需要主播具备控场能力，尤其是在秒杀一件产品时，提醒粉丝点赞，让热卖和点赞同时进行。

图 6-58 淘宝直播的点赞按钮

点赞抽奖能给粉丝持续的停留激励,增强粉丝的黏性,也让有闲暇时间的粉丝更有理由留在直播间,有利于提高直播间的观看数量、粉丝停留时长等数据。

(3)开播福利抽奖。

在开启直播的第一时间,先来一波抽奖,将流量主动汇集在一起,提升直播间的排名。例如,知名主播薇娅在开播前喜欢"废话不多说,我们先来一波抽奖",以福利抽奖开启直播。在很多粉丝形成习惯后,会准时来到直播间等待抽奖,提高了直播间人气。

(4)整点抽奖。

整点抽奖指的是在整点时抛出的抽奖活动。例如,某主播每天13:00—18:00直播,每到一个整点时段,都会开启一个抽奖活动。这样有利于主播将粉丝在整点时召集起来,制造短期的人气和成交高峰。

(5)悬念抽奖。

悬念抽奖也称为不定时抽奖,指主播没有提前预告,也没有形成固定时间点时提出的抽奖活动。例如,当主播在讲解一款产品时,发现该产品的转化情况很好,可以再推出一波抽奖福利,吸引更多粉丝转化。

以上5种抽奖活动都有利于直播间数据的提升,主要作用体现在如

图6-59所示的几个方面。

➤ 吸引粉丝关注主播：很多抽奖活动的参与都以关注主播为前提，如果某粉丝中奖，却没有关注主播，那么获奖名额无效。故在开启活动前，主播都会主

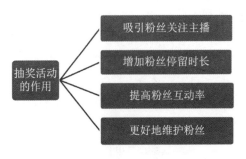

图 6-59　抽奖活动的作用

动提醒粉丝们点击关注，如此一来可以吸引更多粉丝的关注；

➤ 增加粉丝停留时长：在开始问答式抽奖、点赞抽奖以及整点抽奖前，主播会主动提醒接下来有抽奖活动。此时有离开直播间想法的粉丝，难免会在抽奖的诱惑下，再停留几分钟，直至抽奖结束，这样可以增加粉丝停留时长；

➤ 提高粉丝互动率：在问答式抽奖及点赞抽奖时，往往需要粉丝留言给出答案或产生点赞行为，这能有效提高粉丝互动率；

➤ 更好地维护粉丝：固定的抽奖活动，有利于吸引忠实粉丝准时、主动进入直播间进行互动。而用抽奖活动来回馈粉丝，也更容易增强粉丝的归属感和互动感。

主播如果能策划好抽奖活动，提升粉丝关注量、互动率、增加粉丝停留时长，更有利于直播间的流量获取。例如，某直播间的各项数据良好，能将系统分配的500个用户转化出一半或三分之一的粉丝，那么系统愿意为其分配更多流量；反之，系统会逐渐将500个用户缩量到300、200、100，甚至更少。

2. 秒杀类活动

对于秒杀，无论主播还是粉丝都已经司空见惯，特别是带货的直播间秒杀活动出现得更为频繁，因为这有利于提高直播间的转化率。秒杀类活动的玩法也比较交单，主要就是通过限时、限量的方式，引导粉丝

积极购物。

如图6-60所示，某售卖女包的直播间产品价格均在100元以上，只有第17号链接是49.99元的秒杀价。如图6-61所示，当粉丝点击进入产品详情页后，可看到该产品属于限时限量产品，秒杀价为9.9元起。由于抢购激烈，该产品已处于售完下架状态。

图 6-60 秒杀价产品直播页面

图 6-61 秒杀价产品详情页页面

秒杀活动一般会用倒计时、抢购等方式营造出紧张、急促、刺激的氛围，刺激粉丝的参与。主播可在直播后台设置秒杀活动，也可以日常挂货，在开启秒杀活动时直接与客服做好配合即可。例如，某主播在11:50讲解某台灯时提到5分钟后将有个秒杀活动。在11:55时，主播公布玩法，在11:55—12:00下单的粉丝，前100名联系客服可领取价值50元的指定产品代金券，领取到代金券的客户可享受19.9元购买原价69.9元产品的优惠。

6.4.3 活动策划的要点

同样是直播间活动，有的活动人气满满，而有的活动无人问津。综观直播中，影响力大且销量高的活动，都是通过精心策划、实践而来的；而有的主播直接沿用原店铺活动，其效果也就可想而知了。主播应该根据直播间的实际情况，通过如图6-62所示的流程，策划适合自己的活动。

图 6-62　直播活动策划的基本流程

1. 明确活动主题

每个活动都应有相应的主题，整个活动围绕主题展开。主播在策划活动时，首先要根据直播间内的实际情况和发展需要来策划活动主题。例如，要策划活动来增加粉丝，那么活动主题就应该围绕"粉丝福利"来展开。

活动主题应简洁有力并具有吸引力，让粉丝一看就知道活动能带来什么利益。如某主播发起"关注有礼"活动，参与活动就是以关注主播为前提。

2. 结合粉丝需求

一场好的直播活动，必须结合粉丝需求。这也要求主播清楚自己直播间的粉丝，包括粉丝的年龄、性别、职业、消费能力等信息。因为不同的人群有着不同的兴趣爱好，所以引导话术不同。例如，同一款电饭锅，面对未婚女孩时，要强调的重点是该电饭锅的便捷性和其外观的精美性；而面对宝妈时，则需要重点突出电饭锅所用材质环保，烹饪的米饭口感好等。因此，主播在策划活动时，必须结合粉丝需求策划粉丝感兴趣的内容。

3. 选择活动类型

根据活动目的和主题可大致确定活动的类型的范围。但要进一步确定活动类型，主播应根据自己的经济实力、活动影响力等进行最优选择。

具体的活动类型在前面内容中已详讲，主播可根据自己直播间的实际情况进行选择。

4. 估算活动成本

任何活动都需要成本，线下活动需要租赁场地、布置会场等费用；线上活动则需要推广成本、让利成本等。当然，由于活动内容不同，所需的成本也有所差异。主播应根据自己的能力范围去计算成本，切记不能违背承诺。

例如，有的主播为了吸引眼球，在直播预告中提到"福利大放送，价值10万元的LV免费送"，且不谈自己是否真的有能力赠送10万元的产品，仅是"10万元"就违反了直播活动奖品价值上限，会受到直播平台的处罚。故主播应合理规划活动成本，避免出现活动超预算或违背承诺而带来负面影响的情况。

5. 选择活动奖品

活动奖品在一定程度上决定了粉丝的参与程度，如果推出一些价值较小且使用场景不便利的奖品，想必很少有粉丝愿意参与进来。那么，主播应该如何选择活动奖品呢？如图6-63所示，选择活动奖品应注意以下几个方面。

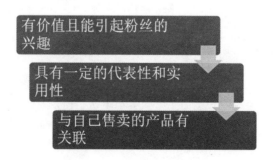

图 6-63　选择活动奖品的注意事项

➢ 有价值且能引起粉丝的兴趣：通常，对粉丝有价值的奖品，更容易吸引粉丝的兴趣。例如，某直播间的粉丝大多以大学生为主，如果主播把活动奖品设置为母婴产品,那么很难吸引粉丝参与到活动中。因为大学生对母婴产品没兴趣。

➢ 具有一定的代表性和实用性:好的奖品能让粉丝在一看到奖品时,就能联想到直播间或主播。例如,做美妆的主播,可以在淘宝网购买价值10元左右的化妆镜作为奖品,并将自己的昵称或直播间昵称印制在镜子上,便于粉丝有化妆、补妆需求时使用,还能加深粉丝对主播、直播间的印象。

➢ 与自己售卖的产品有关联:赠送的礼品与售卖产品相关联,在便于产品销售的同时,又正好击中粉丝的需求。例如,主播在售卖一款营养粉时,可以将奖品设置为玻璃杯。因为营养粉必须放在杯子里加水后食用,那么杯子就刚好被对营养粉感兴趣的粉丝所需要,主播再主动送出杯子,会让粉丝感觉便利和实用。

【知识加油站】

奖品的数量也很有学问,奖品过多容易造成奖品廉价感;奖品太少,则容易给粉丝留下不诚心的感觉。那么,具体应该设置几个名额较为合适呢?以抽奖活动为例,一般是一个屏幕的名额,差不多在3~5名即可。

6. 策划活动口号

在直播间活动中,为了加深粉丝对直播间或对主播的印象,常常会推出喊口号的活动。特别是在抽奖活动中,主播常常会提醒粉丝们参加活动前需要在评论区打某某口号。口号用得好,确实能增强活动效果,而一些不好的口号,则没有什么意义。那么,应该如何策划活动口号呢?

如图6-64所示,在策划直播间口号时,在口号相关性上需做好3点。这样有利于粉丝在打字互动中,对主播、对主题、对品牌有个熟悉的过程,加深对其的印象。

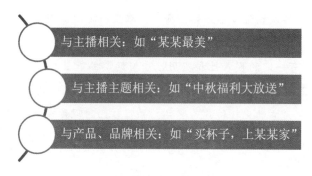

图 6-64 口号相关性

另外,直播口号应不宜过长,建议在5个字左右,也尽量不使用数字和符号。字数过长,不利于粉丝打字,而数字和符号不能起到加深印象的作用。例如,某主播在讲解一款纸巾产品后,推出福利放送活动,倒数5个数,截取屏幕中带有"更适合母婴的纸巾"的口号就比"666666"的口号效果更好。

7. 设置活动规则

想要取得一个好的活动效果,应该制定简单明了、具有吸引力且方便参加的活动规则。例如,通过主播口播说清楚接下来的活动一共抽几份奖品、如何算中奖、中奖后如何兑换等问题。为了起到更好的活动效果,主播可以设置活动门槛。

➢ 引导关注:必须是关注主播的粉丝才能参与抽奖,否则中奖无效,以此增加关注量;

➢ 引导分享:要求粉丝在特定时间内分享直播间给其他好友,没分享的中奖无效,以此增加直播间流量。

主播做好以上7项工作,基本能策划好一个直播活动。但为了取得更好的活动效果,主播还应注意以下事项。

➢ 保持活动真实性:通常,主播都是用2个以上的手机在直播,在活动期间为保持真实性,最好把截屏的手机展现在镜头前,让粉丝看到抽奖全过程。

> 匀速倒计时：在活动开始前的倒计时，应匀速喊口号，避免粉丝说活动不公平。

> 安抚未中奖的粉丝：在恭喜中奖粉丝的同时，更要安抚未中奖的粉丝。部分粉丝正是出于抽奖才关注的主播，在知道未中奖后很可能取消关注。因此，主播最好在活动结束后，主动提到"没有中奖的宝宝们也别灰心，我们在20分钟后还有一波抽奖活动，奖品更迷人"。

以一场开播截屏抽奖的活动玩法为例，其活动要点如图6-65所示。

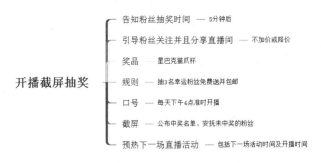

图6-65　开播截屏抽奖的活动要点

为了更好地实施该活动，主播可提前策划好活动脚本，以下方案可供参考。

> Hello，各位粉丝宝宝们，主播某某来啦。我们每天下午6点准时开播，每次开播5分钟都有一个开播福利。没有关注的宝宝们，点点头像上面的关注并且分享我们的直播间给您的亲朋好友，中奖的概率会更大哟。某某主播每天会在直播间分享时尚潮流搭配指南，教你把一件衣服搭配出不同风格哦。

> 那么好啦，接下来开始抽我们的粉丝福利咯。今天给大家准备的奖品是价值××元的星巴克猫爪杯3个，也是主播的自留款哦。原本上周我是特意去为自己买的，看到实物的时候觉得很想分享给直播间的宝宝们，所以就多买了几个。

> 好，接下来我们刷一个口号，"下午6点开播"，宝宝们快刷起来。

新进来的宝宝们注意了,现在是粉丝福利抽奖环节,没点关注的点点关注,没分享的动动手指点点分享,马上开始抽奖咯。

➤ 来咯,拼手速的时候到了,倒计时5—4—3—2—1截图!恭喜我们的新粉××、铁粉××、××,恭喜你们中奖啦!点击左下角购物袋联系客服,提供收货地址和你们的会员名截图即可,再次恭喜你们。那没有中奖的宝宝也不要灰心哦,10分钟后还有一个问答抽奖哦,答案都隐藏在我一会儿的讲解中,只要认真听,一定会知道的哦。

➤ 另外,请大家记住我们××家的开播截屏抽奖活动在每天下午的6点5分开启,风雨无阻,大家记得准时来参与哦。

6.4.4 参加直播平台的活动

除自己策划活动外,主播还可以报名直播平台的活动。例如,淘宝直播平台的吃货节、美妆节、亲子节等。这些活动有着人气旺、流量大等优点,但对报名直播间和产品有一定的门槛限制。

主播在参加平台活动前,应仔细阅读活动招商规则。以淘宝直播为例,可登录直播后台,下拉页面至帮助页面,单击"淘宝直播白皮书"按钮,如图6-66所示。

图 6-66 单击"淘宝直播白皮书"按钮

【知识加油站】

淘宝直播白皮书是淘宝官方推出的网址,常用于发布重要的官方公告和活动,是淘宝直播机构和直播的指明灯。主播在遇到与直播相关的问题时,可以进入该网址寻找解决方法。

进入淘宝直播白皮书页面后,如图6-67所示,可查看到淘宝直播页面介绍、淘宝直播万人团、淘宝直播5月内容营销日历等标题,任意点击一个标题(这里以单击"淘宝直播6月&7月内容主题玩法报名"为例)。

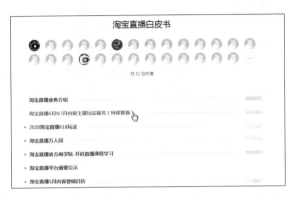

图 6-67　淘宝直播白皮书页面

跳转到活动玩法报名页面后,可看到不同主题的活动及报名链接、报名截止时间、审核时间、上线时间等信息。主播可点击心仪的活动报名链接,如图6-68所示。

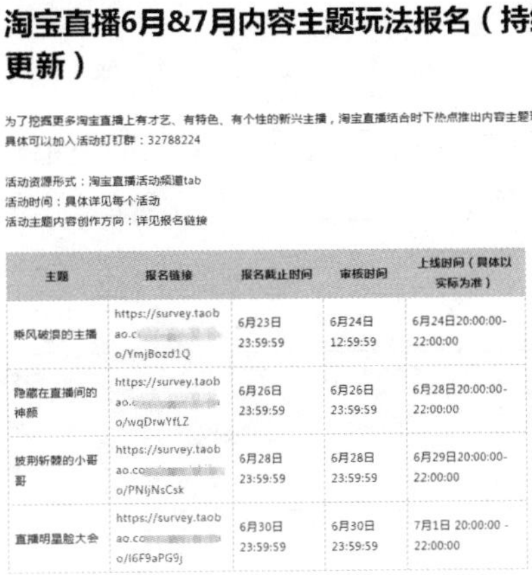

图 6-68　活动玩法报名页面

进入活动详情页面后,根据要求提交信息,等待审核后,即可参与到活动中去。活动流量一般较大，也较为集中，主播应该抓住机会利用好这些流量，提高直播间的互动率、转化率等。

新手问答

1. 如何查看类目行业转化率平均值？

主播在分析直播间转化率时，需参考类目行业平均转化率。以淘宝直播为例，可进入生意参谋软件查看类目行业平均转化率。具体操作步骤如下。

01 打开并登录生意参谋软件，单击菜单栏中的"交易"按钮，如图6-69所示。

图6-69　单击"交易"按钮

02 下拉交易页面，直至看到交易趋势页面，选择同行对比、选择日期和指标等信息，单击"确定"按钮，如图6-70所示。

图6-70　交易趋势页面

03 页面中可看到一条绿色的线,代表着行业平均转化率,主播可选择水平线找到均值点,如图6-71所示,在4月21日同行平均所有终端的支付转化率为2.13%。

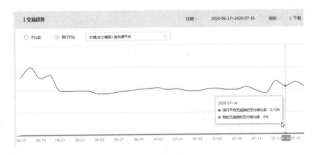

图6-71　行业平均转化率线

主播也可通过该图查看自己直播间的每日转化率。正常情况下,直播间转化率需大于行业平均转化率。例如,上述案例中的行业平均转化率在2.13%,那么直播间转化率至少要达到2.5%左右。

2. 如何提升转粉率?

众所周知,转粉率是直播间的重要数据之一,如何提升转粉率是很多主播重点关注的问题。这里列举两个7天提升转粉率的方法,主要内容如图6-72所示。

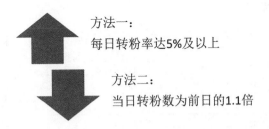

图6-72　7天提升转粉率的2个方法

(1)每日转粉率达5%及以上。

前文内容提到,直播间的转粉率至少要达到5%以上。很多主播虽然

日期	天数	新UV
4月20日	1	5768
4月21日	2	5400
4月22日	3	6223
4月23日	4	3374
4月24日	5	3594
4月25日	6	5875
4月26日	7	5905
4月27日	8	
平均值		5162.71
最高值		6220

图 6-73 7天新UV数据

知道转粉率的计算公式，却不知道具体新UV的数值，也不知道应该增加多少个粉丝才能达到5%的转粉率。这就要求主播将平时的直播数据记录下来，进行推算。图6-73所示为某直播间近7天的新UV数据图。

如图6-73所示，通过近7天的新UV数据可大致推算出第8天的新UV数据，该数据应该比平均值高，又比最高值低，所以这里取值为5 500。已知转粉率必须达到5%及以上，再已知第8天的新UV数据为5 500，则可推算出第8日需要转化的粉丝数量如下：

新UV数×转粉率=5 500×5%=275个新粉丝

（2）当日转粉数为前日的1.1倍。

与第一种方法相比，当日转粉数量为前日的1.1倍难度更大。某直播间转粉量及目标转粉数数据如图6-74所示。以4月19日的5个转粉数为例，在4月20日需达到5的1.1倍为5.5（人），由于人数无法四舍五入，故这里全部小数点都整入，故4月20日的目标转粉为6人；以此类推，每日的目标转粉数都呈递增形式。

日期	天数	前一日转粉数	目标	转粉数	实际目标转粉数
4月20日	1	5	1.1倍	5.5	6
4月21日	2	6	1.1倍	6.6	7
4月22日	3	7	1.1倍	7.7	8
4月23日	4	8	1.1倍	8.8	9
4月24日	5	9	1.1倍	9.9	10
4月25日	6	10	1.1倍	11	11
4月26日	7	11	1.1倍	12.1	13
4月27日	8	13	1.1倍	14.3	15
4月28日	9	15	1.1倍	16.5	17
4月29日	10	17	1.1倍	18.7	19

图 6-74 转粉量及目标转粉数数据

主播可根据以上两种方法，分别计算一个周期内（如一个月）每天应转化多少粉丝，并向该目标奋斗。比如增加直播时长或策划更多活动，来吸引19个新粉丝。

3. 直播间常见的活动策略及话术有哪些？

如果主播在讲解产品时加以活动诱惑，更能刺激用户的转化。例如，买送、满减、搭配销售以及团购活动等。下面注意分析这些活动的策略及话术。

（1）买送。

买送，是变相打折的一种方式，如买a送a、买a送b。在刺激消费的情况下不会有直接降价带来的一系列问题，可避免出现恢复原价销量突然跌落的情况；但由于利润下降，故需要主播计算好利润空间。

举例："各位宝宝们，这款定妆喷雾，内含保加利亚大马士革玫瑰精华，润而不腻，保湿水润长达8小时。原价199元，今天在我直播间99元，两瓶！拍下付款。一定要拍两件，第二件0元！"

（2）满减。

满减包含满减优惠券及系统自动满减，例如领取价值10元的优惠券，在购物时可抵扣10元；或购买时，系统直接减免10元。满减可以有效刺激用户消费，特别需要用户领券的满减，可吸引用户多次访问直播间或产品详情页。但满减也有弊端，如果主播说明和操作不到位，容易引起用户不满。故主播在讲解过程中，应详细说明优惠券的领取和使用规则。

举例："各位宝宝们，喜欢这件衣服的赶紧去拍，数量不多。原价150元，今天在我们直播间满180元立减10元哦；主播推荐宝宝们搭配1号爆款打底衫（售价30元）一起拍下，到手价两件170元哦。"

（3）搭配销售。

搭配销售指将两件以上的产品搭配起来销售，如衣服和裤子一起售卖；或加9元换购某产品。搭配销售的优点在于，降低单品叠加的金额，更容易促成订单。但如果搭配产品没选好，容易带来反效果。在搭配时，最好将流量好的产品与销量好的产品进行搭配,将流量转化为订单。

举例:"各位宝宝们,如果你是敏感肌肤,容易过敏,一定要用含氨基酸成分的洁面乳。因为氨基酸属于弱酸性,接近皮肤pH,比较温和,不刺激,不会破坏你的角质层。现在这款洁面乳专柜价格199元,今天直播间仅售99元,并且搭配修复抗过敏精华液,我们直播间粉丝福利价格199元一套,专柜价格399元的产品现在搭配购买可以节省200元!省出来的钱都可以多买一套了,物超所值,买到就是赚到。"

(4)团购活动。

团购活动,通过设置成团人数、价格、时间等参数降低价格,以产生传播力及二次复购。团购活动有着强力增粉的优点,但利润有所降低。团购活动,在选品上要格外注意用户体验和复购率。

举例:"各位宝宝们,今天我给大家申请到了一个团购价。原价299元的榨汁机,今天在直播间只要259元,官方正品!赶紧邀请你的兄弟姐妹们一起来直播间,组成3人一起下单,联系客服兑小口号,3人货到签收,每人立返10元哦。注意,一定是3个人!3个人才可以享受这个团购价哦!"

第7章

如何策划粉丝喜欢的直播内容

本章导读

　　主播想取得长远发展,必须以产出高质量的内容为前提。只有策划出迎合粉丝的内容,为粉丝带来更多价值,才能得到粉丝的长期关注。主播在策划内容前,应深度挖掘粉丝画像,并分析、产出粉丝感兴趣的内容;为了保证产出优质的直播内容,主播应提前策划直播脚本。

7.1 深度挖掘粉丝画像

俗话说:"知己知彼,百战百胜"。主播想粉丝多关注、多互动、多下单,必须先了解粉丝的特点,并熟悉粉丝的兴趣、爱好,投其所好地生产内容。这里从粉丝画像渠道、人群分类以及粉丝运营驱动力三大方面进行分析,旨在帮助主播快速找准、了解目标粉丝。

7.1.1 粉丝画像观察渠道

很多直播平台后台会提供一些粉丝数据,如粉丝年龄、性别等。以淘宝直播为例,达人可进入淘宝达人后台查看具体粉丝信息,其具体操作步骤如下。

01 打开并登录淘宝达人后台,下拉菜单栏至"统计"菜单,单击"用户分析"按钮,如图7-1所示。

02 默认进入粉丝分析页面,可查看粉丝关键数据,如累计粉丝数、新增粉丝数、净增粉丝数等,如图7-2所示。

图 7-1 单击"用户分析"

图 7-2 粉丝关键数据页面

【知识加油站】

未开通直播的达人(如图文达人),可单击"读者分析"按钮,查看图文粉丝的详细信息,如性别、年龄等。

第 7 章 如何策划粉丝喜欢的直播内容

03 下拉粉丝分析页面，可查看粉丝基础特征信息，如性别占比和年龄占比，如图 7-3 所示。

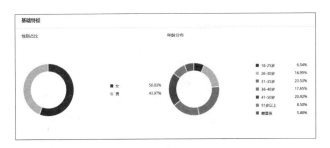

图 7-3　粉丝基础特征信息页面

通过粉丝性别和年龄分析，可以得知大多数粉丝的性别和年龄段，再分析这些人群的喜好，把喜好加入标题、封面图和直播内容中，使直播间更受欢迎。如图 7-3 所示，通过分析该主播的粉丝基础特征信息，可以知道粉丝大多数为女性，因此店家在做运营时应重点考虑女性用户的需求和消费特点。

04 下拉粉丝分析页面，可查看粉丝地域分布信息，如所在的省市信息，如图 7-4 所示。

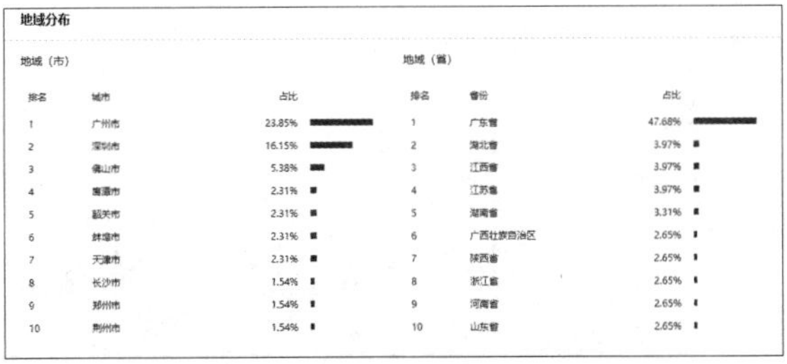

图 7-4　粉丝地域分布信息

主播通过粉丝地域分布信息，可以强化直播间内容或产品的地域特色风格。如图 7-4 所示，主播的粉丝主要集中在广州、深圳一带，主播在直播时可加入一些该地域的话题，吸引粉丝们参与活动。

05 下拉粉丝分析页面,可查看粉丝人生经历信息,如职业分布和学历占比,如图 7-5 所示。

图 7-5　粉丝人生经历信息

在了解粉丝的职业和学历后,有利于主播分析粉丝的喜好。例如,某直播间的粉丝主要是全职妈妈,学历集中在大专和本科。粉丝观看直播的时间主要集中在13:00—15:00,在该时段,妈妈们刚好哄宝宝入睡,有一段空闲时间可以看看直播。那么主播在选直播时间时,就应首选这个时段。

06 下拉粉丝分析页面,可查看粉丝消费偏好信息,如消费层级和兴趣爱好,如图 7-6 所示。

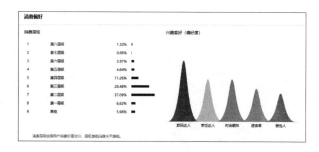

图 7-6　粉丝消费偏好信息

主播通过该数据,可以判断出粉丝的正常消费能力,有利于产品的定价。例如,某直播间的粉丝消费层级大多集中在0~15元,那主播今后在为同类产品定价时,可参考该价格区间,让价格受更多粉丝的青睐。

而粉丝的兴趣爱好，可直接影响粉丝对直播内容的喜好程度。例如，某直播间粉丝喜欢美式、萌宠，那主播今后可在直播间加入更多同类内容，吸引粉丝们参与互动。

07 下拉粉丝分析页面，可查看粉丝偏好排行，如粉丝浏览品牌偏好，如图7-7所示。在了解粉丝浏览品牌偏好后，有利于主播今后在选品时对品牌的选择。例如，某直播间的粉丝倾向于某品牌的产品，那今后找商家合作时，首选该品牌产品，更有利于产品的售卖。

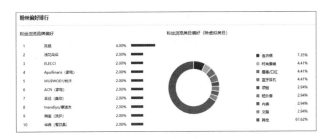

图 7-7　粉丝偏好排行信息

主播根据以上信息，重点提炼出：一群什么样的人，在什么地点、什么时间、什么场景、喜欢什么价格。例如，某颜值主播的直播间粉丝主要是集中在一线城市的18~25岁女性，她们喜欢看微博，喜欢购物，对价格敏感，喜欢物美价廉的产品。主播根据这些信息，可以在直播中生产出更多能迎合她们口味的内容，赢得她们的喜欢。

7.1.2　粉丝人群分类分析

早在最初的秀场直播中，常见主播说刷礼物多的粉丝或互动较高的粉丝有机会进入某某团，成为守护等，以吸引粉丝积极发言和赠送礼物。而这些玩法，在今天的直播中也很常见。如淘宝直播，通过给粉丝亲密度，让不同等级的粉丝享受不同的福利、折扣，吸引粉丝做出更活跃的举动。

粉丝亲密度指粉丝和主播之间互动的频率指数，积累和转化粉丝是提高直播间互动数值的利器。主播可在达人后台开启粉丝亲密度功能,当粉丝进入直播间后进行一系列行为获得分值,积累到一定分值自动升级为更高等级的粉丝。图7-8所示为粉丝等级、数量和分值图,粉丝所获积分越多,其等级越高,享受的权益也就越大。

粉丝提升分值的行为包括签到、累计观看、关注主播、发表评论、分享直播间等,如图7-9所示。主播在开通该功能后,还需要通过口播的形式提醒粉丝积极做出可以提升分值的行为。例如,主播可在抽奖前提到:"下面再来抽取一波铁粉福利,凡是分值满500分的宝宝们都有抽奖机会哦;不足500分的宝宝们也别灰心,只要多参与我们的互动和分享,很快就可以提升等级哟。"

对应等级	等级数量	分值区间
新粉	★★★	0~499
铁粉	★★★★	500~1499
钻粉	★★★★★	1500~14999
挚爱粉	★★★★★★	15000+

亲密度分值	分值
直播签到	+2分值
累计观看4分钟	+4分值
累计观看15分钟	+10分值
累计观看35分钟	+15分值
累计观看60分钟	+20分值
关注主播	+10分值(仅限第一次关注)
发表评论	+4分值(单日上限5次)
分享直播间	+5分值(单日上限5次)
点赞满20次	+10分值(单日上限1次)
访问商品详情页	+5分值(单日上限1次)
每购物满10元	+1分值(无限)

图 7-8 粉丝等级、数量和分值　　图 7-9 粉丝提升分值的行为

主播可打开并登录直播后台,单击账号设置中的"粉丝亲密度"按钮,如图7-10所示,进入开启该功能的页面。

进入粉丝亲密度介绍页面,在查看介绍后,下拉页面至最底部,单击"一键开通"按钮,如图7-11所示,即可成功开通该功能。

主播在开通粉丝亲密度功能后,还需要在直播过程中引导粉丝们积极参与到互动中,提升分值和等级,获得更多福利。在其他平台直播的主播,也可以找到对应的粉丝分级功能,刺激粉丝升级,参与到

更多互动中来。

图 7-10 单击"粉丝亲密度"按钮　　图 7-11 单击"一键开通"按钮

7.1.3 粉丝运营六大驱动力

任何一个直播平台,其流量都很有限,系统更喜欢把流量分配给活跃度高的直播间。这也意味着,主播想得到平台的青睐,必须维护好粉丝,提升粉丝活跃度和购买率,让系统愿意为其分配更多流量。如图7-12所示,做好粉丝运营的步骤主要包括引导关注、活跃粉丝、维护粉丝。

图 7-12 粉丝运营的步骤

> 在开播初期,平台都会给予一定的流量扶持,主播必须引导粉丝关注、互动,才能为粉丝运营打好基础。部分主播由于不会互动,白白浪费了平台给的扶持流量,致使直播间人越来越少,最后失去直播的信心。

> 在直播间的在线人数增长后,要让这些粉丝参与到互动中来,增加直播间的互动率、转化率等数据,使直播间被系统器重并愿意为其分配更多流量。

> 当粉丝愿意关注主播或者参与直播间互动建立起一定的信任基础

后,他们才会自发地分享直播间。在这个阶段,主播更要用心地维护好这些粉丝,放大这些粉丝的价值,为直播间带来更多收益。

那么,主播如何将理论落到实处,把平台用户反哺到直播间沉淀或购买成交呢?主播可以从粉丝的角度出发,思考粉丝为什么要关注主播?关注了有什么好处?关注有什么意义?这里就引出粉丝运营的六大驱动力,如图7-13所示。

图7-13 粉丝运营的六大驱动力

(1)利益驱动。

利益驱动,指强调粉丝关注或互动能获得哪些好处。常见的利益驱动的内容如图7-14所示,包括营销活动和高性价比。

图7-14 利益驱动的内容

营销活动,指在直播中用关注有礼、免单名额、铁粉专享价等活动,吸引粉丝主动关注主播,参与互动。例如,主播可在介绍完一款产品时,抽取一个幸运儿免费得产品,粉丝中奖的前提是关注主播,另外,需要在评论区打出"某某主播最美"等口号,参与互动。

高性比价,则是用低于市场的产品价格来吸引粉丝下单和关注主播。例如,很多农产品主播往往都打着"自家水果,最低价格回馈粉丝"的名号,吸引粉丝下单。当然,主播突出高性价比的前提是确实有高性价比的优势,而不是为了吸引粉丝下单,乱报价格或者用劣质产品欺骗粉丝。

例如，某主播在直播间说道："宝宝们，某某大粉水都听说过吧？专柜价420元，代购价在380元左右，今天在我直播间给关注过的宝宝们来个粉丝福利价格，仅售300元，主播还自费赠送一个定制款的精美化妆包。而且，关注的宝宝们，今天下单还能享受满199元减50元的活动，这简直是史无前例的优惠，仅限粉丝宝宝们享受，拍下联系客服，发送关注截图，即可领取哦。"

（2）荣誉驱动。

荣誉驱动，主要是通过粉丝分级，突出高等级的粉丝可享受更划算的价格和服务，让高等级的粉丝感受到荣誉，从而更愿意维护主播。例如，在淘宝直播平台中，开通"粉丝亲密度"功能，即可对粉丝进行分类。

在设置粉丝等级后，还要对不同等级的粉丝给予不同的福利和折扣。例如，某主播在讲解完一个产品后说道："新粉可享受9.5折购买产品；挚爱粉可享受8折购，每个账号还能联系客服领取价值59.9元的产品1份。"以此拉开不同等级的粉丝差距，让等级高的粉丝体会到荣誉感。

为了刺激粉丝提高分值，可参考以下话术。

➢ "宝宝们，关注主播，每日亲密度签到打卡，升级成挚爱粉可享受挚爱粉专属礼品一份。"

➢ "宝宝们，赶紧关注主播，可享受我们家挚爱粉专属福利，消费任意商品，只要7折哦。"

（3）地域驱动。

地域驱动是指有相同地理背景的人聊感兴趣的话题。地域驱动可从地方方言和地方特产两方面体现。例如，某秀场主播是广西柳州的，可在闲聊时抛出话题："大家是哪里人？"然后谈到自己是广西柳州人，当粉丝反应自己是同乡时，主播要表现出遇到老乡的喜悦之情，并及时口播他们的昵称，如："哇，真的太有缘了，没想到老乡那么多，快握手（某某某某）。"以此让这些同个地方的粉丝感到被关注，从而更愿意成为铁粉。

当然，主播也不一定要找老乡，可以综合一下大家打出的地域名，抛出更多话题。例如，某主播发现粉丝以云贵川为主，可以说："哇，弹幕里很多宝宝都说是云贵川的呢，真的好想去那边玩。特别是云南，看视频和图片，真心觉得天好蓝。你们那边有什么特色小吃吗？"

这种以地域为话题展开的内容，经实践表明会受到部分粉丝的青睐。主播可在闲聊时使用起来。

（4）关系驱动。

关系驱动，指人们因为各种社交关系聚集在一起，比如亲朋好友、工作同事等。很多主播看到这里会发问：自己和粉丝们没有什么关系，如何实现关系驱动呢？没有关系可以建立关系，像很多主播都会给粉丝一个固定粉丝团，并经常提到团昵称，让粉丝有归属感，从心底里愿意拥护主播。

例如，薇娅的粉丝统称为"薇娅的女人"，薇娅在直播间抽奖的时候就会让大家纷纷刷弹幕"薇娅的女人"，从而抽取幸运儿赠送礼品。

（5）事件驱动。

事件驱动，指由讨论一件事创建的群组。在直播中，则指由一个事件引发的互动、关注等行为。例如，在很多直播平台都有排位赛。以淘宝平台为例，每个月的20多号都有超级排位赛，系统根据各个直播间内容质量分、ID人均点赞、访客数量、客人到店数量、成交转化率等数据，对直播间行进综合。那么在这期间，主播就可以和粉丝们提到自己想获得更好的排名，希望大家多多支持，不买产品、不刷礼物也没关系，点点关注、浏览一下产品都可以为主播助力等，让粉丝更积极地互动。

部分主播还可以创建一些属于自己的节日，形成固定的福利日，吸引粉丝关注和参与。例如，有的直播间主要售卖高端产品，平时很难有折扣，但由于主播生日是8月8号，所以推出每个月的8号、18号为福利日，全场产品都可享受8折优惠，关注主播的粉丝还可以享受折上折的福利。

以此形成自己的福利日,并为该节日造势,吸引更多粉丝关注。

(6)兴趣驱动。

兴趣驱动,指生产出粉丝感兴趣的内容或挑选粉丝感兴趣的产品,以迎合粉丝胃口。在直播中,兴趣驱动如图7-15所示,主要体现在直播内容和所选产品两个方面。

图7-15 兴趣驱动的内容

> 直播内容:剖析目标粉丝感兴趣的内容,并将这些内容体现在直播内容中。例如,某直播间的目标粉丝以年龄在25~30岁的女性为主,这类粉丝对护肤、美妆、穿搭、减肥等内容较感兴趣,那主播可将一些化妆技巧、穿搭技巧分享在直播间中,引起这些粉丝的关注。

> 所选产品:所选产品的销量好坏,直接由目标粉丝所确定。例如,某游戏直播间的粉丝大多以喜欢网游的男性为主,这些粉丝喜欢电子产品、潮鞋。如果主播在直播间售卖女装、化妆品,很难引起粉丝的注意,其销量也可想而知。

因此,主播需要根据粉丝的兴趣爱好去添加适合内容的产品,才能获得更多关注和转化。

综上所述,主播想获得更多粉丝,需在直播中应用好利益驱动、荣誉驱动、地域驱动、关系驱动、事件驱动、兴趣驱动等动机。当然,很少有主播能在一场直播中将以上6个驱动力都应用好,但主播可以尽可能多地应用好部分驱动力,吸引粉丝。其中,利益驱动和兴趣驱动是核心驱动力,是必不可少的驱动力。

7.1.4 粉丝运营案例

主播在分析粉丝画像后,才好针对粉丝的兴趣爱好、消费能力等特征做针对性的营销工作。某女装店铺经分析发现其粉丝画像如

表7-1所示。

表7-1　某女装店铺的粉丝画像

名称	特征
年龄	20~45岁
性别	90%以上为女性
职业	教师、白领、蓝领等服务业占比最多
地区	全国各地
月收入	收入属于中高水平,有房有车居多
月消费能力	1 750~3 000元
淘气值	600~1 000
兴趣爱好	女性风格:160女生、时髦小妖精、美鞋控、格子控、非黑即白、极简主义、偏好美食
偏好类目	服饰鞋包
关注的人和事物	关注萌娃、母婴人群
常在的地方	集中在广东、广西、苏浙沪、山东、江西、安徽、福建、河南、四川

在分析了粉丝画像后,再根据自己的产品(一条连衣裙),找到粉丝的痛点(需求点和担忧点)。粉丝的痛点如图7-16所示。

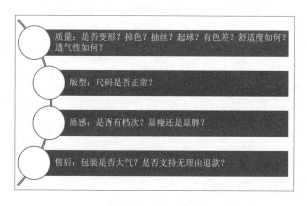

图7-16　粉丝痛点

主播根据粉丝画像和粉丝痛点,在直播间中描述该产品时,可重点突出以下内容。

> 材质：本产品使用丝光棉进行高密度织法，不仅不起球，而且手感舒适。

> 版型：本产品为高腰设计，既有立体感，又修身，还能遮小肚子。

> 颜色：本产品共有两个颜色可选，酒红色洋气，适合和闺蜜聚会时穿，闪亮闺蜜的朋友圈；黑色沉稳，适合上班穿，成为办公室最亮的风景线。

> 设计特色：本产品采用撞色拼接设计，蝴蝶结衣领气质减龄，是很多宝宝的首选。

> 尺码：标准尺寸，弹力佳，最大可穿120斤。

> 季节：面料不薄不厚，春秋可单穿，冬天可打底。

> 搭配：穿法多多，可单穿，也可以搭配西服、短外套、风衣、大衣，有多种选择。

> 性价比：我们是工厂直销，高品质，高性价比，喜欢的别错过了。

> 服务：我们提供15天无理由退换货，送运费险，真正的零风险购物。

为获得更高的转化率，还可以加一定的福利驱动。例如，旺旺联系客服报口令"格格你最靓"，由客服发送10元专享优惠券，前50名成交的宝宝们还可以获得打底袜3双。福利有限，抓紧机会哟。

7.2 吸引粉丝的直播内容有什么特点

无论是什么类型的直播，采取什么方式变现，粉丝都至关重要。随着粉丝的数量上涨，被打赏的概率可能性更大，被广告商家发现并寻求合作的可能性也更大。因而，如何吸引更多粉丝就成了主播最为关心的问题。实际上，吸引粉丝的技巧，就是生产粉丝喜欢的内容。那么，那些吸引粉丝的直播内容有什么特点呢?

7.2.1 具备趣味性

趣味性,原指要求新闻在生产真实、新鲜内容的基础上,也满足粉丝的心理需求;在直播行业中,则是指引人入胜、生动风趣的表达方式。很多粉丝在现实中生活压力大,喜欢看一些趣味性的直播和短视频来放松一下心情。所以,很多富有趣味性内容的直播很受欢迎。

例如,斗鱼游戏主播"一条小团团OvO",凭借娴熟的操作技术和充满趣味性的语言,截至目前已有1 500多万名粉丝,如图7-17所示。她平时也在抖音平台分享直播短视频,截至目前在抖音已有3 500多万名粉丝,如图7-18所示。

图 7-17　斗鱼资料页面　　　　图 7-18　抖音主页页面

"一条小团团OvO"在斗鱼资料简介中提到"电竞死歌,猪叫女孩";在直播中,她笑称自己是母猪,自己的粉丝是猪仔,当直播中有粉丝主动把收集到的装备送给她时,她常说"我们家猪仔又来喂食了";在本该激烈的游戏中,她常常用趣味性的语言和声音,引得队友和粉丝捧腹大笑。游戏女主播多不胜数,像小团团这样高人气的主播还是为数不多。

当然,很多主播的人设也决定了直播、短视频内容,需要充满趣味性。那么，是否这种趣味性就只适合小部分直播间呢？其实不然，如在教育直播这种本该严肃的直播内容中加入趣味性的内容，也会给粉丝带来眼前一亮的感觉。在讲解知识点时，配上有趣、搞笑的图片或故事，除能加深粉丝对知识点的印象外，也能营造出轻松愉悦的学习氛围。

图 7-19 创造趣味性内容的要点

很多新手主播表示，不知如何创造趣味性的内容。实际上，可以从如图7-19所示的几点出发。

1. 内容丰富化

任何一个直播类目，都没有要求主播只播一个内容。虽然，每个直播间都有相应的标签，但主播偶尔还是可以播放不同类型的直播内容，给粉丝带来新鲜感。例如，"一条小团团OvO"在直播中，偶尔会唱起动听的歌，引得不少粉丝围观并感叹"原来唱歌这么好听"。

平常以唱歌为主的娱乐类主播，偶尔也可以为粉丝献上两支舞，或坐下来陪粉丝们聊聊天。以电商带货为主的淘宝主播，偶尔也可以不介绍商品，单纯地和粉丝们聊聊自己，展现不一样的自己。

2. 形式多样化

很多主播认为直播形式一旦形成，必须固定化，其实直播形式也可以多样化。2018年的冯提莫，还在斗鱼平台直播游戏、娱乐等内容，主要以室内直播为主。偶尔，她也会走出直播间，来到热闹的街头直播，和路人粉丝合影。特别是在国庆假期，很多主播想回家陪伴家人，又不能离开直播间。但冯提莫就在2018年国庆假期期间，回到重庆万州老家，带直播间的粉丝看万州风光，图7-20为冯提莫发布的关于万州街头直播的微博内容。

图 7-20　冯提莫发布关于万州街头直播的微博内容

从冯提莫走出直播间的户外直播案例来看，主播偶尔变换直播形式，能给粉丝带来不一样的感觉。

3. 语言幽默化

主播善用幽默化的语言，可以控制好直播间节奏，营造出轻松愉快的直播氛围。所以，语言幽默化是主播拉近与粉丝距离，加深彼此感情的重要纽带。有的主播天生幽默，自然很好；但也有的主播不善幽默，可以通过后天练习，培养幽默感。例如，多看经典相声、小品，去体会幽默点；更要有大气量，开得起玩笑，甚至学会自黑，丑化自己来逗乐粉丝；网络每天都会更新趣味段子，主播在闲暇时间可以关注几个热门的段子手，把看到的段子转述在直播间中，博粉丝一笑。

【知识加油站】

在情景喜剧中会应用到一定的辅助音效来烘托现场气氛，在直播间同样可选取加入这类辅助音效来热场子。主播可在网络上查找直播音效辅助软件，在线播放带有趣味性的辅助音效。

7.2.2 具备专业性

作为一个专业主播，其产出的内容必须也具备专业性。特别是专业领域类直播，如果内容不具专业性，很难变现。新手主播如何产出具备专业性的内容呢？

首先，作为主播一定要具备才艺，能使粉丝为之倾倒。特别是娱乐类主播，如果没有过人的才艺，很难吸引粉丝，变现更无从谈起。当然，才艺的范围广泛，如唱歌、跳舞、讲段子、分享好书、电影等，只要能展示自己个性且充满正能量，都能让主播更受欢迎。

其次，主播作为公众人物，其言行受到网络和粉丝的监督，必须做到言之有物。这要求主播树立正确的价值观，不空谈、不乱谈。部分主播为了吸引眼球，故意在直播中发表一些负面言论，这不仅会招来粉丝的谩骂，还有可能受到平台处罚。故一名具备专业性的主播，所表达的每一个观点，都应该经过深思熟虑，避免因为乱说话带来负面影响。

另外，主播在带货变现时，最好专攻一个方向。例如，颜值类主播如果美妆技术比较好，可以与美妆产品商家合作，专售美妆类产品；游戏类主播如果对电子产品比较了解，且其粉丝对电子产品也有需求，则可与电子产品商家达成合作，专售电子产品。

7.2.3 具备互动性

直播和视频最大的不同在于直播可以互动，高质量的互动可以增强主播与粉丝的黏性。常见的直播互动内容如游戏、连麦、点播等。主播可以在直播中加入这些具备互动性的内容，拉近与粉丝的距离，活跃直播间氛围。

1．游戏拉近主播与粉丝的距离

游戏，是经久不衰的互动方式之一。在直播中加入游戏，可以直接与粉丝互动，也活跃直播间氛围。常见的直播间活动包括猜猜看、砸金蛋、找不同和成语接龙等。

➤ 猜猜看：包括看图猜成语、猜明星、猜主播喜好等。这类游戏需要提前准备好素材，如与直播间相关、主播相关的题目和选项。这类游戏不仅要缩小粉丝互动的难度，还要列出奖品，才能吸引粉丝参与。例如，园艺主播在镜头前展示某种绿植出题，规则是1分钟内最先说出绿植正确名字的粉丝可以得到红包或点播才艺。

➤ 砸金蛋：日常生活中的很多场合都喜欢举行砸金蛋活动。在直播中，主播仍旧可以通过砸金蛋来活跃现场气氛。主播们可先行购买金蛋，将相关奖励装入金蛋中，在5分钟内送出礼物最多的粉丝可选择砸开的金蛋（如在1号蛋、2号蛋、3号蛋之前选择1号），得到里面的礼物。这个互动游戏不仅能使现场气氛活跃，还能为主播带来更多的礼物。

➤ 找不同：事先准备好两张有多个不同点的图片，有难有易，加上礼物的优惠，刺激更多粉丝参与。例如，在3分钟内准确找到最多不同点的粉丝获胜，可向主播要礼物或要求主播进行一段才艺表演。

总之，游戏可以拉近主播与粉丝的关系。在直播间可进行互动的游戏很多，主播们可根据自己的实际情况和在线粉丝们的热情程度来决定进行哪种游戏。

2. 连麦满足粉丝的看热闹心理

连麦不仅能增加收入，还能满足粉丝的看热闹心理。因为很多主播在连麦时，都有互动PK活动，输的主播需如约接受惩罚。部分平台还支持粉丝与主播连麦，粉丝可与直播通过语音交流，更是加大了粉丝的积极性。例如，快手平台推出聊天室功能，主播可以在直播中开通，邀请粉丝们一起K歌，如图7-21所示。聊天室内会标明房主（主播）、正在唱歌的粉丝以及等待唱歌的粉丝。

图7-21　快手聊天室

在线粉丝可以点按"我要唱歌"选项参与唱歌,也可以给唱的好的粉丝"鼓掌",还能加唱歌的粉丝为好友等,十分方便。

3. 通过点播活跃气氛

特别是在娱乐类直播间,让粉丝做主点播才艺,带给粉丝很强的存在感。但在点播过程中,又常常会遇到一些尴尬情况。比如,很多粉丝同时点播,但主播选了某一个粉丝点播的内容,会导致其他粉丝不高兴;也有一些粉丝点播了主播不擅长的才艺,主播无法表演。

那么,如何才能既实现和观众的互动,也让自己发挥出应有的水平呢?主播可将自己拿手的才艺写在题字板上,让粉丝们选择具体的表演项目,以此来缩小粉丝的选择范围。另外,主播可以设置粉丝点播规则。例如,在3分钟内礼物最多的粉丝可获得点播机会,或者倒数10个数屏幕上出现的粉丝可获得点播机会等。

【知识加油站】

主播拍摄短视频时,也可以设置点播环节,加大与粉丝的互动。例如,美食主播可以在短视频末尾提及:下一期想看我做什么美食?评论区留言告诉我。

7.3 提供粉丝喜欢的直播内容

所谓"知己知彼,百战不殆",只有在了解粉丝的直播喜好后,为他们提供对胃口的直播内容,才能受到粉丝的喜欢、认可。

7.3.1 追求轻松快乐:搞笑、吐槽、脱口秀

前面谈到,粉丝喜欢的直播内容应该具备趣味性。很多生活在快节奏生活中的粉丝,更希望能观赏到让自己放松、娱乐的内容,如搞笑、吐槽、脱口秀等。这类直播内容没有年龄、性别限制,受到很多粉丝的喜欢。

也正因为喜欢这类节目的粉丝用户多,吸引了很多这方面的主播入驻。2020年3月,笑果文化和单立人喜剧等脱口秀企业在直播、短视频平台布局,线上脱口秀走红。根据镜像娱乐统计,2020年3月1日—3月13日,笑果文化旗下脱口秀演员共有35场直播,覆盖B站、快手、抖音等平台。

快手与笑果文化共同打造的"云串门"直播互动沙发喜剧秀《诞愿人长久》,知名演员李诞在直播间连麦giao哥、朱一旦等多位达人。在李诞直播的90分钟内,共收到106.6万音浪,折合人民币约10.6万元。截至目前,李诞在快手已有180多万名粉丝,在抖音有320多万名粉丝,如图7-22和图7-23所示。

图 7-22 李诞快手粉丝页面　　　图 7-23 李诞抖音粉丝页面

《诞愿人长久》是一档"云串门"的直播互动沙发喜剧秀,是首席攒局人李诞在直播间发起的一场线上聚会,邀请友人们通过直播连麦的方式,回到欢聚畅聊的生活里。这种把吐槽搬进直播间的方式,受到广大好友的追捧。除名人、达人外,不少草根搞笑主播、脱口秀主播也从零开始,收获忠实粉丝。

7.3.2 追求视觉享受:展示高颜值的人与物品

常言道"爱美之心,人皆有之",大部分粉丝都追求视觉享受,喜欢美好的事物。因此也有很多主播,迎合粉丝需求,在直播中展现美人镜头。例如YY主播沈曼,她是一个从月薪2 000元的小护士逆袭的颜值女主播。2013年,沈曼还只是一名社区医院的普通护士,在朋友的推荐下接触到YY娱乐,抱着试试玩的心态,向直播间里的粉丝打起招呼。

早在2013年,沈曼就获得YY娱乐年度盛典女主播的第1名,获得"最受欢迎女偶像"的称号,粉丝称其为"YY女神"。截至目前,沈曼在YY已经积累了800多万名粉丝,如图7-24所示。

图 7-24　沈曼 YY 主页

在直播行业中,和沈曼一样凭借颜值、歌喉吸引粉丝的主播比比皆是。她们为了给粉丝提供更多美好的直播内容,不断地学习妆容技巧、提高自己的专业技能。很多主播,为了保持更好的形象,在业余时间还报名参加形体课程、美妆课程以及提升专业课程等。

在直播中,还有一部分主播凭借着生产美景、美食、美物的内容,收获了大量粉丝和人气。例如,随着直播行业的发展,涌现出众多旅游类的直播。直播旅游变成一场线上全民的视觉盛宴,只要粉丝想看,主播就可以带着观众们的眼睛去旅行,把真实旅游体验通过屏幕呈现给观众。直播旅游也打破了传统平台只能靠图片和文字对旅游这种个人体验项目进行描述的单一感,获得那种身临其境、所见即所得的当下体验感,并且突破了时间和空间的限制。旅游达人们通过自带讲解的视频镜头,以第一人称视角,浸入感兴趣的地方,把鲜活生动的内容分享给更多爱旅游的人。

广东漫游国旅在2018年3月正式开展直播业务,是飞猪平台(原为阿里旅行,后改名为"飞猪旅行")第一批试水直播的商家。在漫游的直播中,粉丝们可以在主播的镜头中领略不同地域的自然风光、风土人情。

每当主播去到一个不同的地方直播,都会用专业角度去拍摄美景,

图7-25为漫游来到某地直播回放截图。这类直播除展示美景、吸引粉丝关注外,还与当地商家达成合作,通过售卖酒店房间、温泉门票、下午茶等产品变现,图7-26为某段漫游直播回放中售卖的产品页面。

图 7-25　漫游来到某地直播回放截图

图 7-26　漫游直播回放中售卖的产品页面

【知识加油站】

旅游业和其他快消产品相比,是个低频率、低转化的行业,所以主播在直播时,应注意直播内容与粉丝的关联性和黏性。只有在黏性达到一定程度时,粉丝才可能转化、成交。

美好的事物种类繁多,任何类型的主播都可以在直播中加入更多美好事物的镜头,满足粉丝们的视觉享受。另外,同一物体,采取不同的拍摄角度,可能会产生很大的美感差异。因此,主播应多积累拍摄技巧,最好能把一般的物体拍摄出大片既视感。

7.3.3　利用好奇心理:揭秘、访谈、星闻

好奇心理,是指对自己所不了解的新奇事物感兴趣,尤其是很多粉丝对公众人物的成名经历、成功经验、私人情感十分关注。由此,产生

第 7 章　如何策划粉丝喜欢的直播内容

了诸如揭秘、访谈、星闻类直播内容。而粉丝也十分喜欢观看这方面的内容，既了解自己感兴趣的事物，也可以知道公众人物的信息。

2019年11月6日晚，淘宝主播薇娅邀请美国真人秀明星金·卡戴珊"空降"直播间。卡戴珊在Instagram（社交媒体平台）上拥有1.5亿名粉丝，是全球为数不多的拥有现象级影响力的明星。正是由于薇娅邀请到人气旺盛的卡戴珊参与直播，当晚直播间观看量超过1 300万次。

由于名人、明星自带流量，邀请这类人进行访谈才有人气，刚入门的小主播由于无法邀请到名人、明星，所以也无法生产出访谈类内容。所以，直播行业中，为满足粉丝好奇心理而产出揭秘、星闻等内容的情况更多。部分主播在开播之前，也会采用短视频进行宣传，图7-27为某位娱乐主播的抖音首页，目前已积累400多万名粉丝，经常在直播间讲解娱乐八卦信息。

除签订保密协议的情况外，部分员工会将一些"行业秘密"在网上爆料，有的主播将这些信息收集、整理，以直播或短视频的形式发布在网络中，受到用户的广泛关注。某揭秘账号在抖音平台发布"深扒各行各业"的合集短视频，如图7-28所示，截至目前已更新至第74集，播放量高达5 000多万次。

图 7-27　某位娱乐主播的抖音首页

图 7-28　"深扒各行各业"的合集短视频

主播作为公众人物，必须对自己的言行负责。在现在的网络环境中，各类信息铺天盖地而来,如果主播收集信息时误把无从考证或疑点颇多的信息传达给粉丝,容易给自己造成负面影响。所以,主播在发布诸如此类内容时,必须保证信息的准确性和真实性。

【知识加油站】

作为揭秘类主播,在发布关于行业揭秘信息时,可能出现揭秘的信息危及行业商家利益,受到商家打击、报复的情况。所以,这类主播最好不要露脸,在保持神秘感的同时,也保证自身安全。

7.3.4 提升自我价值:教学、健身与减肥

专业领域类的直播内容,旨为粉丝提供有价值的知识和技巧。这类直播内容具有独特的存在价值,能不断地为粉丝增加知识、学识、技巧,提升粉丝的自我价值。例如,很多人都认为自制蛋糕、奶茶等食品属于高难度工作。于是在2020年春节,抖音就发起了一波波美食秀。

例如,某达人在抖音平台发布一条"电饭煲做蛋糕?塑料瓶自制打蛋器?……"的短视频,如图7-29所示,共获得61.9万个赞、2.2万条评论及20.9万次转发。该条短视频除人气旺、互动量大外,还吸引了5 000多人参与录制同款视频,如图7-30所示。

图7-29 某达人用电饭煲做蛋糕短视频截图

图7-30 吸引5 000多人参与录制同款视频

一个简单的美食制作视频为什么会走火？原因如下。

> 工具简单：如视频文案所提到的电饭锅、塑料瓶，都是很日常的工具，粉丝可以迅速动手制作。

> 简单易学：文案也提到"没烤箱的小白也能做甜点"，降低了制作蛋糕的门槛，吸引粉丝参与进来。

> 提升粉丝价值：粉丝参与到制作蛋糕中去，获得制作甜点的方法和经验，从一个吃蛋糕的人变成做蛋糕的人，提升了粉丝的自我价值。

主播在生产这类内容时，首先应注意内容的实用性，越实用的内容越能引起粉丝关注。其次应注意内容的门槛，门槛越低越能刺激粉丝参与。例如，某主播长期生产减肥内容，通过分享减肥餐和健身操吸引粉丝。那么，在生产内容时，可以考虑如"1分钟教你减肥晚餐怎么吃？""每天5分钟，告别大肚腩"等。

7.3.5 解决生活问题：情感咨询、身体健康

每个人在生活中或多或少会遇到问题，如情感问题、工作问题、健康问题……如何解决这些问题，也成了很多人关心的点。部分主播通过直播或短视频详细解答粉丝们关心的问题，获得粉丝们的信任与崇拜。

例如，冷爱（真名"潘升"）擅长从男性视角解读两性关系，曾受邀参加多个大型直播平台，如映客、腾讯、京东、雅虎等，通过直播与粉丝互动，在线解决他们的情感困惑，受到大量粉丝的关注。截至目前，冷爱在抖音平台已有140多万名粉丝，每周二晚上8点直播，短视频内容包括"自我提升专题""情感专题""冷爱Vlog"等专题，如图7-31所示。

情感是人类亘古不变的话题，很多粉丝都有情感问题，所以主播生产情感类内容，容易引得粉丝关注。另外，健康问题也是人们不可忽略的一个大问题，所以很多专家、教授、医生也纷纷入驻直播平台，产出有助于人体健康的知识，解决部分粉丝的健康问题。例如，山东中医药大学二附院康复科某医生在抖音平台已有140多万名粉丝，经常分享一些

解决粉丝健康问题的实用知识，如图7-32所示。

图 7-31　冷爱抖音主页　　　　图 7-32　某医生抖音主页

冷爱善于产出优质内容，他在直播中给予粉丝的回答都是切实可行的措施和方案，帮助当事人剖析问题、解决问题，同时也让其他粉丝从中得到借鉴，获得启发。上述案例中提到的医生，也通过短视频帮助更多粉丝了解自己的身体健康问题，获取更多养生知识。主播应站在大多数粉丝的角度去产出这类内容，且其内容要通俗易懂，易于理解。

7.3.6　取得心灵共鸣：传递正能量，展示爱暖萌

只有在粉丝充分理解主播、信任主播、崇拜主播时，才有可能转化为忠实粉丝。主播想与粉丝拉近距离，必须取得与粉丝的心灵共鸣。这种心灵共鸣可以来源于主播传递的正能量，也可以来源于主播对宠物的浓浓爱意。

正能量，指积极的、健康的、催人奋进的、给人力量的、充满希望的人和事。很多主播致力于生产带有"正能量"标签的内容，或成为带有"正能量"标签的人物，获得粉丝好评。例如，抖音平台某生产正能量内容的账号，目前已有200多万名粉丝，如图7-33所示。该账号分享的

内容多以励志、乐观的正能量为主，吸引广大粉丝点赞、评论以及关注。

除分享正能量内容外，一些主播因参加公益的行为，也得到广大粉丝的认可与关注。快手平台的主播白小白，经常带领粉丝们做公益，曾参加央视综艺《开门大吉》并被称赞"德艺双馨"，截至目前，白小白在快手已积累3 000多万名粉丝，如图7-34所示。

图 7-33　生产正能量内容的账号

图 7-34　白小白主页

除正能量的内容外，萌宠、萌娃也能引起粉丝的心灵共鸣，由此网络上兴起云吸猫、云吸娃等热词。所以，有很多生产这方面内容的主播也火了起来。

你问我答　什么是"云吸猫"？

云吸猫，指十分喜欢猫但自己暂时无法养猫的人，在网络关注其他养猫的人，看各种猫咪的图文、视频、直播来愉悦自己身心的行为。

例如，抖音平台一只名为"大圆子"的猫，凭借可爱的外表和烟嗓叫声，截至目前已有800多万名粉丝，如图7-35所示。在2020年春节期间，大圆子更是因为一场直播，吸引2 000多万人次观看，获得7.4万元打赏。图7-36为大圆子直播画面。粉丝通过直播看猫，获得满足感和归属感，直播间人气暴增，很多粉丝弹幕刷屏、打赏礼物。

图 7-35　大圆子抖音主页　　图 7-36　大圆子直播截图

随着大圆子直播的人气高涨，不少生产萌宠短视频的达人纷纷开启萌宠直播，吸引了越来越多的粉丝通过直播镜头，看自己喜欢的萌宠。

7.3.7　追求时尚流行：服饰介绍、化妆展示、好车推荐

根据CNNIC（中国互联网络信息中心）数据，截至2019年6月，我国网络直播用户规模达4.33亿，在对近万名移动用户调查后发现，直播用户有群体年轻、黏性强、付费习惯成熟等特征。其中，"90后"用户占比为23.7%；"95后"占比为18.5%。而这些年轻人，正是追求时尚流行的主力军，他们思想开放，乐于接受新鲜事物。

时尚，指当时的风尚，如时尚服饰；流行，指一段时间内出现的或某权威性人物倡导的事物、观念、行为方式等被人们接受、采用，进而迅速推广以至消失的过程。时尚流行涉及多方多面，如服饰、箱包、妆容、食物……

2020年2月25日，Dior（迪奥）在微博直播"2020秋冬成衣发布秀"，

第 7 章　如何策划粉丝喜欢的直播内容

该场直播观看人数破1 000万，微博在线话题阅读量突破1亿。据统计，Dior官方微博先后为这场时装秀发布了19条微博，转发与评论数超过80万，邀请多位时尚媒体人参加，也与粉丝线上讨论。由此可见，很多网友对时尚流行的内容感兴趣。因此，也有不少主播在带货的同时，也引领了时尚潮流。

"花西子"品牌于2017年诞生于中国杭州，以"东方彩妆，以花养妆"为理念，常出现在李佳琦的直播与短视频中，掀起阵阵热潮。花西子品牌下的口红、散粉、卸妆巾常通过李佳琦直播的内容，出现在大众视野中，图7-37为李佳琦在抖音中推荐花西子散粉截图。不少粉丝纷纷在评论区留言"买买买""买"，截至目前，该款散粉已售373 350件，如图7-38所示。不仅如此，在新浪微博"花西子散粉"话题截至目前已有10.8万阅读量。

图 7-37　李佳琦推荐花西子散粉视频　　图 7-38　花西子散粉销量

虽然不是每个主播都有李佳琦的能力，但也证明时尚流行的内容深得广大粉丝追捧。而且，这类直播内容的涵盖面广，也更容易通过与电商商家合作得到变现。

7.3.8 生活文艺娱乐：影评剧评乐评、游戏解说、体育解说

在繁忙的生活间隙中，直播内容也紧跟大众娱乐步伐，不断推出文艺娱乐的内容，如唱歌、跳舞、电影解说、游戏解说等内容。一些有专业技能的主播，在各个直播平台不断生产直播内容，获得极高的人气。主播即使没有专业技能，也可以通过分享音乐、游戏视频等内容，来积累自己的粉丝。

例如，某位在抖音平台分享音乐的账号，已经积累了70多万名粉丝，如图7-39所示。该账号除用视频分享音乐外，还通过直播分享音乐，一样可以获得粉丝打赏并售卖产品，如图7-40所示。

图 7-39　分享音乐的账号主页　　图 7-40　分享音乐的直播截图

以此类推，主播还可以生产出诸如影视评论、热剧推荐等内容。

7.3.9 展示格调情怀：小清新、优雅生活、怀旧、美文

有人追求经济富有，也有人追求精神富有。特别是在生活的重压下，不少人都追求格调、情怀。主播如果能产出对应的内容，也能吸引粉丝关注。特别是在目前的环境中，很多人追求较高品位的生活。这部分人

大多有文化底蕴，受过欧美文化的熏染，经济基础也普遍高于普通民众。这部分人喜欢阅读张爱玲、三毛等作家的书籍；喜欢咖啡、红酒、鸡尾酒等饮品；喜欢收集经典唱片、DVD、书籍等与艺术相关的内容。由此，主播生产出诸如"美文推荐""诗歌朗读""红酒知识"等内容，会受到这部分人的喜欢。

此外，还有非常怀旧的粉丝，喜欢一些有"年岁"的内容。例如，抖音平台某生产远离尘嚣的农村生活内容的账号，已经吸引了70多万名粉丝关注，如图7-41所示。其产出的视频内容，每一帧都是一幅画，配上与画面相呼应的文案，营造出大多数人记忆中的童年画面，如图7-42所示。该账号每天直播两次，除展现农村生活镜头外，也会介绍一些摄影技巧、售卖摄影器材。

图 7-41　某农村生活的账号主页

图 7-42　农村生活视频截图

7.3.10 粉丝喜欢购物：种草、开箱、测评

还有的粉丝，在众多网红产品中挑花了眼，不知道网红产品是否值得购买。因此，又有一些种草、开箱、测评的直播内容应运而生。例如，抖音某主播通过测评当前最火的网红产品，收获了360多万名粉丝关注，

如图7-43所示。该主播在直播间通过试用网红产品，让粉丝更为直观地查看产品功能、效果。对于效果好的产品，可以直接在直播间下单、购买，如图7-44所示。由于主播抱着公平、公正原则测评产品，有信任背书为前提，所以粉丝们也很相信主播的测评结果。

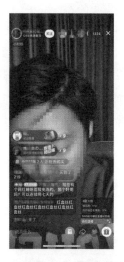

图 7-43 某测评账号主页　　图 7-44 测评账号直播截图

主播在遇到效果好、功能佳的产品时，也可以通过图文、视频、直播等形式，为粉丝种草该产品。信任，是生产这类内容的基本前提。部分主播为了与商家达成合作，不管产品质量好坏，直接给粉丝推荐，这样易导致粉丝流失。

7.4 4个维度策划直播脚本

脚本是使用一种特定的描述性语言，依据一定的格式编写的可执行文件，又称作宏或批处理文件。各类脚本被广泛应用在网页设计中，其可以在减小网页规模的同时又提高网页浏览速度，还可以丰富网页的动画、声音等。主播也可以把脚本理解为电影、电视的剧本，其引导导演、演员协同合作完成一个好作品,以得到广大观众的认可。

对于主播而言,任何一场直播都应该有充分的准备,提前策划好直播脚本,能大大提高直播效果。特别是部分新手主播,由于直播经验较少,容易被粉丝带节奏,从主动角色转换到被动角色。

例如,某售卖鞋类的主播,正在介绍一款凉鞋的材质、样式时,某粉丝刷屏询问上次购买的鞋子为什么还没发货。这时,如果主播在自己也不确定到底有没有给她发货的情况下,就贸然赔礼道歉,容易给其他粉丝留下发货慢的印象,也无法继续讲解手中的鞋子。如果主播当时有脚本,能顺利解答粉丝的疑问并紧接着介绍新产品,则可以继续处于主动状态。

所以,主播应该掌握策划直播脚本的技巧,从多方面策划出合适的直播脚本,增强直播效果。

7.4.1 直播脚本的重要作用

为什么同为主播,有的主播说起话来头头是道,而有的主播语无伦次呢?实际上,凡是做到李佳琦、薇娅等级别的主播,在每一场开播前都策划好了直播脚本。

例如,李佳琦在直播中推荐某一款产品时,能在短短几分钟内说明产品的亮点打动粉丝,并以一定的福利活动刺激粉丝下单。整个过程犹如行云流水,可以说他卖得开心,粉丝也买得开心。而有的主播,透过镜头循环往复地介绍商品卖点,却取得不了什么销量。所以主播想做好直播,必须会策划直播脚本。

总体而言,直播脚本如图7-45所示,可分为单品直播脚本和单场直播脚本。

图 7-45 直播脚本的分类

➢ 单品直播脚本指以单个产品为单位，规范产品的解说，突出产品的核心卖点，细分产品的讲解时段，规范产品的讲解术语，明确产品的卖点，熟知对应产品的福利；

图7-46 直播脚本的作用

➢ 单场直播脚本则是以整场直播为单位，帮助主播把控整场直播节奏，明确人员职责分工，确定直播产品数量，确定客户福利及活动玩法，提前预测突发情况，规范直播流程与直播内容。

无论是单品直播脚本还是单场直播脚本，都对主播起着重要作用，如图7-46所示。

➢ 把控直播节奏：通过策划直播脚本，大致了解一场直播的时长、内容以及活动等内容，给粉丝留好印象。

➢ 掌握直播主动权：绝大部分的主播都想在直播中占据主动位置，而不是被粉丝牵着鼻子走。主播只有在有主动权的前提下，才能顺理成章地讲述自己的观点，让粉丝跟着主播的节奏走。

➢ 直播效益最大化：当主播把控好直播节奏并且掌握主动权后，无论是获得打赏还是获得商品转化的可能性都会有所增加，从而直播的效益也会最大化。

特别是对于新手主播而言，其就像一张白纸，无法与流量大的主播抢流量。但是只要策划好直播脚本，尽量让自己的直播内容被粉丝喜欢，长久下来，必然也能积累忠实粉丝。

7.4.2 从产品维度策划脚本

从产品维度策划脚本，可以理解为单品脚本，主播通过脚本的形式，把产品的卖点、利益点通过可视化的内容展现给粉丝看。那么，如何从产品维度策划脚本呢？如图7-47所示，一个优秀的产品脚本，至少应该具备以下3个要素。

1. 体现专业性

首先，脚本一定要能体现专业性。例如，商场在做促销活动时，如果只靠发传单，无法很好地将产品卖点和利益点展现出来。但是可

图 7-47　产品脚本的 3 个要素

以借助导购小姐，告诉消费者某某产品好在哪里，现在买又具有什么优势，甚至可以直接拿出小样给消费者体验，使其更全面地了解产品。所以，从产品维度策划出来的脚本，首先要具有专业性，起到类似导购员的指导性作用。

对于主播而言，其专业性主要体现在直播专业性和产品专业性。直播专业性，要求主播熟悉直播流程、规则，能解决直播中出现的各种问题，如硬件设备导致音频、视频卡顿等问题。而产品专业性，则是指主播在介绍某产品时，必须了解产品的基本信息，避免由于不够专业而误导粉丝。

例如，主播在介绍一件衣服时，需从衣服的尺码、面料、颜色、版型、搭配等细节进行讲解。主播在讲解过程中，扮演着专业穿搭博主的角色，要给粉丝提供正确的穿搭建议，才能得到粉丝的认可。

2. 体现产品卖点

想要做好直播，一定要通过单品脚本把产品卖点提炼并展现出来，不然粉丝如何在众多同类产品中选择你呢？在提炼卖点时，主播既可用传统方法展示产品卖点，如经久耐用、性价比高、适宜人群广等；也可以从自己与产品的关系出发，去建立信任背书，得到粉丝的认可。

例如，某淘宝主播创建一个"鞋包厂长"的角色，通过镜头经常向粉丝们介绍鞋包生产材料、生产车间以及与商家谈判等内容，让"厂长"

这个角色深入人心。厂长身上可以有多重标签，但对于消费者而言，最直接相关的标签则是"高性价比"，该主播通过直播表明自己可以将质量最好、价格最低的产品推荐给粉丝。久而久之，粉丝信任他，也愿意找他买产品，从而形成良性循环。

图 7-48　某主播的直播截图

他在策划产品直播脚本时，需要体现的卖点之一也是高性价比。图 7-48 所示为某主播的直播截图，该主播在直播间强调自己厂长的身份，并表明为回馈粉丝已经争取到了最低价，买到即赚到。实际上，也确实有很多粉丝愿意为该卖点埋单，纷纷下单购买主播介绍的产品。

主播可以从该角度出发，逐一列出产品卖点，找到最具吸引力的卖点进行重点展示，从而吸引粉丝下单转化。

3. 与粉丝互动

对于一个产品而言，其本身的质量和卖点确实是核心，但直播互动也必不可少。部分主播在讲解产品时，为了不被粉丝带节奏，选择无视粉丝的提问，沉迷在自己的讲解中。这样看似占据主动权，但实际上得罪了很多粉丝，也很难生成订单。所以，主播在讲解产品时，也要兼顾粉丝的提问，做好互动工作。

从互动角度出发，主播可以站在消费者的立场上，设想自己可能会提出什么问题，提前在脚本中设置好答案，以便在直播中回复粉丝。例如，一名农产品主播在策划销售芒果脚本时，考虑到粉丝可能会对芒果的熟度、保存方法、使用方法等内容感兴趣，故提前收集这类问题的答案，并逐一整理好存放在脚本中便于使用。

第 7 章　如何策划粉丝喜欢的直播内容

【知识加油站】

　　主播在讲解产品时，可将产品核心卖点和粉丝关注的问题录制成几十秒到1分钟的视频，放在产品详情页进行展示。

　　下面以一个花茶产品的直播脚本为例，讲解从产品维度策划脚本，使产品更容易被接受。

　　……（正常直播中）

　　▷ 主播摸着自己的脸说：前两天我的皮肤因为湿热长了很多湿疹，痒得不得了，擦了很多种药也没有好。我们南方天气原本就比较潮湿，加上我经常吃油腻食品，又熬夜，导致体内湿气堆积，不仅得了湿疹，连皮肤和头发也越来越油。

　　▷ 如果有人说自己也是同样的症状，表示完全理解后可继续说道，真的非常想念小时候，想念妈妈。因为我小时候，妈妈为了给我们排湿气就经常炖红豆薏米羹给我们喝，我现在都还记得那个味道。可是现在工作原因，离家远，也没有那么多时间去炖东西。

　　▷ 就在上周，我还像小孩子那样和妈妈抱怨说湿气重带来了很多负面影响。我妈妈就给我说了一个配方。为了方便我食用，她把原材料进行处理后，给我邮寄过来。我按照她的方法加热水，就喝上了香味四溢的花茶。你们看，我最近的湿疹是不是明显好转了？

　　▷ 连我朋友都说我最近神采奕奕，是不是有什么好事发生了。哈哈，排出我的湿气也是好事一桩呀。我也很愉快地给小姐妹们分享了原材料和做法，可还是有粗心大意的小姐妹弄不懂，希望我直接给成品。于是我把妈妈的配方拿着去找到了权威专家，一经探讨发现妈妈的这个配方还是很有价值的，于是我们就联合工厂推出了这款红豆薏米茶。

　　▷ （拿出所有证件及检测报告）这款茶饮可不是小作坊随随便便包的，我们家有自己的花茶工厂，有生产许可证和SC证号。生产过程是严格按照国家食药监局的规定完成的。我们还有各种检验检测报告，所有指标都是能达到国家标准的。试过我们家产品的宝宝们也知道，我们不做三无产品。

➤ （拿一个盘子放全部的未制作的原材料）这款茶饮的原材料是由我们精心挑选的栀子、无硫陈皮、低温烘焙的赤小豆、红豆、薏米、芡实多次试验配比而成。低温烘焙技术可以最大限度地保留营养，又可以中和掉薏米的寒气。

➤ （拿一个玻璃茶壶冲泡）大家可以看到，这款茶包入水汤色金黄，非常好看。（开盖，闻一下）小豆和薏米的香气扑鼻而来，让各位宝宝们在享受醇香口感的同时，把体内的湿气一扫而光。

➤ （强调消费者痛点）我的状态比较严重，而且我是个吃货，没办法戒口，原本医生是建议不吃牛肉和海鲜的，可是我经常忍不住嘴馋。所幸，这也没有影响到茶饮的功效，我连续喝了四五天吧，就好得差不多了。

➤ 爱美的女生都知道，抗糖可以有效解决部分皮肤问题，现在市面上也有很多抗糖化口服液。考虑到这点，我们家也倡导低糖生活，所以这款红豆薏米茶没有添加任何防腐剂，也没有加冰糖、白糖，为的就是保留最纯真、最天然的味道。（喝一口，啊，香香的，健康又好喝。）

➤ （拿起一盒花茶）您可以看到，我们的花茶是非常高端大气上档次的呢。外包装由纯净的白色和高档的银灰色搭配而成，再加一条双面的质感非常好的香槟色丝带绑成蝴蝶结，送朋友、送客户、送家人都非常合适。我们打开外盒看一下，这里面呢，是非常时尚的莫兰迪红色的包装袋；拆开包装袋是一个三角茶包，茶包上有我们的品牌logo。我们所有包装都采用食品级材料，安全卫生，亲们可以放心食用。

➤ （产品介绍完，加以福利诱惑）好了我们让茶先泡一下，点击关注主播，有机会领取现金红包。我们直播间每10分钟发放20个现金红包，现在开始发放第一轮红包，金额有大有小，亲们注意领哦，手慢了可就没有了哦。

➤ 也有很多宝宝问，同类茶饮那么多，为什么要选择我们？那么，

第7章 如何策划粉丝喜欢的直播内容

我们再来对比一下，给大家一个选择我们的理由。买不买没关系，主要是大家得会区分，才不容易被骗。（拿出一台称）大家可以看到我们一包花茶是10 g，料非常足的，而其他家店产品只有4~6 g。我们家的用料足足多了一倍。（两包茶饮分别冲水）大家可以看到我们家的花茶泡出来是金黄色的，颜色非常好看、自然，看着很有食欲，我们的茶包泡满水后整个是饱满的、沉甸甸的，而其他家的材料，显而易见只有我们的一半不到。（分别喝）我们家的茶是醇香而自然的口感，而这家的我们来试一下，哇，好甜，我怕胖不喝了。

> （再次重申福利）说到价格了，直播间都是我们家的忠实粉丝，也知道我们不乱喊价，何况你们还是第一批享受我们家花茶的宝宝呢，必须得给个成本价。我们家这款花茶上新价格在50元左右，今天相当于也是半卖半送给家人们尝尝，喝得好再好给我们推荐。准备好了，我马上上架，29.8元10包包邮，平均1包不足3元钱。还希望大家多帮我们做做推广，我在这里先谢谢宝宝们了。现在通过我们的直播间看直播的亲们，还可以点击左下角进入宝贝详情，找客服小姐姐要一个5元的优惠券，限量100张，送完即止！

主播为了在直播中方便地应用产品脚本，可将产品的信息、价格等信息做成表格形式，如表7-2所示。

表7-2 产品脚本信息表

产品序号	产品图片	产品图片	日常售价	直播间专享价	利益点	专享价获取方式
1	1拖2投光灯	（图片）	348元	338元	送价值49元的单头感应壁灯一支	直播间发放专属优惠券，点关注领取（注：优惠券只适用该款灯）
2	庭院吊灯	（图片）	108元	104元	送价值40元的七色灯地插灯一支	直播间发放专属优惠券，点关注领取（注：优惠券只适用该款灯）

7.4.3 策划单场直播脚本

找准一个产品的卖点和利益点,加上主播的互动引导,即可快速生成一个产品的直播脚本。而生成一场直播脚本,则需要结合产品、粉丝、营销策略、时间维度等多方多面因素。每一场直播都应该有其相应的主题、目标粉丝以及预算等内容,如图7-49所示。

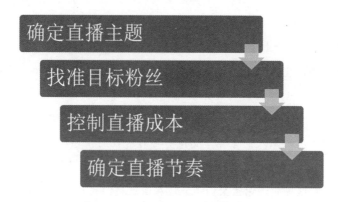

图 7-49 单场直播脚本的主要内容

1. 确定直播主题

从一场直播的需求出发,去策划直播主题,如产品上新、清仓处理等。如果主播每日都直播,也应该策划相应的主题,如从粉丝的喜好或实时热门事件入手。例如,在2020年年初,微博流行穿搭淡黄色的裙子,主播可以策划一场"盘点人气淡黄色裙子"的主题直播,吸引粉丝眼球。

部分主播为了让直播形成规律,在特定日子策划固定主题的内容,如周一和周五是上新日、周二和周四是大促日、周三为茶话会。

2. 找准目标粉丝

不同的粉丝兴趣爱好不同,其在线时间也不同,所以,主播在策划一场直播时,需要根据直播主题和目标粉丝来策划直播的时间和内容。例如,一名宝妈的直播间,其主要粉丝是同年龄段的宝妈们,那么直播的时间就应该避开早上。因为很多宝妈早上起床需要整理家务，给宝宝准备辅食，处于忙碌状态，看直播的可能性很小。在内容方面，多交流育儿经验，吸引宝妈们的关注。

3. 控制直播成本

很多主播不免发问，直播间需要控制成本吗？答案是肯定的。而且，这里的成本控制主要体现在发放优惠券、抽奖礼品以及产品折扣等方面。部分主播为了增大直播间的吸引力度，特意推出多重优惠或大幅降价的活动，虽然人气确实有所增加，但计算下来属于持平或亏损状况就得不偿失了。故主播在策划一场直播时，需要从实际出发，充分考虑直播成本。

4. 确定直播节奏

直播节奏主要指策划直播时长及时段里的大致内容。例如，一场直播的时长为6小时，在这6小时中需要做完哪些事，以及哪个时段里完成哪些事等。这些内容，都要体现在直播脚本中，避免出现临时找话题，为了直播而直播的情况，那样效果肯定不好。

另外，主播还需要提前安排好直播中需要做好的操作，如上新、抽奖、发放优惠券等。无论主播是一个人还是一个团队，都要提前做好分工及工作规划，确保各项工作顺利开展。

7.4.4 从营销策略维度策划脚本

在一场直播中，为了吸引更多粉丝关注、转化，势必需要加入特定的营销活动，如赠送优惠券、发放红包等。主播在策划活动时，既要考虑到吸引力，又要考虑到成本。故主播在策划直播脚本时，需要从营销策略维度出发，去策划活动。

这里主要从策划活动的5W2H法则出发，讲解营销策略脚本。所谓的5W2H法则，其主要内容如图7-50所示。

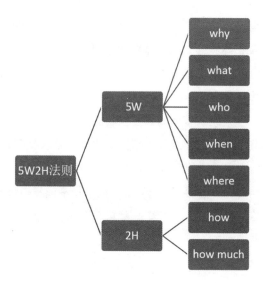

图 7-50 5W2H 法则的主要内容

➤ why：可以理解为"为什么做?"代指主播在策划活动前，需反问自己为什么要策划这场活动？例如，是为了产品上新？还是为了吸引粉丝关注？或者是反馈给粉丝的福利等等。只有在充分了解为什么策划活动后，才能有明确的下一步行动。

➤ what：可以理解为"要做什么事？"例如，一个新手主播在开播初期，想吸引粉丝关注，要推出关注福利。这是活动策划的总体框架及活动的主体内容。

➤ who：可以理解为"谁去做？"包括谁负责去做、谁和谁配合等。例如，在一场直播中，由主播自己或店铺运营策划出活动后，由主播和小助理去完成。很多主播都会雇佣小助理协助直播，在主播进行讲解的时候，小助理可以帮忙处理一些琐事，如上架产品、发放优惠券、引导大家点关注等。凡是与此次活动相关的人员，都要明确相关责任。

➤ when：可以理解为"什么时间？"包括直播开始的时间、结束的时间以及讲解一个产品的时间、互动的时间等。合理安排好时间，有利于直播计划的规划与开展。

➢ where：可以理解为"什么地点？"包括在哪里直播、直播环境等。例如，某场直播以售卖鸡蛋为主，可以将鸡的养殖地环境作为直播背景，让粉丝看到鸡的生活环境中有蓝天、白云、青草地，十分贴近大自然。

➢ how：可以理解为"如何做？"用什么方法达到目的？例如，有的主播凭借高超的才艺吸引粉丝关注，那么在策划营销活动时，可以加入才艺；有的主播则可以压低产品价格，这可以在营销活动中体现价格优势。

➢ how much：可以理解为"花费多少钱？"包括一场活动所需的人力、财力、物力等。在预估花费时，可以计算一下要达到多少回报，才不至于亏损。计算好这些，更有利于活动按质按量地如期举行。

7.4.5 从时间维度策划脚本

一场完整的直播就像一场综艺节目，而大多数的综艺节目都有固定时长和固定项目。直播脚本也是如此，需要提前规划好直播时长，以及各个时段该做的项目。以一个客单价在100元以内的女装店铺为例，策划一场时长为6小时（18:00—24:00）的直播脚本。在正式开播之前，主播需做好以下准备工作。

➢ 如果是店铺商家自己直播，应在17:00—17:30熟悉产品、体验产品，以确保在直播过程中顺利讲解产品的特征、功能。如果是达人主播，则需要花费更多时间去熟悉产品。例如很多知名主播，都由商家提前提供产品，在主播体验一段时间后，再去直播。

➢ 在17:50左右，发布今日直播预告，为直播间造势。

➢ 在18:00之前，主播还需要确定直播硬件、软件设备功能正常，如摄像头、话筒、网络、充电宝等。部分主播比较随意，遇到停电、断网等情况，直接下播。作为粉丝来说，她不知道主播这边遇到什么情况，或者说不理解主播遇到的突发情况，只知道主播随意下播，必然留下不好的印象。所以,主播在开始直播前,必须做好硬件、软件检查工作,确保直播顺利开展。

在开播的前10分钟(18:00—18:10)里,需做好直播暖场工作。

➢ 将直播间信息发到各个社交平台,如微信群、朋友圈、新浪微博等;

➢ 主播口述提醒关注、点赞;

➢ 提醒粉丝10分钟后开始抽奖;

➢ 介绍今天的活动或福利;

➢ 积极与粉丝互动,寻找话题,营造热闹的氛围;

➢ 介绍今年的流行色和流行趋势,如何配色,如何穿搭,或进行才艺表演。

在接下来的10分钟(18:10—18:20)里,开启第一波抽奖活动,让在线粉丝活跃起来。这里以一种常见的直播间抽奖为例进行讲解。

➢ 第一步:提醒粉丝,想获得抽奖名额,需先关注主播;

➢ 第二步:提醒粉丝按照主播说的口号进行输入打字,如口号为"挚爱粉送礼""整点抽奖""某某主播最美"……

➢ 第三步:告诉粉丝们这波抽奖名额数量(一般为3~5个)、抽奖礼品以及礼品的价值等,吸引更多粉丝参与进来;

➢ 第四步:给粉丝们1分钟的时间输入口号并进行倒计时;

➢ 第五步:倒计时5秒开始截屏抽奖;

➢ 第六步:截屏并宣布中奖名额,提醒中奖用户领奖途径,并安抚其他未中奖用户后期还有很多福利。

在18:20—18:25的时段里,趁着抽奖的热闹氛围,开始引出今天的第一款产品。为表达自己的诚意,第一款产品可以福利的形式出现,如秒杀、抢购、半价、买赠等。先用1分钟左右,对粉丝们的关注和认可表示感谢,特意选出福利产品,并描述该款产品的细节(如产品材质、卖点、使用场景等);再用1分钟左右,强调这款产品的优惠信息,如半价、买一赠一等。

例如，某款原价为199元的连衣裙，为回馈粉丝的支持，今日直播间券后直接99元带走。先介绍该款连衣裙的卖点，再分别阐述如何获得这100元优惠券。主播可通过大紫达人发放关注即可领取的10元无门槛优惠券1张，粉丝想获得必须关注主播；另外，在主播讲解该款产品时，发出100张价值50元的优惠券，需要粉丝们认真看直播，并快速领取优惠券；再提醒粉丝们在收货并给予真实评价后，联系客服可获得40元的支付宝红包。将以上优惠券和红包相加，送出总价值100元的优惠券。通过这种方式，让粉丝在主动关注主播的同时，也增加了产品的评论，有利于产品今后的销售。

以此类推，在接下来的时段里，又可继续介绍同类型的其他产品。图7-51为18:00—19:00时段的具体事项安排。

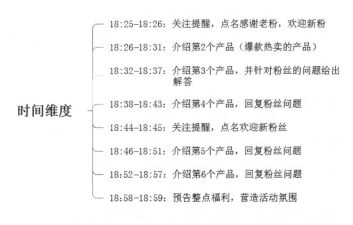

图 7-51 时段的具体事项安排

值得注意的是，为了让直播间充满新鲜感，主播需要在连续介绍几个产品后，再加入抽奖、游戏等互动活动。例如，该直播间就采取整点抽奖的方式，让粉丝们养成习惯，在整点时全都活跃起来，营造出热闹的氛围。在19:00—19:10的时段里，主播推出1个抽奖活动、1个游戏，并主动展示自己的才艺或与粉丝聊天，拉拢与粉丝的关系。在19:20—20:00的时段里，介绍其他产品、回复粉丝问题，直至整点，再次发出抽奖、游戏等互动活动。

为了让粉丝养成观看习惯，最好把直播时间固定下来。直播前期直播间人数可能较少，更要注重互动；到了后期人数有所增长时，要主动口播提醒粉丝点关注。介绍单个产品的时间不宜过长，尽量控制在5分钟内。

7.4.6 直播脚本落地实操演练

主播应该综合产品维度、营销维度、时间维度，提前策划好直播脚本，给粉丝带来更好的内容体验，从而获得更多粉丝的喜欢和关注。以一个才艺主播带货银饰品为例，将直播脚本落地实操演练。

护肤品作为直播中常见的产品，应该如何写直播脚本呢？这里以某护肤品类目为例，撰写一个1小时的直播脚本。主播在撰写直播脚本前，应如图7-52所示，确定直播的人员、时间、场景、主题、产品、道具等内容。

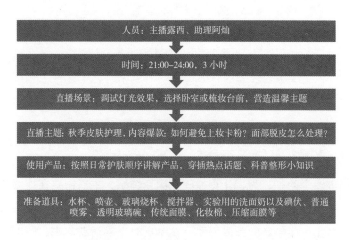

图7-52 确定直播人员、时间等内容

第7章 如何策划粉丝喜欢的直播内容

主播在开播前,应先整理好货品,做好推流工作并调试灯光、镜头,保证一会儿能以接近完美的形象面对粉丝。为吸引用户进入直播间,可以先策划好营销方案,如开播抽奖、关注有奖等。

(1) 21:00—21:15

用10—15分钟的时间去和粉丝们打招呼,聊粉丝感兴趣的话题,并剧透今日主题及利益点。为进一步吸引粉丝参与今日互动,可面对镜头展示今日礼品。具体话术如下。

"早上好各位宝宝们,又和大家见面了,都吃早餐了吗?现在一早一晚还蛮冷的,我们这里现在大概××度,各位宝宝注意秋季保暖哦。今天我们直播间有好多福利优惠哦。"

"今天早晨起床在穿衣服的时候啪啪起静电,感觉头发都贴头皮了,好崩溃。还好我有××,哈哈!今天这个产品我也拿到我们直播间了,真的不错,最适合秋冬季节了。而且给大家也申请到了很大的优惠,待会儿给大家上。"

"其实这个季节真的是蛮尴尬的。昨天和姐妹去××餐厅吃饭,环境很好,灯光也很浪漫,让人很放松,但是我一凑近看我朋友的脸,我的妈,都脱皮了,一块一块的。这个换季的时候,天气真是很干。南方可能还好点,北方的话真是太干了。幸好我有一系列的护肤妙招分享给你们,保证你不脱皮不掉皮。对了,20分钟后有开播福利,不要走开哦。先说下我们今天直播间有些什么惊喜(讲利益点引导关注),看回放的宝宝也别忘了关注哟。"

(2) 21:15—21:20

在这5分钟里,主要由主播引导关注、分享直播间、放口号,让直播间热闹起来。在这时,大家对今日产品还不够了解,故先推出现金红包,吸引用户参与,具体话术如下。

"好啦,咱们老粉丝基本都到啦,每天都能见到你们真开心。新进直播间的宝宝呢,也别忘了点下关注。我们马上就要抽奖了,抽现金红包哟,没关注的宝宝中奖不算哈。各位宝宝别忘了分享我们的直播间给你们的亲朋好友,让她们一起来享受福利。"

"给大家2分钟时间准备,2分钟后开始抽奖。先预告一下一会的口号是××××。宝宝们可以先刷起来,刷的频率越高,越可能中奖哟。(讲解中奖屏幕截图领取规则,并给粉丝们互动的时间。)恭喜××、×××和×××中奖了,你们稍后联系客服,提供会员名截图即可领取现金福利啦。没有中奖的宝宝也没关系,待会儿我还会抽奖品给大家哈。"

(3)21:20—21:30

用10分钟的时间,用肌肤故事引出今天的第一个产品,具体话术如下。

"宝宝们,你们会不会经常去做皮肤护理,比如韩国小气泡之类的,一次大概100来块钱。其实呢,那些东西对皮肤是有伤害的。之前,我自己也买了一台这样的仪器,确实把脏东西都吸出来了。但是我发现用了一段时间后,我的鼻子不仅黑头没有减少,而且都是坑,变成了草莓鼻。我就很疑惑,明明都是按照说明书操作来的,也有配合皮肤收缩水敷,每次吸完都感觉毛孔是空的,很有感觉,为什么还会发展成草莓鼻啊?"

"后来也是在××的指点下明白了,这些方法都是治标不治本。我们的黑头是因为清洁不彻底,皮肤分泌的油脂啊!因为平时卸妆不干净,化妆品残留就会堵塞毛孔,久而久之就形成了黑头。像我之前那样,没有进行正确的清洁护理,就会导致皮肤越来越差,越来越油,反反复复恶性循环。"

"正确的一个护肤流程应该是先清洁。在选择护肤品时,也要先选择质地比较清爽的,再涂质地油腻的,让皮肤有个循序渐进的过程去吸收。而且仅仅靠护肤品是不够的,还有一个重要细节需要注意。你们知道是什么吗?是防晒!"

第7章 如何策划粉丝喜欢的直播内容

（4）21:30—21:45

把护肤带入场景，如旅游、户外等，加上营销方案，促进用户下单，具体话术如下。

"很多宝宝都喜欢旅游，或者是工作原因需到户外去，如果你的皮肤没有对紫外线进行隔离防晒，长期下来皮肤就会长斑、没有光泽。更有部分人对紫外线过敏，出现皮肤泛红发痒、皮肤变黑等问题。"

"我们平时也用过一些防晒的产品，像防晒霜、防晒乳、防晒喷雾，但不知道你们有没有和我出现同样的尴尬？有的防晒霜或喷雾喷到身上，一旦涂抹不均匀就会出现结块、结团的现象，导致皮肤白一块黑一块，不仅难看而且黏腻。夏天脸上本来就容易出汗，化妆再油腻一点儿，整张脸就像一面反光镜。"

"来，这款喷雾是一个韩国产品，是一个微氧泡泡科技，一喷一抹就行，涂抹特别均匀，清爽不油腻；而且买了这个喷雾连素颜霜的钱都省了，它可以直接涂抹在皮肤上，不卡粉也不需要打美白针。喷雾里含有红石榴（抗氧化）、紫玉兰（生长在海拔300~1600米高的山上，有药用价值，可以入药起消炎作用）、积雪草（入药清热解毒消肿），全脸全身都可以用。"

"而且这个喷雾不需要额外卸妆，用洗面奶一洗就可以。简直就像穿隐形丝袜，一抹就白，越用越白，敏感肌也可以用。就在我们家1号链接，整容医院卖400多元一瓶，其他电商渠道178元一瓶，我们直播间专享价128元，而且，现在拍下1瓶直接发两瓶。100ml的包装，可以随身携带，也可以上飞机、高铁。"

（5）21:45—22:00

在讲解护肤类知识的同时引出第二款产品，具体话术如下。

"咱们直播间有做过水光针的宝宝吗？打完水光针会不会因为一脸的针孔出现过敏现象？医生是不是会针对过敏给你们推荐一些价格比较贵

的面膜？而且是打完水光针马上就敷？那是因为医用面膜是带有治疗功效的，属于械字号。产品必须有一定的治疗作用而且安全才可以申请械字号，国家食药监局如果有该产品的备案且认为该产品合格才可以审批械字号。所以这类产品价格比较贵，很多宝宝直呼用不起。"

"我们平时用的化妆品都是妆字号，叫化妆品，就连大牌的兰蔻、雅诗兰黛也都是妆字号。那么在妆字号的产品里，是否有性价比较高的面膜可以解决打水光针的问题呢？普通的面膜都是用无纺布（无纺布是最廉价的面膜材质），而我们有款面膜是用天然蚕丝制成，轻薄服帖（用小牙刷去刷面膜拉出明显的蚕丝），而且满满的精华液，孕妇、男女老少都可以用，不添加荧光剂，适合用于术后修复、水光针修复、过敏修复、红血丝修复、晒后修复等问题。上次我去泰国玩，晒得脸通红火辣辣的，回酒店后马上敷了两片，马上就不红、不肿了，真的是一次就见效。而且现在这款产品有太平洋保险理赔、315体系认证……可以放心购买。原价299元一盒，现价只要199元一盒，有皮肤需要的宝宝们可以入手了！"

主播可根据自己产品类目，参考以上流程策划直播脚本。特别是新手主播，最好将产品的主要内容按照上述话术的详细程度写明，避免在直播过程中被粉丝把话题带偏。

 新手问答

1. 遇到黑粉怎么办？

黑粉，指恶意挑拨主播和粉丝关系的人，黑粉擅长鸡蛋里挑骨头。很多主播在人气高了后，难免遇到黑粉。在面对黑粉时，如果处理得当，可为主播加分；但如果处理不好，会为自己带来很多负面影响。所以，主播必须掌握巧斗黑粉的方法。

在直播间里，如果是偶尔有一两个黑粉，可由场控对其进行警告或禁言处理。但是在黑粉较多的情况下，主播也可以采取正面面对的形式来活跃直播间气氛和提高人气。首先可以问问黑粉为什么要黑自己,找到源头。

如果很多粉丝都一致认为主播的声音太假,主播可以反思自己是天生的这种声音,还是为了节目效果而故意改变成这样的声音。如果是天生的,即可光明正大地反驳黑粉,这是天生的声音,没办法改变。粉丝们真的不喜欢可以不听,但请求别恶语相向;如果是节目效果,主播可尝试用自己真实的声音直播。

例如,某娱乐类主播在进行歌唱表演时,在很多赞美声中依然有"破音了唱不上去"等负面语言。该主播在演唱歌曲后通过这样一番话正面应对了粉丝:"我们直播间的粉丝都是专业评委,老是说我破音、唱偏,你们试试看坐在左边听呢,正好我唱得也比较左。"通过自我调侃和抬高黑主播的粉丝,将直播间的尴尬气氛完美地化解了。

在主播被黑时,粉丝或多或少会受到牵连。在这个关键点,主播需要做的不仅仅是将自己的心态调整好,更多地要给予粉丝适当的安慰和关心,让他们知道,主播和他们是一起的,他们有主播这个后盾。总之,被黑是塞翁失马,可能让主播一败涂地,也可能实现黑转粉,让空间气氛回到正常活跃状态,让自己增加更多的粉丝。

2. 新手主播如何用话题引出第一款产品?

俗话说"万事开头难",很多主播在面对种类繁多的产品时感到无从下手,也不知道应该如何写第一款产品的脚本。为了起到更好的开场效果,一般要求主播在开播时赠送福利,再顺势引出产品。这里以售卖饰品的主播为例,讲解如何用话题引出第一款产品。

主播先将准备工作就绪,包括发直播预告、检查直播设备等,到了18:00整,开启直播。

先和粉丝打招呼,开启暖场工作:"Hello小可爱们,我们又见面了,欢迎大家来到某某的直播间。新来的宝宝们点点关注,有惊喜哟。老粉们肯定也有福利了，一大波福利正在赶来的路上。"

表现才艺，留住新粉："昨天看到很多粉丝留言说想听雨欣唱最近很火的《少年》，经过一上午的练习，现在就把它送给大家，希望大家永远保持一颗积极乐观的少年心！"（才艺表演中）

表演完才艺，顺势进行一波抽奖："谢谢大家的支持和认可，下面给大家送第一波福利，截屏抽奖。没有关注主播的快点点上方的关注，马上开始抽奖。"（抽奖并公布中奖名额）

循序渐进，开始推出第一款产品："恭喜中奖的小可爱，稍后联系客服领奖，没中奖的也不要气馁，都知道我很大方的，5分钟后还有一个截图领现金红包的福利，快快分享直播间给你的亲朋好友一起来领红包啦！说到亲朋好友，大家都知道，我很少在直播间带货的，因为自己没用过的产品也不敢贸然推荐给你们。但是，前几天有个玩得很好的姐妹，因为要赶在女神节之前把产品上架到网店里，又遇到她们店里的模特请假，她就发出邀请叫我帮忙拍几组效果图。说实在的，我确实不想参与那些事，所以婉拒了。但在拒绝后就有点后悔了，因为我那个朋友算是我的发小，我知道她创业也不容易，所以还是答应帮忙拍两组。

"但是你们也知道，我唱歌还行，但要去拍图片，简直就是动作生硬+表情尴尬。直到拍到这款银四叶草项链时，因为项链的光泽度非常好，简直把我的肤色提亮了至少2个度，显得脖子白皙秀丽，中间那颗立方氧化钻石更是光彩夺目，特别好看。不是我自恋，你们看是不是很有气质？可能真的是四叶草能带来好运吧，我们拍的那组四叶草效果图也很好看，我也渐渐地进入状态，连续拍了好几组优质效果图。"

在讲产品的间隙，先来一波抽奖，提高粉丝们的积极性："接下来我们先抽一波截图领现金红包啦！你们准备好了吗？点击关注主播，并且在评论区发'我是自信心的女生'，被截到图的亲们联系我们的客服领红包啦！

第7章 如何策划粉丝喜欢的直播内容

"哈哈,既然有人问到这款项链,那我接着说。大家平时肯定也有买过银饰品,但是有的银饰品买回家没多久光泽度就开始发生变化了,上身效果也不好。我这个朋友之前是做实体饰品的,后面做线上,有专门的工厂,对工艺和材质都有严格要求。大家可以看到,这款项链的做工非常细腻精致,表面光滑不易刮伤,中间锆石采用炫美莹彩切割的非凡切割工艺,石头采用了四爪镶嵌工艺牢固紧密且不易脱落,纯正品银不易过敏,佩戴起来也是非常舒适。

"这款项链除产品本身质量好、样式美外,包装也很大气。外盒采用纯色高级灰,显得大气;为保护好项链,特意加了一层好海绵,摸着很有质感;为更好地展现项链样式,采用了接近肤色的模型,项链放上去后加上双层保护膜,让项链在走过千山万水达到客户手中时,还保持完美状态。

"为什么今天要在这里说这款项链呢?我本来是想买几个用来直播间抽奖送给宝宝们的,但我朋友也建议我说好东西应该和大家分享,可以连卖带送,也帮她带一下货。我想了想也对,这款项链无论是质量还是款式,都有绝对的优势,为什么不推荐给直播间里的你们呢。当然了,我也不是非要你们买,是单纯地认为它值得买,有喜欢的宝宝,别着急下单,我一会儿挂一个优惠券给大家,争取用最低的价格买到它嘛。而且,四叶草寓意着幸运、幸福,买来自带或者送人都不错。

"接下来说说价格吧,我朋友在网店标的售价是158元,看在我和她将近20年友谊的分上,她答应给到138元,我为了回馈大家对我的支持,自掏腰包再给大家送一个10元优惠券,相当于128元可带走。但是呢,我的能力也有限,所以这个10元优惠券,只能设置100份,一会儿我挂上去开始倒数,大家就可以抢了。另外,购买这款四叶草项链的宝宝会有一张国家检测机构证书和一张保养擦银布。喜欢的做好准备,我马上去挂优惠券,希望幸福和幸运常伴你们左右。"

虽说要挂100份优惠券，但为了营造出抢购氛围，主播可根据直播间粉丝的互动情况进行设置。例如，人气高涨，粉丝纷纷刷屏说想要，那可挂100份优惠券；如果粉丝少，也只有少数人表示想要，可只挂20~50份优惠券，让部分粉丝为没抢到感到遗憾。

在卖完第一款产品后，可引导粉丝们点点关注，继续表演才艺或讲解2号产品。以此类推，在表演才艺的同时，也推出产品，推出福利，好让粉丝有很好的观看体验。

第8章

日销千单的直播带货技巧

本章导读

随着直播行业的发展,直播带货逐渐走进了用户视野。主播通过使用直播技术近距离展示产品、在线答复用户问题而促成交易,实现直播变现。新手主播们应该抓住这波红利,学习更多的直播带货技巧,为自己争取更多收入。

8.1 如何选择能爆起来的产品

看过李佳琦、薇娅等人气主播的人都知道,这些主播在直播间售卖的产品品类丰富,涵盖了美妆、零食、服装等。如果主播一开始就根据自身定位选好了产品固然好,但也有部分主播是逐渐开始接触带货,没有选品经验。这里就根据不同主播给出多种选品经验,供主播学习。

8.1.1 直播带货的要素

传统的零售模式,也称为货架式销售,是一种人找货的模式。通过商场货架将产品展示出来,当消费者对某件产品有需求时,主动来到商场或档口找产品。在传统零售模式下的商家,需要选址、装修、面对面销售,把产品销售出去。

图 8-1 直播要素

电商的兴起,或多或少对传统零售模式的商家造成了影响。特别是服装类、食品类,很多消费者都习惯通过淘宝、京东、拼多多以及抖音、快手等平台购买产品,减少了线下实体店的购买频率。

直播作为一个新零售模式,其要素如图8-1所示,包括人、货、场。

1. 人

直播把传统零售模式下的购物行为:从人找货,变成了货找人。在直播过程中,主播通过与粉丝的互动交流,取得粉丝的信任,实现以人为中心,打造个人IP。例如,知名直播达人李佳琦之所以能带货,就是先在粉丝心中树立了一个美妆带货达人的形象,所选的产品大多围绕着他的专业领域(美妆),直播间也围绕着美妆行业去装修、陈列,让大家一看他的直播,就知道可以买美妆产品。

去品牌化、去平台化的特征，在直播带货中越发突出。消费者在购买产品时，可能更看中卖货的这个人，而非货物品牌。这不仅让非大牌产品可以找到推广的主播，也让更多素人主播实现了带货变现的可能。

2. 货

消费者之所以愿意通过直播买货，除了认可主播为人，还有一个明显的特点：产品优势。特别是很多主播，通过塑造厂商、农民等形象，强调工厂价和原生态，缩短了产品流通环节，节约成本，让很多初次进入直播间的消费者，也纷纷下单购买产品。

主播想通过产品优势获得更多粉丝的支持，则必须把控好产品的质量，做好售后服务，提高产品复购率。

3. 场

零售形式的变化是为了满足消费者更新、更便捷的购物需求。直播作为新零售形式，结合线上线下零售的优势，被越来越多的消费者所接受。通过主播营造的购物场景，更多产品都通过直播走进消费者的生活。

关于直播的"人"和"场"，在前面的内容中已进行详细讲解，这里不再赘述。这里主要讲讲主播如何选货，以带动更多销量的问题。

8.1.2 主播选品技巧

新手主播如果初次接触带货，应该如何根据自身实际情况去选品呢？如图8-2所示，这里列举5个选品要素。

1. 选择与账号属性相关的产品

如果主播生产出的账号是定位于垂直内容，那么系统会根据垂直内容贴上精准标签，

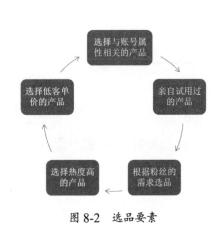

图8-2 选品要素

从而将直播间推荐给更多的精准粉丝。主播在选择产品时，也要选择与账号属性相关的产品，这样才能被分配更多精准流量。

例如，一名男性手游主播，平时所生产的内容以直播游戏晋级赛为主，在选择产品时应重点选择手机、耳机、座椅等产品。这些产品既与主播的游戏属性相关，也与直播内容相关，更与直播间的粉丝相关，也有利于产品的转化。

2. 亲自试用过的产品

大部分的粉丝与主播在兴趣爱好方面高度契合，如果主播选择亲自使用过的产品进行销售，更可能被粉丝接受。

主播在介绍产品时，如果是自己使用过的产品，更能利落地说出该产品的优缺点，也更有说服力。例如，主播在推荐多次使用过的一款口红时，更能说出该口红适合什么肤质的人，适合哪些场合，等等。

3. 根据粉丝的需求选品

通常情况下，粉丝在主播能满足他特定需求时，才会产生关注行为。例如，某用户身材娇小，很难选到称心如意的服饰，但发现某主播身高和自己类似，穿搭很符合自己的审美，就很有可能关注主播。所以主播在选品时，最好能通过后台数据了解粉丝的属性和需求，选择符合他们需求的产品。

【知识加油站】

如果直播平台后台的粉丝数据信息较少，可以在直播眼、飞瓜、快手等第三方平台了解直播间的粉丝信息。

4. 选择热度高的产品

热点信息总能在瞬间吸引众多关注量，主播在选品时如果能抓住热点信息，选择热度高的产品，更能吸引粉丝的关注和转化。例如，在2020年地摊经济大火的时候，随处可见网红泡泡机的踪影。主播如果当时在直播间也售卖网红泡泡机，想必能获得不错的曝光和转化。

另外，在节假日选择符合节日氛围的产品，也能引起粉丝的兴趣。例如，在端午节前售卖粽子，中秋节前售卖月饼等。

5. 选择低客单价的产品

相比高客单价的产品（如电视、洗衣机等家电产品），低客单价的产品（如卫生纸、洗衣液等日用品）的市场往往更大。因为产品的客单价越高，越需要深思熟虑，粉丝在直播间看一个产品的时间可能只有几分钟，无法在这短暂的时间内做好决定。但低客单价的产品，又是日常用品，不管家里有没有，只要产品好，性价比高，可以多买。所以，主播在选品时，尽量选择低客单价的产品。

另外，低客单价的产品一般复购率也较高。直播间的粉丝群体相对稳定，如果粉丝买过一次产品，认为性价比高，在二次回购的同时还有可能在直播间夸赞其产品，引发其他粉丝转化。

综上所述，主播在选品时需多方面考虑，从而找到更可能热销的产品。即使粉丝对热销产品没有购买需求，也会因为产品热门而加入讨论，从而提高直播间的互动率。

8.1.3 标签化选品

电商商家在选品时，可以借助数据软件（如生意参谋）来选择有爆款潜质的产品，使产品更受欢迎，从而获得不错的销量。在直播中，仍然可以借助数据软件来挑选更容易卖爆的产品，如直播眼。

直播眼是淘宝直播大数据分析平台，旨在为商家和主播提供精准、可靠的直播数据分析服务。主播通过直播眼的数据分析，可快速找到高性价比及热销产品，做好选品工作。下面以查看2020年7月9日的直播眼数据为例，分析热门产品。

01 登录直播眼网页，点击"流量突围"下的"频道流量分析"，即可看到如图8-3所示的各频道观看人数图。

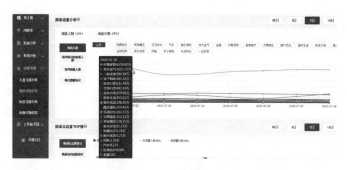

图 8-3　各频道观看人数图

02 下拉该页面，可看到频道总流量 Top 榜，如图 8-4 所示。从图中可看出，在 7 日内，总观看次数最高，达到 98 886.57 万次。

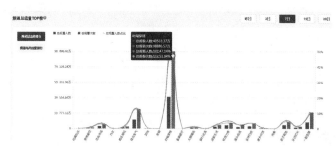

图 8-4　频道总流量 Top 榜

03 下拉该页面，可看到各量级主播频道分析数据，如图 8-5 所示。从图中可看出，在 7 日内，时髦穿搭类的潜力主播人数最高，达到 1.60 万人。

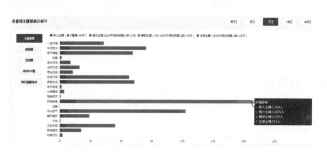

图 8-5　各量级主播频道分析数据

通过查看以上数据，可大致看出穿搭类的流量不错，但对应的主播人数也较多，那么主播如何选择产品呢？主播可套用以下公式：产品标签人均流量=流量趋势÷主播人数。例如，某箱包类的流量为48 480 214，频道主播数为1 170人，则该类目的标签人均流量=48 480 214÷1 170=41 436.08。

主播可将多个数据放入Excel表格中，便于分析和理解，表8-1为某主播分析的标签数据表。

表8-1　某主播分析的标签数据表

频道类目标签	频道主播数	流量趋势	类目标签人均流量
包包天地	1 170	48 480 214	41 436.08
潮人穿搭	5 186	92 681 407	17 871.46
大码穿搭	786	9 455 335	12 029.69
裙装专区	250	2 868 274	11 473.10
小个穿搭	538	6 086 809	11 313.77
男鞋女鞋	1 563	14 149 787	9 052.97
港风潮牌	420	3 504 967	8 345.16
设计师款	454	3 163 664	6 968.42
百搭裤装	214	1 380 939	6 452.99

由此可见，包包天地、潮人穿搭、大码穿搭、裙装专区等标签人均流量较大，可重点考虑。例如，某秀场主播在考虑带货时，首选女包，其次可选女装，也可以选70%的包包及30%的潮人穿搭。

8.1.4　直播产品价位定价

了解一定运营知识的主播都应该知道，无论什么类型的店铺，其店内产品都分为多个款式，如吸引客户的低价款，带来高额利润的利润款等。直播运营和店铺运营也是同样的道理，主播在选品时，需考虑到不同目的，选择多个款式的产品。如图8-6所示为直播间产品，包括引流款、爆款以及利润款等。

1. 引流款

引流款，指为直播间吸引流量，引进更多用户的产品。这类产品有着成本低、被接受的可能性大等优点。很多用户进入直播间，往往都是被引流款的显著特征或性价比所吸引。

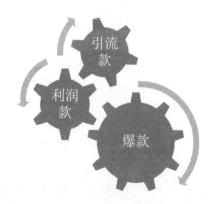

图 8-6　直播间产品款式

如图 8-7 所示，某主播通过发布抖音短视频介绍某款辣椒酱，让很多用户在看到短视频时就对辣椒酱产生了兴趣。当用户进入直播间后可直接打开该款产品的详情页，如图 8-8 所示，该款辣椒酱的销量达 2 万多单。

图 8-7　短视频引流款产品截图

图 8-8　引流款产品详情页

也有的主播直接用低价引流，如人均客单价为100元左右的床上三件套，可以定价为39.9元、59.9元的低价来吸引用户。

2. 爆款

爆款和引流款类似，但爆款的生命周期更宽，且定价也会随时发生变化。通常，爆款前期讲求性价比，价格低、利润低，等销量起来后会逐步提高价格，增加利润。图8-9所示为某食品直播间的一款休闲零食，价格在18.5~43.8元之间，销量已达10万，属于直播间的爆款产品。

图 8-9　爆款产品详情页

3. 利润款

利润款，指销量不高但利润占比大的产品，这类产品一般是价格不太透明的产品，定价也略高。利润款主要用于锁定特定粉丝，根据"二八原则"，一场直播80%的利润由20%的产品带来，故主播在选品时，可选择有设计感或与直播间其他产品有明显区别的产品来作为利润款。如图8-10所示，在人均客单价在50元以下的直播间，售卖单价在199元的小龙虾，虽然销量一般，但利润往往高于其他产品。

正常情况下，直播间的产品应同时具备引流款、爆款和利润款。例如，一

图 8-10　利润款产品价格

个售卖女装产品的直播间,产品平均客单价为100元左右,在定价时,各个产品的价格和占比如图8-11所示。

当然,也有直播间在发展起来后,主要以爆款和利润款为主,从而降低引流款的占比。主播可根据直播间

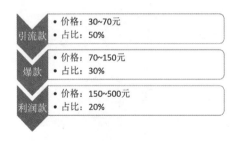

图8-11　各款产品的价格和占比

的实际情况,合理安排各个产品款式的占比。

8.2　直播带货就这么几招

主播在做好选品工作后,还需要掌握一些带货技巧,售卖直播间的产品实现变现。在带货前,主播需了解直播间产品售卖逻辑思维、产品营销四要素以及掌握讲解产品八部曲,并合理地将产品融入直播间场景。同时,主播想售卖更多产品,还需要掌握提高转化的营销技巧。

8.2.1　产品售卖逻辑思维

任何一种销售方法,都有规律可循。对于直播产品,也有一定的售卖逻辑思维。如图8-12所示,这里主要从卖家(产品)属性和用户思维出发,剖析产品售卖逻辑思维。

很多主播花费大量时间去分析数据、分析达人主播,也认真地挖掘了产品卖点,自信满满地上架产品后,却被现实

图8-12　产品属性和用户思维

频泼冷水。其根本原因在于，主播只顾着讲解产品功能而忽略了用户的需求。实际上，用户并不关心主播讲解的产品内容，他只关心自己为什么要买这个产品，这个产品能带给他怎样的利益及好处。

部分主播在介绍产品时，走出了"产品说明书式"的介绍，又陷入了"自嗨式"的介绍，用特别主观式的语言去描述产品功能，但效果也不佳。例如，某主播在介绍一个儿童保温杯时，频繁提到"某某明星种草""今年最为时尚的水杯之一""妈妈再也不用担心我没保温杯了"等。购买儿童水杯的一般是宝妈或宝爸，他们在选购保温杯时，相比是否被明星种草、是否时尚，更为关心保温杯的材质是否有利于健康、保温效果是否好。

主播应该从产品思维转化到用户思维，从用户的角度来思考，这个产品能带来什么利益和好处。主播从用户的角度出发，指出产品对用户的核心利益，并关联他们想要的结果。描述的结果越真实，用户就越相信产品，越可能下单。

例如，某主播在讲解一款伞时，考虑到伞的功能主要包括遮阳或遮雨。那么，站在用户的角度应该思考什么利益点及好处呢？主播的问题及话术如下。

> 问题：伞体积是否足够大？

> 话术：这款伞属于正常尺寸，可供2人同时使用，出门带上它，男女朋友可以只打一把伞，画面很温馨。

> 问题：伞的遮阳/遮雨效果是否好？

> 话术：这款伞采用某某材质，肯定不透光、不渗水。（展示生产厂家的生产材质证明）而且这款伞是某某品牌下的明星产品，质量没得说，买过的都说好。

> 问题：是否便携？

> 话术：再来说一下这个伞热销的原因，大家看一下（展示折叠收纳伞具并放入随身背包的过程），这个伞十分便携，只要像我这样稍微折

叠一下,轻松放进小背包。很多小可爱不喜欢带伞的主要原因就是嫌伞又重又占面积,根本不好带。你看,像我这样带多方便。无论是日常出门还是出门旅行,都可以带上它,为我们遮风挡雨。特别是爱美的小可爱,光擦防晒没有用呀,便携式伞装进背包,抵御夏日骄阳。"

所以主播应该在熟悉产品的卖点后,站在消费者的角度去思考最佳卖点,然后根据该卖点制造营销点,拉动成交。

1. 产品属性

产品属性,指产品本身所固有的性质。产品属性又包括显性属性和隐性属性,以一条裙子为例,其产品属性如图8-13所示。

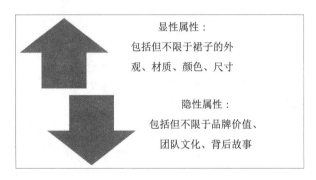

图8-13 *裙子的产品属性*

用户可以用眼睛直观地看到产品的显性属性,而且产品的显性属性容易重复,无法突出独特卖点。例如,主播售卖的一款裙子,可能在淘宝或京东平台马上就能找到多个同款,其中不乏价格比直播间还便宜的产品。那么,在这种情况下,用户为什么愿意购买自己的产品呢?

这就需要主播重点讲述产品的隐性属性了。例如,主播在讲解完裙子的显性属性后,可继续讲道:"购买过我们家衣服的小姐妹都知道,我们创业特别不容易。我从上大学开始就一直在学设计,学到我家二宝都两岁了,也没能挣到什么钱。家人几次劝我放弃,好好地找份工作。但是我不甘心啊,喜欢了那么久的设计,也付出了那么多心血,必须得做出东西来。好在去年遇到了合伙人某某,她毕业于某某大学,有着丰富的制衣经验。我俩简直就是一拍即合,我设计,她裁剪,一下子就找到感觉了。这款裙子就是我们合作的第一款,一直是我们家的畅销款,前段时间在抖音和小红书上都红了,好多小姐妹来私信我。今天是第五批成衣,成衣一出厂,我就先拿来直播间秒杀了,看我是不是很宠粉呀?"

2. 用户思维

用户思维,指以用户为中心,考虑用户的各种个性化、细分化需求。用户思维中的需求如图8-14所示,包括显性需求和隐性需求。

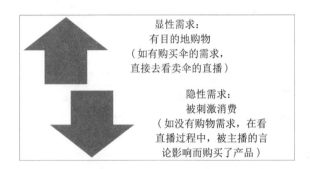

图 8-14 用户思维中的需求

针对有显性需求的用户,言简意赅地说明产品特点即可,但直播间更多用户都属于只有隐性需求的,需要主播刺激消费。主播可根据不同性别的用户,找到不同的刺激点。男女购物的性格特点差异明显,总结起来,男人的审美是一条线;女人的审美则是一个点。

(1)男性购物的性格特点。

男性购物往往比较迅速、果断,当他需要一把雨伞时,很可能直接进入正在售卖雨伞的直播间,如果遇到主播正在介绍的雨伞符合自己审美,很可能马上下单。主营男性产品的主播,在讲解产品时,重点说明产品的功能即可。

(2)女性购物的性格特点。

相比男性购物的迅速、果断,女性更为复杂。但在带货直播中,女性的购买力比男性强。所以也有如下说法：谁抓住女性的需求，谁就抓住了赚钱的机会。主播在营销时，必须重视女性用户并挖掘女性的消费心理。

➢ 追求时尚：常言道，"爱美之心，人皆有之"，尽管不同年龄段的女性有着不同的审美，但都对美好、时尚的东西没有抵抗力。她们喜欢购买能让自己看上去更时尚、更美好的产品。主播在讲解产品时，可以重点突出产品的潮流时尚。

➢ 追求美观：女性用户在购物时，非常注重产品的外观、包装的外观。因此，主播在讲解产品时，应重点展示产品的外观、包装的外观，重点说明产品及包装精美，自用送人都可以。

➢ 从众心理：女性用户在购物时，一般具有强烈的情感特征，容易受到明星、朋友的影响，喜欢购买和他人一样的东西。故主播在讲解产品时，可说明是某某推荐、销量过万或回头客等内容，让女性用户觉得自己和大众一致。

8.2.2 产品营销四要素

在营销领域，有4个关键词可谓经久不衰，分别是：卖点、痛点、爽点、痒点，如图8-15所示。这4个关键词，是一切营销的诱因，也是一切产品的根本策动点。如果一个产品的核心价值没有关联这四要素中的任意一个，很难变现。

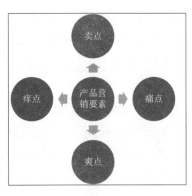

图8-15 产品营销四要素

1. 卖点

卖点，可理解为生产厂家为产品所赋予的优点，如为某个护肤品的定位包括"保湿、美白"等。实际上，很多主播也确实是按照厂家的说明书来讲解产品，如"我们家的产品好，保湿效果好、美白效果好"。但是用户在听到这些讲解时，她所关心的问题可能是：

> 这个产品安全吗？
> 我用这个产品会不会过敏？
> 这个产品是不是正规厂家生产的？

如果主播在讲解产品时，仅仅讲述产品本身的卖点，而不去讲用户所关心的安全问题、效果问题，很难吸引到用户的关注。因此，主播还需抓住产品的其他要素，如痛点、爽点、痒点等。

2. 痛点

痛点，可以理解为用户在日常生活当中所碰到的问题，如果不解决痛点，会对用户的精神和身体造成伤害。主播应找到产品目标用户的痛点并解决它，以此吸引用户转化。

例如，某主打去屑功能的洗发水，可以解决用户头屑多的问题。主播在介绍该洗发水时，可这样突出痛点。

> 对了，给你们聊聊我一男性朋友。他和他女朋友是大学同学，从校服到婚纱，终于修成正果了。我那朋友属于焦虑型的，前年去岳母家前生怕有闪失，特意请我们吃饭讨要见家长的经验。聊着聊着说自己头皮屑特严重，根本不敢穿深色衣服，怕到时候头皮屑掉在肩膀上影响不好。后来，我们就说让他试试海飞丝。没想到，海飞丝还真管用，他头屑慢慢的就少了。前不久我们才去了他们的婚礼，真好。

> 还有一个朋友，也是头屑严重，才毕业找工作的时候都不敢穿西装，生怕头屑落在衣服上给面试官留下不好的印象。但是好巧不巧，他又想做房产销售，必须穿西装。后来他就想了办法，先穿浅色外套，到了公司楼下再换成西装外套。但即使这样，还是能隐约看到头屑。有一次还遇到个不太尊重人的面试官，问他是否不太注意个人卫生。遇到这样的情况真是够尴尬了。

通过上述两段描述，抛出用户害怕头屑影响岳父和面试官印象的痛点，给出解决方案，也给了用户购买该洗发水的原始动力。所以，主播要善于发现目标用户的痛点，并解决痛点，这样才可能促成交易。

主播在确定产品货源后，可在淘宝、京东等平台找同类产品，并查看产品详情页中"问大家"板块的问题。图8-16为两款保温杯"问大家"板块的问题及答案。

图 8-16　两款保温杯"问大家"板块的问题及答案

从图中可看出，用户对于保温杯的质量、材质、保温效果、是否能刻字等问题感兴趣，那么主播在介绍同类产品时，应重点突出以上问题，得到用户的认可。

3. 爽点

痛点是营销产品的抓手之一，而另一个抓手，则是爽点。爽点是即时满足，如用户在炎炎夏日里，喝到一瓶冰镇饮料时，所产生的感觉。投射到直播营销中，如果产品或服务能满足用户的需求，就满足了用户的爽点。例如，某主播正在直播间讲解一款项链时，提到：

"……（讲解项链材质、品牌等信息）后天就是5月20号了，你的礼物准备好了吗？这款精美的小鹿项链美不美呀？再看这精美的包装，不管送恋人还是朋友，都很上档次。这会儿直播间下单，下午4点前顺丰包邮发出，部分城市明天可达。"

通过强调产品的外包装及物流速度，表明喜欢这款项链的用户可迅速收到货，解决节日没有选好礼物的问题。

4. 痒点

如果说痛点是解决用户的问题，那痒点就是满足用户的欲望。就如外卖平台的出现，就抓住了用户的爽点。按理说，即使没有外卖平台，大家也可以自己去餐饮店打包食物。但有了外卖平台，用户可以直接通过线上选购、支付，足不出户获得食物，这就包含了即时满足的爽。

在直播营销中，痒点是极其容易被忽略的点。因为有的产品没有痒点，而有的有痒点却被主播所忽略。例如，某主播在讲解一款儿童T恤时，可以讲道：

"（讲解T恤的外观、尺寸等信息）对了，这款T恤还有一个巧妙之处。大家看这里，（展示T恤领标）家人们在下单时，可联系客服，在领标处写上小朋友的姓名以及家长的联系方式。如果小朋友在人多的商场或车站和家长走散了，小朋友可找路人拨打领标上的电话联系家长。"

对于大多家长而言，给孩子购买T恤时，更为关心T恤的外观、材质等因素，至于能不能写家长电话，可能是次要的。但也就是这个点，可以作为一个加分项，使产品更可能得到家长的认同。

卖点、痛点、爽点、痒点都是很好的产品切入点，部分产品会同时包含多个切入点。主播在营销过程中，应尽可能地将以上四要素都融入进去，使产品更具吸引力。

5. 案例：徐闻菠萝

一名快手主播近期接到一个生鲜水果的订单，需在直播间销售3万个菠萝。主播通过百度、微淘、小红书对产品进行了全面的了解，撰写好专属于该产品的脚本。

主播通过百度百科了解到徐闻菠萝有如下特点。

➢ 菠萝的优点：果大、甜、香、靓，香气浓郁，风味独特，素有"水果之王""果中仙"等美誉；

➢ 菠萝的营养价值：菠萝营养丰富，含有大量的果糖、维生素B、维生素C等物质，具有清暑解渴、消食、祛湿、养颜瘦身等功效；

➢ 菠萝的特征：菠萝果实饱满，呈圆筒形；果肉浅黄色或金黄色，肉脆、纤维少、果心小，香味浓郁持久，甜酸适中。

该主播再通过淘宝详情页、微淘、小红书等地方发现徐闻菠萝的如下特点。

详情页主要提到：徐闻菠萝有着香甜多汁、脆嫩爽口等特点。大多数菠萝属于现摘现发，有着新鲜美味的优点；展现菠萝天然生长的环境，重点突出菠萝外表色泽鲜艳诱人、果肉甜、果汁多的特点。为保证菠萝质量，大部分商家还提供坏果包赔服务。

问大家板块的问题主要集中在：菠萝的甜度？与小菠萝相比，哪个好吃？是否可以手撕？是否好吃？是否新鲜？

微淘主要提到：菠萝味道甜中带酸，是多个人群都喜欢的水果，并提到多种菠萝吃法，如菠萝蒸饭、菠萝炒饭、菠萝吐司、酸奶菠萝捞等。

淘宝头条主要提到：菠萝有着金黄的色泽，酸甜多汁的口感；描写挑菠萝方法，如体型"矮矬"的菠萝肉多且结实，口感非常好。

小红书有多位美食达人种草菠萝吃法，如制作菠萝饭、菠萝咕噜肉、菠萝糖水、菠萝蛋糕……

该主播整合以上信息并查看厂家资料，为徐闻菠萝写下脚本："各位宝宝们，主播吃的这个就是徐闻当地有名的特产徐闻菠萝。徐闻县地处中国大陆最南端、广东省西南部，属热带季风气候，日照充足，所以我们这的菠萝果实饱满，色泽金黄，酸甜多汁、口感清香，而且都是新鲜采摘，现摘现发，产地直供，如果有破损我们也是包赔的。当天拍下，省内一般两天左右就到了，省外一般4天左右到货哈。"

"另外呢，各位宝宝们，今天主播不仅推荐好吃的菠萝给你们，还教你们怎样去选菠萝。通常我们当地人买菠萝，就选我手上这种'矮矬矮矬'的，别看长得不好看，但是菠萝肉非常多而且口感超好，一捏都可以捏出汁，吃到嘴里一嚼都感觉满嘴的菠萝汁，真的好好吃哦。

"家里有宝宝的，可以盐水浸泡后切成小块给宝宝吃，不仅开胃还富含丰富的维生素和营养元素。长期吃菠萝能补充身体所需微量元素，生津止渴。家里的小宝贝如果厌食，我们还可以买回家给孩子做菠萝炒饭，果肉金黄金黄的，炒出来的饭也让人相当有食欲。菠萝中含有一种'菠萝朊酶'的物质，它能分解蛋白质还能帮助消化。

"最主要的是，菠萝皮薄刺少，吃起来很方便的呢。多吃菠萝还可以润肠通便，预防便秘；菠萝还能帮助滋养肌肤，提高抗氧化作用，买回家榨汁喝也不错哦。女生吃菠萝有助于减肥瘦身，利尿消肿，美女们一定要多吃点哦。"

8.2.3 讲解产品八部曲

如同撰写产品详情页一样，主播在讲解产品时，也需要介绍产品的卖点、品牌，展示售后服务，推出优惠活动等，让用户更加全面地了解产品。常见的讲解产品步骤如图8-17所示，主要包括八个步骤。

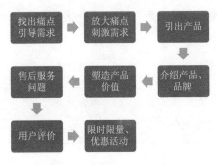

图 8-17 讲解产品的步骤

这里以一款粗粮饼干为例,详细说明讲解该产品的步骤及详细内容,如表8-2所示。

表8-2 讲解产品的步骤

步骤名称	目标要求	基本内容
找出痛点 引导需求	描述画面:联想产品在生活中有哪些适用场景,从而找到痛点	(1)早晨起床来不及做早点; (2)熬夜加班、下午茶; (3)减肥、健身一族; (4)不想吃街边油腻不卫生的小吃
放大痛点 刺激需求	生动描述痛点并升级痛点,与粉丝产生共鸣	(1)不吃早餐容易得胃病、胆结石,影响健康; (2)过度节食减肥造成抵抗力降低,容易生病; (3)吃街边不卫生的食物容易导致拉肚子
引出产品	结合痛点引出产品	结合身体健康问题引出利于健康的某某牌粗粮饼干
介绍产品、品牌	介绍产品基本信息以及产品的卖点,并针对1~2个最突出的卖点进行深度描述;介绍品牌、展示资质	(1)展示并解读产品包装、规格、含量、成分; (2)试吃并描述产品口感; (3)介绍××年老品牌,专注于品质,值得信赖
塑造产品价值	提升产品价值	(1)讲解粗粮对人体的好处; (2)说明产品包装小,方便携带,适用多种场景
售后服务问题	七天无理由退换货、申请免费试吃、赠送运费险	七天无理由退换货、申请免费试吃、赠送运费险
用户评价	展示买家秀以及大量好评	累计好评60 000 000+,名副其实的爆款产品
限时限量、优惠活动	用坚定的语言让用户感受到高性价比	(1)优惠仅限前10分钟,限量100份,抢完下架; (2)原价89.9元/箱,今日直播间抢购价49.9/箱

结合以上8个步骤的主要内容,即可生成一个完整的产品脚本。值得注意的是,在优惠活动环节,最好推出关联产品,实现组合销售,带动更高的成交金额。例如,主播在讲完这款粗粮饼干后,可再讲一款低脂零食,并推出满100元减10元的活动,刺激用户一次性购买多种产品。

8.2.4 将产品融入直播间场景

这里先提出场景化营销的概念,"场景化营销"指以特定情景为背景,通过环境、氛围的烘托,提供相应的产品和服务来激起消费者的购买欲望,从而产生消费行为。特别是在电商中,很多商家会在产品详情页的文案页面中提出问题,再解决问题,以此刺激消费者转化。

在直播中,场景化营销同样适用。例如,两名主播分别在同一直播间介绍同一款早餐机。如图8-18所示,男主播主要站在单身男士的角度,提到:"独居男士没早饭吃?我以前就因为没时间做早饭,选择不吃早饭,时间一久得了胃病,后来朋友向我推荐了这款早餐机,早上可以快速烤面包,再喝点牛奶解决早饭;晚上回家可以用这款早餐机煎牛排、煮泡面,方便快捷。虽然是独居男士,也不能亏待自己,该吃的饭一定要吃。"

男主播讲解完毕后,女主播再出现在镜头里。如图8-19所示,女主播以一个宝妈的身份讲解这款早餐机的使用方法:"我这个新手宝妈,要学习的东西真的太多了。以前单身的时候,不会做饭也没关系。现在有了宝宝,特别注重饮食,不敢贸然带孩子去外面吃。还好有了这款早餐机,让我瞬间提升厨艺,今天教大家几种家常早餐的做法。……(边讲解边演示早餐做法)大家还有什么问题都可以提问哟,很简单的,每天早上只需花5~10分钟就可以为全家做一份健康早餐。"

图 8-18 男主播讲解产品截图　　图 8-19 女主播讲解产品截图

从上述案例中可见，男女主播分别站在单身人士和家庭主妇的角度，根据不同的人群给出烹饪建议和做法，引起更多用户的兴趣。

8.2.5 高转化不能少的营销技巧

在直播间营销，讲清产品的特征、功能还不够。因为很多用户在看到产品时，虽然对该产品有需求，但不急用，这就很难达成交易。例如，某用户在直播间看到一款行李箱外观好看、容量大，很适合自己，但考虑到目前没有出远门的打算，所以只是感兴趣，没有下单。

如果主播能在用户对产品感兴趣时，运用一定的营销技巧，肯定能促成更多订单。如图8-20所示，这里列举几个常见的直播

图 8-20 常见的直播间营销技巧

间营销技巧。

1. 物以稀为贵

稀少的产品更容易造成用户紧迫感，促使用户下单。例如，在上架某款产品时，可将3 000件产品分为3次上架，并提示到："……（介绍产品信息）好，接下来倒数5个数开始上架，限量1 000份，先到先得哦。"在结束第一次抢购后，可继续说道："谢谢大家的支持，家人们的手速真是太快了。没抢到的也别着急，我马上让小助理去联系库房，看是否能再为大家争取一点库存。"以此营造出一种该产品很受欢迎，很考验手速的氛围，吸引用户参与抢购。

主播除可在产品数量上营造"限量"噱头外，还可以在互动环节中设立门槛，如关注主播才有互动资格，邀请好友进入直播间有机会获得免单等。

2. 用案例说话

在电商营销中，常提到包邮、运费险、无理由退换等权益，其目的就是给用户更好的购物体验，用户可以随时退换自己不满意的产品。而除这些权益外，主播还可以用实际案例，证明产品的功能、功效，以刺激更多用户转化。

例如，主播在讲解一款遮瑕产品时，可将产品用在自己的脸部或手部，让广大用户直观地看到产品遮瑕功效。如果遮瑕功效确实很好，自然能引起用户转化。

3. 利用从众心理

从众心理，指个人受到外界人群行为的影响，在自己的判断、认识上表现出与大众保持一致的行为方式。只有小部分人能够保持独立性，不被大众影响，大部分人都有着明显的从众心理。故主播在讲解产品时，可利用从众心理刺激用户转化。

例如，主播在介绍某款帽子时，可提到："对的，这就是微博上火热的某某帽同款，淘宝销量已过十万了。"通过炫耀高销量，说明该产品被许多人认可，很受欢迎，刺激用户转化。

4. 展示权威

诸多淘宝、京东等购物平台的商家，会在产品详情页中展现专家证言、检测报告、资质证书、名人代言等信息。其目的主要是证明产品具有权威性，以建立信任感。

例如，某主播在直播间售卖某款潮牌鞋帽，很多不熟悉他的用户肯定会对产品的真假持怀疑态度。主播如果能主动展示品牌方授权书，自然能打消用户的疑虑，从而获得更多转化。

8.3 剖析知名主播带货技巧

新手主播在闲暇时间，可多观看同类型名人直播，从中找到值得学习、借鉴的地方。这里总结出知名主播薇娅和李佳琦的带货技巧，以供新手主播们学习。

8.3.1 薇娅带货技巧

淘宝主播薇娅，本名黄薇，早在2016年5月就与淘宝直播结缘，在短短的4个月里引导成交额高达1亿元；薇娅从2018年起，投身公益直播，累计带动贫困地区农产品销量近3 000万元；在2018年的"双11"中，全天直播间销售金额超过3亿元。随着薇娅直播带货知名度提高，以及参加多个知名综艺节目，她走进了越来越多人的视野。

那么，薇娅是如何有了今日的成绩呢？

➢ **直播时长和受众人群**：薇娅每天直播时长大致在4~8小时；直播间产品类目广泛，包括美妆、家具、零食等。由此可见，薇娅直播时间长、品类多，覆盖的受众人群也较为广泛。

➢ **粉丝团昵称**：薇娅将自己的粉丝称为"薇娅的女人"，用这样的方式和粉丝建立起一种亲密关系，无形中提升粉丝的好感度和忠诚度。

> 提供热门且有价值的奖品：薇娅的每场直播开头都有抽奖，以"话不多说，我们先来抽波奖"开头；选择的奖品一般是近期的热门产品，且价值不低于百元，如口红、手机、奢侈品等。简单而直接的开场抽奖容易增进粉丝的好感，奖品的配置给人留下"不参加就赔了"的感觉。

> 当场直播剧透：薇娅的开场节奏很紧密，先预告正常直播的产品，详细介绍关注度较高的产品，并大致说明产品上架时间段，方便一些不能一直观看直播的粉丝购买。

> 助理的配合：薇娅的声音比较低沉，听起来不刺耳，很舒服；相比薇娅，助理的声调更高，她主要负责补充产品信息、回复粉丝问题、演示领券或下单的方式。

> 团队的配合：薇娅直播间虽热闹但不吵闹，团队配合默契。当薇娅需要商品产品时，很快有人给拿；当她询问库存、物流信息后，也会马上得到回复。整体给人留下搭配得当的舒适感。

> 穿着、佩戴当天直播以及预售的产品：薇娅和助理一般会穿着近期售卖的产品，如服装、饰品、鞋子等，更好地展示产品。

> 自用心得体会：薇娅在推荐产品时，一般会用自己、家人、朋友、同事的真实试用体会来打消用户对产品的疑虑。

> 晒近期或以往的购买记录，增加信任感：薇娅会在直播间展示自己的购物订单，证明产品属于自用的产品；碰到性价比高的产品，薇娅和助理也会参与抢购，如果没有抢到也会变得懊恼。

> 借助品牌效应：薇娅直播间经常会刷不同的关键词评论。不同于其他主播习惯让观众在评论区打"1""2"或"666"等数字，薇娅更喜欢让粉丝们打活动时间或品牌名称，既让用户了解正在售卖的产品，也带动新进直播间的粉丝参与进来。

> 利用从众心理：在宣传产品时，薇娅常提到"这又是一个让我们工作人员都想抢的热门产品"，来带动用户的从众心理，参与到抢购中

来。例如，薇娅在推广一款水果玉米时，打开箱子发现其中有个玉米已经被工作人员吃了一半。用这种方式让用户信服这款玉米真的好吃，引发从众心理。

➢ 饥饿营销：薇娅会限制上架产品的数量，例如在一款产品售空后，再不断地问工作人员"不能再加库存了吗？可以再沟通一下吗？"紧接着再补货。通过这样的方式，不仅可以控制直播间的销售节奏，也可以给用户营造出紧张、刺激的抢购氛围。

➢ 对症下药：薇娅会针对不同人群推荐产品。例如，在推广零食时，打开每种口味试吃，针对不同人群推荐不同口味，并说道："不能吃辣的人就不要买这个了，推荐买咖喱口味。"

➢ 不定时抽奖增加用户停留时长：薇娅直播间常有福利相送，除了前面提到的直播开始时抽奖，每隔一段时间就会再次发起抽奖。想要福利的用户，只能增加停留时长。

➢ 明星效应：薇娅经常会邀请有主持经验的明星做客直播间，如徐熙娣、沈梦辰等，这不仅可以增加自己的话题性，也可以丰富直播间的内容。

➢ 大屏幕展示产品：薇娅在讲解产品时，背后的大屏幕会放映相应的图片或视频，便于用户理解产品。

➢ 轰炸式销售：薇娅推荐产品的逻辑是，产品自身优点+全网超低价+赠品，如果购买数量多，再送赠品。用一轮轮惊喜轰炸的方式，让用户产生一种"不买就是吃亏"的心理，从而下单。

➢ 关注用户反馈：薇娅会及时关注粉丝的反馈信息，用心维护与粉丝的关系。例如，某粉丝在直播中提到前段时间购买同一款锅价格更高，薇娅立刻追问工作人员，在确认属实后，会安慰粉丝不用担心，联系客服可以退差价。

➢ 强调价格优势：薇娅会不断地重复强调直播间的价格优势。例如，在售卖一款羽绒被时，她一直强调"别想了，直接拍，只有我们这里有这么低的价格,而且是仅限今天,售完为止,后面只会越来越贵!"

8.3.2 李佳琦带货技巧

李佳琦,在2015年大学毕业后,在欧莱雅担任化妆品专柜美容顾问,因为愿意用自己的嘴巴为用户试口红颜色,多次获得销量冠军称号;2016年年底,参加某淘宝直播项目比赛,签约成为一名美妆达人;到了2017年,李佳琦在淘宝平台的粉丝达数十万人;2018年9月,李佳琦挑战吉尼斯世界纪录,成为涂口红的世界纪录保持者;同年12月相继开通抖音、小红书、快手等社交账号;截至2019年6月,李佳琦全网粉丝已近数千万人。

李佳琦从一个化妆品专柜美容顾问发展到今日几千万粉丝的达人主播,离不开他的带货技巧。

➢ 时长和语速:李佳琦直播时长一般为3~6小时,全程语速较快、音量大、音调高,始终保持充满激情的亢奋状态。

➢ 专属口头语:"Oh my god"是李佳琦的口头禅,也是他的标识。很多人一提到该词汇就联想到李佳琦的直播。

➢ 促成消费:李佳琦在介绍产品后,经常用到"买它""Oh my god,也太好看了吧"等情绪强烈的句子,激起用户的消费欲望。

➢ 称呼粉丝:李佳琦在直播中用"所有女生"作为统称词,迅速抓住用户的注意力。甚至有网友在微博评论表示,每当李佳琦在直播间叫"所有女生"时,忍不住想大声答"到!"。

➢ 掌握用户的心理:李佳琦在直播中,常用"这款产品我们之前在抖音已经卖了10万套""我卖之前旗舰店已经销售2万份了""某某我只推荐这一个品牌,其他品牌给我再多钱我也不推"等描述语来衬托产品优秀,给用户们吃下"定心丸"。

➢ 对比、强调优惠:在比较差价时,他会将产品平时价格和直播间价格列在一起,进行直观对比,突出产品优惠力度。在2019年的"双

11"预售环节中,他更是强调"佳琦直播间优惠",告诉用户直播间价格就是最低价格。

➢ 分享自用心得:为了证明产品质量和效果,李佳琦常说类似"佳琦一直在用的产品""我已经用了10盒了,出差也天天带着"的表述。有时,李佳琦还会在直播间现场下单购买产品。在2019年的"双11"预售直播中,他便当场下单购买了一套某某沙发。

➢ 掌握产品专业知识,擅长比货:李佳琦常在直播间给出美妆、护肤等领域的专业消费意见。美妆专柜美容顾问出身的他,对于美妆护肤品有着独特的见解。在推荐产品时,他不仅会指导粉丝如何根据实际情况选择,还会从一个产品的角度出发,讲解同类产品,丰富用户的知识。

➢ 明星效应:当播报单品是当红明星代言或是同款时,他会在第一时间向用户提到这一信息。例如,他在介绍一款明星代言产品前,先问道:"某某的粉丝在不在?"成功引起追星女孩们的注意。

➢ 饥饿营销:一般情况下,他会控制上架产品数量,将一款产品分为3~4次上架,当用户抢完后再补货。同时,李佳琦也会实时更新播报产品库存,如"卖完了""最后5 000套,妹妹们赶快抢""最后500、300、100……没了",给用户带来抢货的紧张感。

➢ 抓住粉丝消费心理:李佳琦不会劝用户盲目购买产品,他会告诉用户某产品的适用人群,也会强调某些产品不用买太多。当一个链接中包含多个产品选项(如不同色号的口红)时,他甚至会挑选出一两个色号,告诉用户:"只需要买这2个色号就行了,其他不需要。"也正因如此,"李佳琦推荐"让用户感觉客观且可信。

➢ 引导关注:李佳琦在直播时,每隔几分钟就会重复"喜欢佳琦可以多多关注我们的直播间",引导用户关注。

➢ 感恩:李佳琦与用户互动时,常说诸如"谢谢你们的支持",来表达对粉丝的感谢。

> 重复提醒促成交易：李佳琦在直播过程中会不断向用户更新补货信息和购买链接，提醒没有抢到产品的用户前去购买。

> 与粉丝互动：积极回答粉丝提出的问题，包括产品质量、优惠券、购买方式以及一些个人问题，给粉丝留下良好的印象。

> 结合故事促成交易：李佳琦会分享直播花絮小故事，如怎样从厂商拿到"全网最低价"，并表示"以后再也不会有这样的价格"，既生动又向用户传递了价格信息。

> 幽默风趣：李佳琦常在直播间表现出自己幽默风趣的一面。例如，在一场直播中，某产品库存为13万件，李佳琦说道："如果这个都抢不到，可以直接去睡了，其他的应该也抢不到。"在某产品售空时，告诉用户"某某已经告别今日直播间了，唱一首《再见》送给它"。

> 有说服力的话术：李佳琦在介绍产品时，会描述到产品的使用场景，让人浮想联翩。例如，他在介绍一款口红时说道："你背LV还不如涂某某口红。为什么呢？因为男生看你第一眼，永远不是包包的颜色而是你口红的颜色。"用非常有说服力的话术，来刺激用户下单。

综观以上两位知名主播的带货技巧，可以看出他们的成功离不开个人的努力，直播时长都在3个小时以上。除努力外，还要找到符合个人标签的带货技巧，说服更多用户下单。新手主播也可通过查看多个优秀主播的直播间带货过程，如农村会姐、大户人家、丰回珠宝等，总结实用技巧。

8.3.3 李佳琦的经典话术鉴赏

李佳琦在描述产品时，有别具一格的形容词。例如，用"太心动的感觉了吧，人间水蜜桃就是你"来形容口红的颜色；用"你不发工资也可以随便买"来说明产品价格平民；用"银行卡的余额可以变，男朋友可以变，999不能变"来说明口红不变色。更多话术可参考表8-3。

表8-3　李佳琦的经典话术鉴赏

话术逻辑思维	具体话术
描述产品不设限	例如，描述口红颜色好看 （1）天不怕地不怕的颜色 （2）穿风衣的时候，一定要有这样的颜色 （3）啊，好闪！五克拉的嘴巴！ （4）神仙姐姐涂的颜色，某某（明星）涂的颜色 （5）这支唇膏在嘴巴上面会跳舞
用说辞构建场景能力	（1）恋爱中的少女，开心地去找你男朋友，那种很甜的感觉 （2）屋顶花园，斩男香，非常适合夏天 （3）穿着白纱裙，在海边漫步的女生，非常喜欢那种干净的感觉 （4）下过小雨森林里的味道 （5）小湖花园，男朋友怀抱的味道
满足消费者的想象和虚荣心	（1）当你想要秒杀全场的时候，就涂307色号出门 （2）看看我的嘴巴哟，是18岁少女才会有的吧 （3）颜色也未免太鲜艳了吧，太樱桃本人了吧 （4）有一种莫名其妙的可口感 （5）很有知识的女生，神仙色
客观的吐槽	例如，吐槽口红颜色不好看 （1）10年前的迪厅颜色 （2）比较适合欧美妆容，中国女生不要用它 （3）（太厚重）全唇涂，你妈都不认识你 （4）（试完口红）买他们家的高跟鞋吧，高跟鞋真不错
接地气的转化实力	（1）针对平价好货：你不用发工资也可以随便买 （2）针对自己极力推荐的高价产品：好漂亮，我的唇纹不见了，没有钱给我借钱，我也要买它

李佳琦还有很多经典话术，新手主播可以多看他的直播，进行总结和学习。

新手问答

1. 有哪些选品方向推荐？

主播在选品时，首选低单价且高复购率的快销产品。那么，这些产品主要指哪些呢？如图8-21所示的休闲零食、家居洗护、美妆产品等。

> 休闲零食：价格适中，性价比高且味道好的休闲零食，受众群体广泛，销量高，如直播间常见的螺蛳粉、小面包、果干类。

> 家居洗护：方便、快捷的家居洗护类产品可以为生活添彩，也是直播间常见的产品，如洗脸巾、电动牙刷、洗衣液等。

图 8-21 快销产品

> 美妆产品：直播间用户以女性为主，而美妆产品于她们而言属于刚需产品，销量往往不错。特别是主播颜值高的情况下，很容易带动眼影、口红等产品。

另外，一些价格中等又很便捷好用的产品，也很容易带动年轻粉丝的兴趣，如空气炸锅，主打无油健康环保，使用便捷，在直播间销量不错。主播也可以考虑选择这些价格低、使用范围广的小家电。

2. 有哪些促进成交的法则？

主播在带货过程中，肯定想尽可能地促成交易，为自己带来更多收益。那么，主播是否能找到一些可以促进成交的方法呢？答案是肯定的，这里列举几种直播中常见的促进成交法则，供主播参考。

> 请求成交法：也叫直接发问法，主动出击，即时成交。例如，李佳琦在直播间常说的"Oh my god，太美了吧，所有女生，买它就对了！"

> 假定成交法：建立在"一定会买"的肯定假设上，而不是问他要不要买。例如，"这位宝宝，拍下以后立即发货，包邮送到您家。""这位

××宝宝，收到货以后保证给你一个惊喜，物有所值！"

➢ **诱导选择成交法**：发出行动指令，如"吃完喝完嚼益达""困了累了喝红牛""怕上火喝王老吉"。

➢ **激将成交法**：指主播利用反暗示原理促使用户迅速成交的一种方法。例如，塑造产品的价值："制造工序需要88道，这88道工序需要999朵玫瑰，而且要和阿尔卑斯上的雪水混合在一起，假如让您去种植999朵玫瑰，亲自去阿尔卑斯山去取雪水，并且手工制造这88道工序，大概时长需要49天，需要多少成本？所以这瓶小小的玫瑰精油1 000多块钱，您还觉得贵吗？"

➢ **小点成交法**：对于高客单价产品，不要直接提出成交，以避免给用户造成压力，建议通过一系列的试探性提问，逐步清除用户心中的疑虑，逐步促成购买。

➢ **提示成交法**：根据不同类目，提示不同内容。例如，食品类的可以按照口味推荐；护肤品类的可以按照功效或者年龄段推荐；服装类可以按照身型推荐。

➢ **优惠成交法**：利用求利心理，提供优惠条件吸引买单。例如，"这款电饭煲，商场专柜价格599元，去年'双11'，店铺价格579元，今天在我直播间仅售499元，简直就是前所未有的价格。全网你找到任何一家比我卖得还便宜，我们双倍返还全款。买到就是赚到。"

3. 各类目直播销售讲解内容有哪些？

主播在讲解不同类目的产品时，应结合产品卖点和用户需求讲出差异化。下面总结了不同类目直播销量较好产品的讲解内容，供大家参考，具体内容如表8-4所示。

表8-4 不同类目直播销售讲解内容

类目	具体内容
服装类	产品面料材质
	产品版型
	衣长、裙长、袖长
	风格款式
	适用年龄
	颜色尺码
	品牌介绍
	上身展示
	核心卖点
	搭配介绍
	价格对比
	福利优惠
美妆类	痛点挖掘
	痛点升华
	产品介绍
	品牌权威
	产品价值
	售后保障
	用户评价
	限时限量
	价格优惠
文玩珠宝	产地材质
	款式设计
	文化价值
	稀缺价值
	价格对比
	福利优惠

续表

类目	具体内容
食品类	口味口感
	产地食材
	烹饪吃法
	食品包装
	价格对比
	福利优惠
母婴类	痛点挖掘
	痛点升华
	产品介绍
	特点展示
	权威从众
	价格对比
	秒杀福利
箱包类	款式介绍
	设计特点
	面料工艺（品牌权威）
	搭配介绍
	价格对比
	秒杀优惠
家居类	痛点挖掘
	痛点升华
	产品介绍
	特点展示
	权威从众
	价格对比
	秒杀福利

第9章

从0快速到10 000的引流吸粉秘籍

本章导读

粉丝是直播运营的关键,主播想要提升知名度,获得更多礼物及佣金,需不断提升粉丝数量。故主播应掌握吸引粉丝的方法和技巧。例如,在直播平台中发布直播预告、直播公告等信息,吸引更多用户进入直播间;除了在直播平台内推广,主播也可在贴吧、论坛、微信、微博等渠道推广自己。主播在推广过程中,还需要掌握软文写作技巧,这样才能获得更多关注和点赞。

9.1 在直播平台中推广自己

直播平台就像一个巨大的流量池，从原则上来讲，主播们只要做好自己的分内工作，就能获得平台的流量支持。但如果主播想获得更多平台流量，则需要做一定的推广工作。由于各个直播平台玩法及流量瓜分情况不一，这里重点列举几种常见的自我推广方法。

9.1.1 发布直播预告引关注

生活中，在一个新产品上市前，一般会通过微博造势、发布会预热等形式和用户见面，以吸引更多用户，增加新品人气及销量。在直播中，仍然可以用这个方法来吸引用户，目前虎牙直播、淘宝直播等直播平台已支持直播预告的发布，在直播开始前就在做吸粉的准备工作，自然能增加被观众注意的机会。

例如，淘宝主播薇娅的个人资料首页中，就展现了近两天的直播预告，如图9-1所示。用户点按预告，可进入预告视频，如图9-2所示。直播预告包括预告名称、内容简介、预告视频以及粉丝互动。

图 9-1　主播首页展现直播预告

图 9-2　直播预告内容

9.1.2 在直播间中自我推广

部分粉丝，在直播临近结束时才进入直播间，想了解主播的更多信息。针对这种情况，主播可以把自己的直播信息、联系方式等信息放在直播间中，实现自我推广。例如，很多主播在直播中通过字幕、摆件、互动和弹幕等多种方式来为自己间接做推广。

1. 直播公告推广

公告，原指政府、团体对重大事件当众正式公布或者公开宣告、宣布。现在多个直播平台有单独的主播公告板块，主播可以把实用的推广信息发布在公告上，便于粉丝了解自己。

例如，某虎牙主播就将自己的直播时间、QQ群、微博昵称、喜马拉雅昵称等信息，以公告的形式展现，如图9-3所示。

图9-3　某虎牙主播的公告信息

俗话说"贵精不贵多"，公告的字数并不是越多越好，主播只需要用简短的文字说明重要信息即可。而且一般的公告有字数限制，如虎牙直播的主播公告限制60字。

2. 广告位推广

前面章节提到，部分主播会在直播间放置印有主播信息的摆件，便于推广自己。而有的主播，会放置多个直播画面，其中一个专用于放置推广信息。图9-4所示为斗鱼某主播的直播页面，在右侧留有专门的广告位，放置

图9-4　右侧留有专门广告位的直播间

直播时间、教学群、微信号、QQ号等信息。

诸如这样的广告位，都十分显眼，粉丝只要一看屏幕就能看到主播的信息。主播可下载"易-Live"工具实现多画面的呈现。

3. 字幕推广

图9-5 添加有推广信息的直播间

一种较为直观的宣传方式就是在直播画面上添加水印或字幕，这也是很多录制视频都带有水印的原因。在粉丝回放视频时，水印也能得到显示。例如，某虎牙主播在直播中添加"188加速器查消费""关注某某，一周不下播"等信息，如图9-5所示。

这样的水印和字幕让直播间的识别度快速提升的同时，还能起到宣传和推广的作用。不用主播刻意通过语言或其他指导，字幕就可以直接对在线观众起到引导作用，是一种有效的宣传、推广方式。特别是互相推广的主播，在自己直播间放置其他主播信息，可以把自己下播后的粉丝顺利引到对方直播间。

【知识加油站】

YY、淘宝等平台支持直播回放。主播可将直播过程中的精彩片段录制下来，放在回放板块中。如此一来，无论粉丝何时何地查阅主播信息，都能通过回放信息对主播有所了解。

9.1.3 资讯信息分享板块推广

在多个直播平台，已经有了自己的资讯信息分享板块，如YY的"YY歪阅"可即时分享主播趣事、八卦信息、官方活动等资讯，如图9-6所示。如果主播有机会将自己的信息放在图文中，分享在该板块中，可能会被平台内的粉丝围观，为直播间带来更高的人气。

图 9-6　YY 歪阅

主播可在该板块"入驻与发稿"的提示下，开始撰写与自己相关的资讯。新手主播可重点写写自己的努力事宜、与人气主播连麦事件以及获得高额打赏等资讯。

另外，多个直播平台已经有了自己的贴吧、论坛，主播可以在这些地方发布直播预告、直播视频、贴吧活动等内容，吸引平台内粉丝的关注。例如，旭旭宝宝在斗鱼平台的鱼吧已有220万成员，51万个帖子，如图9-7所示，某个盖楼活动更是引起20多万的评论互动。

图 9-7　旭旭宝宝鱼吧主页

当主播有紧急情况不能直播时，也可以在贴吧里主动发布不能直播的消息及原因，避免出现让粉丝白等的情况，也起到维护粉丝的作用。

9.1.4 短视频推广

目前，短视频是个热门行业，不少明星、达人都纷纷入驻快手、抖音等短视频平台。有的主播直接在这两个平台直播，则可以通过发布短视频来获得更多平台流量；有的主播由于与其他直播平台签约，无法在短视频平台直播，但仍然可以发布短视频推广自己。

1. 短视频互推

短视频互推，指通过短视频作品互推对方信息。短视频互推又包括：真人出镜到对方的视频中，如柳岩曾在浪胃仙的短视频中出镜，如图9-8所示；在视频中隔空喊话，与对方互动，如李雪琴在短视频中喊话吴亦凡，吴亦凡也拍摄短视频回应李雪琴；在视频中用文字显示或口播对方昵称、账号。

另外，直接通过文案@对方，也是短视频常见的互推方法之一。例如，浪胃仙的视频文案中@多余和毛毛姐，如图9-9所示，并通过视频合成的方式，让多余和毛毛姐隔空出现在浪胃仙的短视频中，吸引更多粉丝的关注。

图 9-8　柳岩在浪胃仙视频中出镜

图 9-9　浪胃仙文案中@多余和毛毛姐

直播连麦除可以增加双方收入外，也起着重要的推广作用。例如，新手美食类主播连麦已有人气的美食主播，可以吸引人气主播直播间的粉丝进入自己的直播间。

2. 合拍与抢镜

抖音平台的合拍功能，具有很强的社交属性，有的主播凭借合拍，吸引了众多粉丝。例如，抖音平台某用户因拍摄一个模仿《和平精英》游戏人物的视频，获得260多万个赞，如图9-10所示；某用户采取与他人合拍的形式，拍摄了同个动作的视频，也获得60多万个赞，如图9-11所示。

图9-10　模仿《和平精英》游戏人物的视频

图9-11　合拍视频

部分主播，通过自己与自己的作品合拍，为视频带来二次流量；还有的主播，使用小号与主账号合拍并发布，借助小号的基础推荐流量来增加主账号的曝光量。

3. 互动推广

互动是一种非常好的推广方式，特别是去红人主播的短视频中参与点赞、评论、转发等互动，可以有效地吸引观看该条短视频用户的注意力，从而获得更多人的关注。主播只需要点按手机屏幕上的各种互动图标，即可参与到短视频的互动中，对短视频播放的内容进行点赞、评论或者转发等。

例如，在多余和毛毛姐的一条抖音短视频中，在页面的右边有三个可以与用户进行互动的图标，如图9-12所示。其中，♡图标表示点赞；💬图标表示评论；➤图标表示转发。冯提莫在该条短视频中发表评论"看到了几年前的自己"获6.8万个赞，如图9-13所示。

图 9-12　多余和毛毛姐的抖音短视频

图 9-13　冯提莫的留言获赞 6.8 万

新手主播主动去点赞、评论达人视频，达人也可能回赞、回评，为主播带来流量。另外，主播在拍摄、发布视频初期，也可以主动与陌生人互动，吸引关注。

9.2 多渠道全方位引流

主播除在直播平台内推广引流外,还可以在贴吧、论坛、微信、微博等平台发布内容,为自己引流。由于各个平台有着自己的属性,所以在不同平台引流,应注意不同的策略、方式。

9.2.1 贴吧、论坛、社区

网络论坛、贴吧、社区都是聚集高人气的渠道。例如,天涯论坛、百度贴吧、知乎社区等。如果一篇帖子内容非常有吸引力的话,会带来很大的传播效应,从而制造无数的商机。主播可以在这些地方发布帖子或者参与话题讨论,增大自己的名气。

当主播积累到一定人气后,可以创建属于自己的贴吧,并发布一些关于自己直播事宜的帖子,提高自己的人气。例如,冯提莫、李佳琦、薇娅等达人都有自己的贴吧。如图9-14所示为冯提莫吧的主页,该贴吧截至目前共有56 778名用户关注。

图 9-14 冯提莫吧主页

当然,如果是新手主播,可以通过发帖、发问,来吸引更多用户进入直播间,增加自己的人气。为了达到推广自己的目的,帖子内容必须和自己相关。某主播在知乎平台发布一个名为"为什么我直播没人看啊?"的问题,如图9-15所示,共引起59个回答。其中,很多答者是在观看他的直播内容后,再给出指导建议的。

图 9-15　吸引用户进入直播间的问题

【知识加油站】

社区本质上是一个兴趣集合地，所以，主播还可以通过贴吧论坛寻找直播素材，产出更多符合目标粉丝的内容。例如，某主播主要在喜马拉雅平台朗读美文，平时找素材时，可以多逛逛论坛、贴吧，看看追求小资生活的粉丝平时喜欢哪些文章。

主播如果想用贴吧、论坛推广商品获得更多变现机会，则需要实现"渐进式"推广。在帖子中大量加入掩饰性内容，为推广商品信息做掩护，降低用户对广告的抵触心理。在实施时，可以在帖子内描述一个场景，在帖子末尾不经意地传达出产品对用户的重要性或相关性即可，之后再在回帖中进行进一步的引导。

9.2.2　朋友圈、微信群、公众号

2020年1月微信发布的《2019微信年度数据报告》显示，截至目前，微信月活跃用户已达11.51亿人。由此可见，微信有着用户数量庞大的优点，适合主播推广自己、推广商品。微信推广主要体现在微信朋友圈推广、微信群推广以及微信公众号推广等方面。

由于微信是个封闭的圈子,在推广之前需有一定数量的好友。例如,很多主播会在直播资料、贴吧、论坛、直播中留下自己的微信号,以吸引更多用户添加为好友。

1. 微信朋友圈推广

主播可以通过微信朋友圈,将信息传达给所有好友。经营好朋友圈,可以吸引更多用户关注直播,进入直播间,增加人气。建议主播在发布朋友圈内容时,采取图片+文字、视频+文字的形式,避免显得形式单一。例如,电商讲师在朋友圈发布直播预告时,采取图片+文字的方式,如图9-16所示。用户点按识别图片中的小程序,可跳转到直播间。

图9-16 图片+文字的朋友圈内容

【知识加油站】

小程序,代表着微信的一种开放能力,开发者可以快速地开发一个小程序。小程序可以在微信内被便捷地获取和传播,同时具有出色的使用体验。例如,上述案例中,微信用户直接点按识别图片中的小程序,无须下载直播软件,也可以看直播。

除与直播相关的内容外,主播还可以在朋友圈分享趣事、励志文字等内容,引发好友点赞、评论。例如,娱乐类主播在朋友圈分享自己练瑜伽的视频,并加上励志的文案,塑造一个积极、乐观的主播形象。

主播也可以适当地在朋友圈推广合作商家的商品。例如,某位推广茶的主播在朋友圈发布如下文字内容。

本着对茶友们认真负责的态度,亲测了这款奇丹,最佳出水时间:

我用的是100度的山泉水，盖碗容量在120ml。除去第一泡醒茶，第二泡到第五泡水做杯时间在10到15秒。第五泡到第八泡水，做杯时间在1分到1分半钟，口感最佳。大家可以根据自己的容器大小，口感轻重适当调整。

2. 微信群推广

主播在积累了大量微信好友后，可以用微信群来维护好友，既能减少好友数量的流失，还可以在群内进行自我推广。考虑到主播没有时间群聊，可以招募几个忠实粉丝来维护微信群秩序，自己偶尔来群内发言，与粉丝互动。在直播前，在群内发布直播预告信息。

在经营好自己微信群的前提下，主播还可以考虑加入主播好友的微信群，以吸引更多人添加好友。

3. 微信公众号推广

主播在积攒了一定的人气之后可以通过自媒体来变现和推广。主播如果做好了公众号，能积累更多粉丝，还可以通过广告或合作，赚取更多佣金。微信公众号可以一次性把消息推送给所有关注者。例如，李佳琦用微信公众号来发布直播预告，如图9-17所示，以及发布直播剧透内容（以即将在直播间推广的商品为主），如图9-18所示。由于他人气高、粉丝多，所以多篇公众号文章阅读量过10万，多个商家主动来寻求合作。

图9-17　用微信公众号发布直播预告

图9-18　发布直播剧透内容

新手主播在申请公众号初期,由于粉丝较少,可发布一些热门、有诱惑力、有价值的内容,以吸引新粉丝关注。

➤ 热门信息。微博、百度等平台每天都有热搜信息和热门话题。这些热门信息总能吸引很多人关注。如果主播在公众号文章中加入热门信息,能增加文章被转发、分享、围观的机会。

➤ 独具诱惑力。主播应该抓住粉丝"有利可图"的心理,策划公众号活动。例如,很多关注旅游主播的公众号,希望得到主播的黄金旅游路线推荐。所以,新手主播在初期,可用红包、优惠券等福利,诱惑粉丝关注公众号。

➤ 有价值。主播可以在公众号文章中加入自己所擅长的合理建议、真心推荐以及干货等内容,让粉丝感受到该公众号的魅力,故而自发关注公众号。

总之,主播在筹划公众号内容时,一定要以粉丝为主,从粉丝的需求点和爱好出发,投其所好,才能吸引更多粉丝。

9.2.3 QQ群、QQ空间

根据腾讯2019年第4季度业绩显示,QQ月活跃用户数量为6.47亿。QQ作为腾讯旗下的一款即时通信软件,为广大网络用户所熟知。它支持在线聊天、QQ群聊、QQ空间等多种功能。

主播可用QQ进行自我推广。由于QQ和微信同是腾讯旗下的社交软件,在某些功能上存在高度相似的地方。例如,上面提及的朋友圈推广,适用于QQ空间推广;微信群推广,适用于QQ群推广。只是在推广方面又略有不同。

QQ空间是QQ用于发布说说、日志、相册等内容的一个平台,很多QQ用户在闲暇时都喜欢在QQ空间查看好友的日志与相册等内容。主播可以在QQ空间更新直播信息,达到推广目的。QQ空间推广方式包括说说推广、日志推广、相册推广和留言推广等，如图9-19所示。

图9-19 QQ空间推广方式

➢ 说说推广：用户通过说说，可以随时随地分享自己心情、想法等较简短的信息。主播在平时可以发表一些关于直播预告、直播视频等信息，便于新用户了解主播。

➢ 日志推广：空间日志是便于QQ用户以较长篇幅的图文来记录事件、倾述感情的地方。有原创能力的主播，可在空间发布自己写的日志，便于粉丝更加了解主播、认可主播。

➢ 相册推广：图片是一个较为直观的引流功能，针对一些不喜欢阅读文字的粉丝，主播可以通过展示直播截图、自拍照等信息，吸引更多粉丝点赞、评论。

➢ 留言推广：尤其是一些年龄较小的QQ用户，很喜欢去好友空间留言。新手主播在人气少的情况下，可以去好友空间留言时留下自己的直播间链接，吸引好友的好友通过链接进入直播间。

另外，QQ用户可以主动查找群组、添加群组。例如，粉丝可以通过QQ的查找面板，主动查找主播李佳琦的QQ群，如图9-20所示。这样的好处在于，已经小有名气的主播可以创建自己的群组，并在群名称中加上带有自己关键属性的词汇，粉丝可

图9-20 查找QQ群组页面

以通过搜索添加进入群组。

虽然，就目前而言，QQ用户数已远不如微信，但依然有6亿多的活跃用户。而且QQ、QQ空间深受"00后"用户喜欢和使用。如果主播的目标粉丝以"00后"为主，千万别错过QQ推广。

9.2.4 微博

微博，是博客的一种，微型博客的简称，如新浪微博、腾讯微博等。微博是一种通过关注机制分享简短实时信息的广播式的社交网络平台。作为一个分享和交流信息的平台，微博注重时效性和随意性，能表达用户每时每刻的心情和动态。

在微博中，当属新浪微博最为火热。新浪微博发布的2019年财报数据显示，2019年新浪微博月活跃用户已达5.16亿人。新浪微博月活跃用户呈现递增趋势，新浪微博2016—2019年月活跃用户数量如图9-21所示。

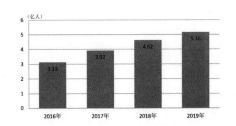

图 9-21　新浪微博 2016—2019 年月活跃用户数量图

微博作为一个活跃用户数亿的社交网络平台，又有着热门搜索、热门话题等属性，是主播推广自己的好去处。部分主播在个人资料中会展现自己的微博名称，某萌宠视频达人在抖音主页留下微博昵称，如图9-22所示。用户在新浪微博中输入昵称，即可查找到该达人的微博账号，如图9-23所示。

图 9-22　某萌宠达人抖音主页　　图 9-23　查找到该达人的微博账号

主播想做好微博推广，首先要发布有意思的微博内容，在短时间内抓住粉丝们的眼球。除此之外，主播还应该主动去发现粉丝，多评论转发以得到更多关注。另外，主播还可以通过互粉小助手等应用来增加粉丝，通过微博后台自带的数据来分析推广效果，便于及时改善自身的不足之处。

主播在发布微博内容时，可包含当下热门话题的关键词，当他人在搜索这些热门关键词时，就可能会看到自己的微博，无形中就扩大了这条微博内容被看到的机会。例如，当红主播、歌手冯提莫在3月8日妇女节这天发布的微博中带上"女神节快乐"的话题标签，加上有礼相送，该条微博共被分享9 000多次，评论数量过万，获赞5万多次，如图9-24所示。

图 9-24　带有"女神节快乐"话题标签的微博内容

第9章 从0快速到10 000的引流吸粉秘籍

【知识加油站】

新浪微博中规定，凡是夹在两个"#"号中间的均会被识别为标签。标签是一种简单的词语，用来标注一条微博的特点。比如发表了一条关于美食吃播的微博，则可以在微博中带上"吃播"的标签，或者发表了一条关于穿搭的微博，则可以带上"穿搭"的标签。其他人在搜索标签"吃播"或"穿搭"标签时，带有相应标签的微博会被集中起来呈现给用户。

新手主播微博粉丝可能比较少，除发布带有热门话题标签的内容外，还可以主动评论热门微博，从而加大自己的曝光量。例如，某情感博主在李佳琦的微博下面评论，获得1 000多个赞，如图9-25所示。但其实，该情感博主自己已有10多万名粉丝，如图9-26所示。

图9-25 某情感博主在李佳琦的微博下面评论

图9-26 情感博主微博首页

【知识加油站】

主播也可以从其他微博中转发一些过来。这样既可以丰富自己微博的内容，也会大大增加对方的好感，对方也可能会主动转发己方的微博内容，这样可以增加互动的机会和曝光度。

微博还有着传播快、热度高等特点,特别适合策划活动。微博活动的优点如下。

➢ 操作简单:相比拍摄短视频内容和写长篇软文,微博活动只需要经过简单构思,用通俗易懂的语言发布活动信息即可。

➢ 互动性强:通过微博活动,可以即时与粉丝沟通、交流,也可以直观地看出活动转发、评论、点赞等活动效果。

➢ 成本较低:与高投入的传统营销活动相比,微博活动的成本相对较低。而且,可直接用合作商提供的商品作为奖品,既提高商品曝光率,又能为粉丝提供福利,增强与粉丝的黏性。

微博中常见的活动方式分为有奖转发、有奖征集、测试类游戏、寻找神评论、抽取幸运儿等。例如,李佳琦在2020年春节前夕的年货节期间发起"年货锦鲤"微博活动,如图9-27所示。该活动的规则如下:关注李佳琦微博,并参与转发、评论、点赞等互动的用户,有机会获得图中所有产品。该条活动微博信息,共被转发451 426次,引发627 820条评论,获赞545 822个,获得很大的曝光量。

图9-27 李佳琦发起的"年货锦鲤"活动

【知识加油站】

在微博活动中,有奖转发是微博上最常见的形式,类似于"转发此条微博并@3位用户即可获得抽奖机会"这样的活动,每天在微博上都能看到很多。对于有闲暇的微博用户而言,如果不反感转发的内容,且对奖品也比较感兴趣的话,会很积极地参与。

9.2.5 线下引流

除以上常见的线上引流方式外,主播还可以选择线下引流。例如常见的新手主播推广方法是印制直播间二维码,去到学校、商场、大型活动、热闹街头等人气较为集中的地方推广自己。当线下粉丝看到围观的人多时,很可能扫描二维码进入直播间;而线上的粉丝看到主播在街头人气高涨,也更乐意赠送礼物。特别是户外主播,已经擅长与线下用户交流,引流效果自然更好。

主播、歌手冯提莫,早期作为一个娱乐主播,常走到户外,与粉丝们亲密互动。2018年2月14日,冯提莫在微博发出户外直播预告,如图9-28所示,该条微博获得3.3万个赞。而且,从该条微博内容中可以看出,不少年轻人去到直播现场与她合影,如图9-29所示。

图9-28 户外直播预告的微博内容

图9-29 微博用户的评论页面

当然，有的直播类目确实可以通过线下引流，如娱乐类、户外类，但游戏类直播依赖网络和电脑等硬件设施，无法策划户外直播内容。但直播可以灵活一些，如游戏主播也可以在参加竞技活动间隙，开一会儿纯闲聊的直播，吸引粉丝关注。

另外，还有一些主播通过参加公益，把爱心送到实际生活中需要帮助的人跟前，这也能增加自己的曝光量。而且，公益活动有助于给主播打上"正能量""有爱心"等标签。

9.2.6 百度引流

百度作为全球搜索引擎核心，用户使用量巨大，主播可以用好百度系列产品来实现撒网式引流。其中，百度贴吧、百科词条、百度知道等都是网民聚集较多的地方。

1. 百科词条

百科词条，指词条的一种特定表现形式，用以指百科全书（纸质和网络）中的词条。无论是商家还是个人，有一个自己的百科词条，相当于有了一张光鲜的名片，可以扩大自己的影响力和知名度。例如，当某网友听到身边很多人讨论"李佳琦"时，可以搜索李佳琦的百科词条查看关于他的更多信息，如图9-30所示，如他的个人经历、获奖记录、演艺经历、人物评价等。

图 9-30　李佳琦的百科词条（部分）

百科词条旨在创造一个涵盖各领域知识的中文信息收集平台，其核心在于各类词条的创建。那么，主播如何创建一个专属于自己的词条呢？方法如下：❶打开百度百科；❷输入词条"妖精小店"；❸单击"进入词条"按钮，会显示没有该词条；❹单击"我来创建"按钮，如图9-31所示。

图9-31　创建自己的百科词条

在跳转的页面中，输入词条名（主播自己的名字），单击"创建词条"按钮，并根据自己编辑好的词条内容进行分类，提交。3~5天会收到百度发来是否通过的提示。对于已经有了词条，但词条内容较少的主播，也可以在词条页面点按"编辑"进行内容的补充和修改。

2. 百度知道

百度知道是一个基于搜索的互动式知识问答分享平台，是集互动性、参与性、知识性于一体的平台。百度知道是百度搜索的重要补充，被赋予了一定的优先权。例如，有网友在百度知道提问"李佳琦直播间怎么找？"另外，有网友会给出关于在淘宝查找直播间的步骤，如图9-32所示。当其他人在百度知道搜索"李佳琦"关键词时，该条问答有可能得到展现，加大李佳琦及其直播间的推广。因此，主播用好百度知道，可让更多网友知道主播信息。

图9-32　"李佳琦直播间怎么找"的问答截图

新手主播开播初期，由于人气不高，可以自己先去提问。提问是百度知道的一个重要环节，先有提问，再有回答。主播在提问时应该要考虑到回答者的人群范围，以及提的问题和商品是否存在关联。例如，"斗鱼平台最近新手主播某某某是谁呀？为什么那么火？"又自己作出回答：某某是……（介绍主播身份），有着……（主播优点），吸引了……（直播亮点）。当其他网友搜索"直播""斗鱼""新手主播"等关键词时，该问答内容有可能得到展现，从而达到推广自己的目的。

除前面提到的产品外，百度还有很多其他产品可供主播选择。例如，适用于知识类主播的百度文库、百度经验等产品，引流效果均不错。

➢ 百度文库。百度文库是供网友在线分享文档的平台，其文档由百度用户上传，需经百度审核，百度自身不编辑或修改用户上传的文档内容。百度文库是搜索权重较大的百度产品之一，主播可通过上传文库或评论文库进行引流。

➢ 百度经验。百度经验是百度推出的一款生活知识系新产品，主要解决用户"具体怎样做"，重在解决实际问题。主播可通过在百度经验中发布和商品相关的经验来引流。

➢ 百度图片。百度图片拥有来自几十亿中文网页的海量图库，收录数亿张图片，并在不断更新中。主播上传自己的照片，有机会增加自己的知名度。

➢ 百度传课。百度传课是中国教育领域新兴的在线教育平台。知识类主播可以在百度传课中发布知识、技巧等内容课程，并留下联系方式等信息，吸引用户关注自己。

9.2.7 蹭热点引流

在网络飞快发展的今天，热点意味着大量的关注量和流量，所以主播要及时发现热点并借助热点来引流。当有一个热点时，网友们会对这个热点内容感兴趣，第一批生产这个热点内容的主播，必定能吸引一波关注量。

第9章 从0快速到10 000的引流吸粉秘籍

石悦（网名"女流"），在读书期间就曾在优酷上传自制的游戏视频，从而被观众熟知，在2015年转型成为主机游戏网络主播，现是知名游戏解说、播客、自媒体人。石悦在2006年获得内蒙古理科高考状元，本科就读于清华大学建筑系，研究生则在北京大学完成，当时她又是一名网络游戏主播。可能在很多人看来，高学历的她应该在其他方面有所建树。所以，在2017年，一篇名为《她曾是省状元 读完清华北大却成了游戏主播》的报道登上各大媒体首页，引发网友热议。

同年2月，电影《刺客信条》在国内上映前，石悦被邀对该电影主演"法鲨"进行采访。女流在采访前几天发布微博说明这一事，如图9-33所示，引起粉丝强烈关注，甚至有网友PS两人见面的海报，也引发不少营销号来蹭热点。

图9-33 石悦发布采访微博

当时的石悦自身带有高学历的热点，又因为《刺客信条》主演的采访，更加火热，不少粉丝纷纷进入直播间观看她的直播，并称她为"中国第一清流主播"。

主播在策划直播内容时，就应关注热点信息。比如在《王者荣耀》《和平精英》等手机游戏火热时，很多主播就抓住这一热点，研究出精湛技巧并开通直播，成为这些热门直播板块下的热门主播。

如何才能找到热门话题呢？微博热搜榜和百度搜索风云榜就是不错的选择。新浪微博搜索排行榜及热门话题榜是每天网络热点的"晴雨表"，囊括了当下网络以及线下的一些热门事件。在这个排行榜里包括的关键词，就是当下微博用户最热的搜索词。主播可以充分运用这些关键词，将其应用到直播内容、直播标题、直播文案中。查看这个热门排行榜，最简便的方式就是查看微博首页右边栏中的"热门话题"栏，如图9-34所示。主播也可以单击"查看完整热搜榜"超级链接，查看更多的热门话题。

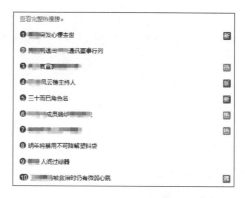

图9-34　新浪微博热门话题页面

除了微博热搜，主播还可以关注每天的"百度搜索风云榜"，如图9-35所示。这是比较权威的热度搜索排行榜，至少对于一个想拓展百度搜索引擎流量的企业来说，百度搜索风云榜具有很重要的参考意义。

图9-35　百度搜索风云榜

百度搜索风云榜以数亿网民的单日搜索行为作为数据基础，以关键词为统计对象建立权威全面的各类关键词排行榜，以榜单形式向用户呈现基于百度海量搜索数据的排行信息，覆盖十余个行业类别，一百多个榜单，信息非常全面。

百度搜索风云榜里有很多热度搜索的分类，对于一般网友而言，通常会对热门的娱乐事件、潮流数码、电影电视剧、民生热点等类别具有更强的搜索意愿，再配合当前所处的时间点和需要营销的商品或服务，就不难炮制出一些吸引眼球的内容来。

另外，主播在拍摄短视频引流时，也可以在内容中加入当下热门话题标签、热门音乐以及热门特效等，引起更多用户关注。

9.3 引流软文要这么写

软文，指以文字形式为主的软广告，适当插入图片、视频等元素的文章也属于软文的范畴，常见于贴吧、论坛、社区、微信公众号、微博长文中。软广告主要通过一个看似不相关的报道或故事，将要推广的信息带出来，让受众在不知不觉间看到。这里主要从软文的标题、摘要、正文、结尾等几方面出发，剖析软文的写作方法，帮助主播提高引流效果。

9.3.1 软文标题写作技巧

广告大师莱昂内尔·亨特（Lionel Hunt）曾说过："如果标题不够引人注目，那内文写什么都没有用。"对于软文而言，正文确实重要，但如果读者看了标题没兴趣点进正文，那么正文再好也没有展现的机会。由此可见，一篇软文想要在众多文章中脱颖而出，其标题起着多么重要的作用。

主播在写作软文前，必须先学会如何写好标题，让人一看就有阅读的愿望。常见的软文标题写法如图9-36所示。一个好的标题要能让读者快速了解文章内容是什么，故标题应是内容的概况，直接突出主题。如果使用长句作为标题，不免给人标题冗余的感觉，不会产生阅读兴趣。标题要具有个性，且有自己的独特性。

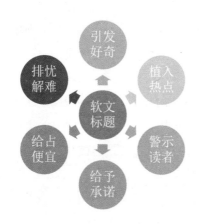

图9-36 常见的软文标题写法

➢ 引发好奇：人都有好奇心，那些不合常理、逻辑、约定俗成的事物和观点，往往都会引起读者的好奇。主播在写标题时，应引起读者的好奇心理，增大读者阅读文章的欲望。例如，《李佳琦不直播，竟让某某家族代班营业送礼物？》就是典型的引发好奇型标题，读者看到标题后，会好奇李佳琦为什么不直播？产生了好奇心，于是打开文章进行阅读也就是自然而然的事情。

➢ 植入热点：追逐社会热点的内容总能快速吸引流量。而且社会热点不断涌现，以热点作为标题的软文素材多，写法也比较容易。例如，李佳琦直播中"Duck不必"一词火起来后，不少主播将同音词"大可不必"应用在软文标题中，如《有些房子，大可不必问买不买，直接去摇就是了》。

➢ 警示读者：为什么养生、交通类的文章阅读率普遍较高呢？因为这类文章的标题看上去都有着警示作用，如《再熬夜，神仙也救不了你的黑眼圈》，其目的是警示读者不要熬夜。警示类标题普遍有些夸大，不乏以点带面或言过其实，只要不是完全不顾事实，一般来说读者还是认可的。

➢ 给予承诺：未来具有不确定性，而大部分人都讨厌意外，他们都希望在做一件事之前，就能得知确切的结果，从而让他们安心、放心，针对读者这样的心理，就可以给出给予承诺的标题。例如，《关注我，教你把把MVP》。

➢ 给占便宜：大多数人都有贪欲，爱占便宜，主播抓住这种心理，能写出吸引读者的软文标题。例如，《快进直播间，看我怎么用100块钱吃遍某某美食街》。

➢ 排忧解难：人的一生，难免遇上困难，如果主播写出能帮助别人的标题，自然会得到读者的认可与追捧。排忧解难型标题的具体写作方法，就是给目标人群提出一条解决困难的捷径和建议。例如，《CPA考试别走冤枉路，读懂这几本书就够了》。

9.3.2 软文摘要写法

摘要是从内文页中抽出一段话作为标题的补充，可以理解为副标题或者导语。摘要起着辅助标题引导关注的作用。如果想标题吸引人，可以在摘要里进一步分析文章内容，把重点内容罗列出来。

有人把文章摘要比喻成"凤头""爆竹"。凤头俊美靓丽，先声夺人，给人美的享受；爆竹噼里啪啦，响得痛快，听着震撼，营造氛围。由此可见，摘要对软文也起着至关重要的作用。好的摘要，决定了读者是否有兴趣继续读下去。例如，李佳琦的公众号文章摘要，主要通过"抽奖""奖品"等福利吸引粉丝阅读原文，如图9-37所示。

主播在写摘要时，应注意以下几点。

图9-37 李佳琦公众号文章摘要

> 开门见山：直奔主题，引出文中的主要人物和事情梗概。用这种方式写摘要，一定要快速切入中心，语言朴实，绝不拖泥带水。

> 情景导入：摘要有目的地引入或营造软文行动目标所需要的氛围、情境，以激起读者的情感体验，调动读者的阅读兴趣。

> 引用名句：在摘要中，精心设计一个短小、精练、扣题又意蕴丰厚的句子，引领文章的内容，凸显文章的主旨及情感。如果想不出来，就引用名人名言、谚语、诗词等，既显露了文采，又能提高软文的可读性。

> 巧用修辞：如在摘要中加入比喻、比拟、借代、夸张、对偶、排比、设问、反问等修辞手法，软文将更具阅读性。

如果是活动类摘要，则应重点突出用户最为关心的几大问题，如活动主题、活动时间、活动地点以及参与形式等。例如，某淘宝主播的摘要这样写："年终大戏，限时3天。全直播间商品79元起，支持货到付款。更有幸运儿可获得下单满300立减30的优惠哟。"其说明了活动时间、优惠形式等内容，即使读者没有点开全文，也知道活动的大概内容。

9.3.3 软文正文的写法

在写好一篇软文的标题和摘要后，正文更是主播需要认真撰写的内容。正文内容要有感染力，最好能让读者看完文字内容后，有动力去相应的直播间观看主播。大部分主播的软文内容，都带有个人鲜明特色。

例如，李佳琦作为一个带货能力超强的主播，粉丝们都知道他的直播间会推荐各式各样的商品，也愿意接受他的推荐、安利。所以李佳琦的公众号软文基本以直播清单为主，偶尔还在内容中加入抽奖活动、互动福利等内容，图9-38为某抽奖大放送活动。

而李子柒作为知名美食视频博主，主要发布传统美食制作工艺，配合文案及短视频内容，彰显中华传统文化和匠心精神。在她的软文中，基本以图文记事的方式，讲述某某美食、物件的做法，如图9-39所示。

第9章 从0快速到10 000的引流吸粉秘籍

图 9-38　李佳琦软文内容　　图 9-39　李子柒软文内容

所以，主播应根据自己的直播内容来写软文正文。在撰写时，最好简单明了，不要过于啰唆。另外，想让读者对软文有所触动，需要场景化。所谓场景化，就是在创作内容呈现直播间信息或商品信息时，要把信息与粉丝的具体场景结合起来，让粉丝在脑海中形成熟悉的画面，有代入感，这样才能让消费者直观地感受到信息。

例如，某美食主播写了一篇软文，主要内容是把平淡无奇的食材吃出质感。本都是日常生活中常见且普通的食材，如何吃出质感？质感又表现在哪些地方？主播都在软文中一一解答，并多次提到早餐搭配某款咖啡，以及这款咖啡的特殊之处。通过吃早餐这个画面，将读者代入，并让读者认为自己在吃早餐时也应该喝一杯这样的咖啡，来提升早餐质感。这就是典型的为读者构建场景。

主播在写软文时，如果不知道写什么题材的内容，可以参考如表9-1所示的12招。

表9-1　软文创作12招

招式名称	详解
深挖历史	从主播或直播间的历史中寻找话题。例如，自己在直播之前是什么身份，经历过哪些职业；直播间在初期人气惨淡，经过哪些方法得以改善……

续表

招式名称	详解
善于借势	借助时下发生的事件，引起读者的广泛关注。这些事件可以是社会热点，也可以是新闻事件，以及网络流行热词等
虚构故事	故事可以说是人类最容易接受的信息传播形式。例如，和闺蜜的友情；和前任的爱恨纠葛；和上任老板的斗智斗勇……
数字冲击	国人很喜欢数字，几乎一切都被编织成了数字，如价格指数、天气指数、洗车指数、穿衣指数等。这是因为数字本身看起来就很有说服力。因此，在软文中使用大量数字来震撼读者，是一种常见的写作手法。例如，昨晚直播间某个商品，上架几万份，几分钟内被一抢而空。
请出权威	大多数人都相信权威，在专业方面相信专业人士，是一个自然的选择。权威可以是古代的、现代的、当代的、科学的，或不那么科学的，如"周公解梦"和星座等。
曝光内幕	人类与生俱来就有非常强烈的好奇心，利用这种心态进行营销是一种常见的方法，也就是适度地曝光行业或名人的内幕，会赢得广泛关注，而在曝光的软文中加入营销内容，能达到不错的营销效果。例如，美妆主播曝光某某面膜效果没有广告吹嘘得那么好
八卦、新闻	没有八卦、新闻意味着失去注意力，失去社会焦点。主播可以通过与某某主播连麦，自己抛出八卦消息，引起粉丝围观。
名人效应	名人是社会公众比较熟悉和喜欢关注的群体，名人的一举一动、一言一行都受到大众的关注。正因为名人具有这样的影响力，导致名人在出现时往往能够起到事态扩大、影响加强的效果。 主播如果在活动中或社交平台中有机会与名人互动、合影，则可以把这部分内容写成软文，吸引更多粉丝关注。
煽情赚泪	这类软文用文字来打动粉丝，走进粉丝的内心，从而引发粉丝的认同感。所以情感营销也是软文常见的写作手法之一。软文要做情感营销，自然是要以打动粉丝为目标，文章切忌不痛不痒，让人感觉是无病呻吟。例如，主播写一篇北漂生活的软文，就要用切身经历，说明自己当时在经济方面的窘迫；在爱情面前的无奈；在工作中的迷茫……

续表

招式名称	详解
有利可图	贪便宜大概是人类最古老的习惯之一，是人类在漫长的进化过程中形成的一种能够增加自身存活率的习惯。这种习惯根深蒂固，到了物资丰富的今天，也未能自动消除掉。利用这种习惯来营销，也是常用的软文写作手法。例如，直播间送福利、送优惠券……
访谈推广	访谈一般是针对权威、名人的一种营销手法，它的巧妙之处在于，不仅可以借助权威、名人的影响，还可以在访谈中让权威和名人与营销的产品建立联系。特别是主播有幸参加线下活动、名人访谈活动时，一定要写好软文推广。
卖萌装怪	卖萌是近年来的流行文化。所谓"萌"就是生物幼小时那种天真、可爱、笨拙的形象与行为。任何人都可以有"萌萌哒"的一面。

9.3.4 常用收尾方法

写软文，需要恰当的收尾，让软文撰写"进退自如"，进可以展开，退可以收尾。

➢ 在记叙性文章中，内容表达完结之后，不去设计含义深刻的哲理语句，不去雕琢丰富的象征形体，自然而然地收束全文。

➢ 如果文章的开头提出了论题或观点，中间不断展开，进行分析论证，结尾时回到开头的话题上来，达到首尾呼应的效果，能够让结构更完整，使文章浑然一体。

➢ 如果软文中没有明确提出观点，在结尾时，要用一句或一段简短的话明确点出文章的观点，起到卒章显志、画龙点睛的作用。

➢ 写人、记事、描述物品的记叙性文体中，可用抒情议论的方式收尾。用作者心中的真情，激起读者情感的波澜，从而引起读者的共鸣。

➢ 站在第三者的角度对软文中的人或事物进行祝福，如"愿大家新的一年身体健康！"

当然，展现在不同地方的软文，也会选取不同的收尾方式。例如，展现在微信公众号里的软文，基本以互动活动收尾，以吸引粉丝点赞、评论、转发软文为主播吸引更多粉丝。如果是展现在问答平台的软文，则可以留下自己的联系方式来收尾，吸引更多读者在看完软文内容后，主动添加主播为好友。例如，某知识类主播在知乎平台回答问题后，以"如果对电商感兴趣可以联系我，我的联系方式……祝各位2020年好运，多多挣钱"结尾，如图9-40所示。

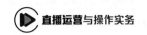

图 9-40　某知识类主播的结尾

新手问答

1. 如何将直播平台的粉丝引到微信？

很多主播在直播平台积累了大量粉丝，但如果涉及平台违规，容易带来封号的后果。一旦被封号，主播辛苦积累下来的粉丝就会化为乌有，故主播可将粉丝引到常用的社交平台。这里讲解将抖音粉丝引流到微信的方法。

（1）签名引流。

主播在创建直播账号时，需要在签名位置写明利于账号被记住的信息。为了引流，主播也可以在该地写上微信号，便于对自己感兴趣的粉丝主动添加。例如，"每日分享一个护肤小技巧，喜欢白净皮肤的小姐姐可加V135××××7856。"

（2）在评论区引流。

主播可在发布的短视频下面以评论的形式留下微信号，例如，"明天想听我唱什么歌？发信息告诉小助理哟：135××××7856。"主播也可以主动去同类型的主播评论区留言，顺便留下微信信息。

（3）用话术私信回复引流。

抖音支持私信，甚至可以对未关注的用户发3条私信。新手主播可主动给曾在直播间有互动行为的粉丝发私信："亲，刚直播的时候发现你对某某产品蛮感兴趣的，有兴趣了解一下更多内容吗？咨询请+微信：135××××7856。"

部分平台不允许直接留微信号，故保险起见，主播最好申请小号去留微信。另外，在他人评论区留言时，要参考视频内容留，避免题不对文。

2. 不涨粉也不掉粉怎么办？

许多主播会遇到直播"瓶颈"期，粉丝量出现停滞的情况，虽然每天会增加少量的粉丝，但也会流失一些粉丝，增加与流失的粉丝数量相抵后，总粉丝呈不增不减状态。遇到这种情况怎么办呢？

首先，主播需要确认近期是否有违规情况，导致平台限流。例如，主播出现着装暴露低俗、妆容不雅、语言低俗等问题，都会导致限流。故主播在直播过程中，需实时关注且不违反平台规则，避免出现限流情况，无法吸引新粉丝。

如果主播确实没有违反规则，流量也不可观时，可以多连麦当下热门主播，蹭蹭对方的热度，吸引到新鲜血液。或是减少直播间带货频次，多展示个人才艺，多与粉丝聊天，增加粉丝的信任和好感。

3. 引导用户关注主播的话术有哪些？

主播在引导关注时，可用简洁的话术告诉用户为什么要产生关注行为，例如：

- "点关注,不迷路。"
- "欢迎大家来到××直播间,今天是我第×天直播,谢谢大家支持。"
- "××是一个新主播,还有很多要学习的地方,大家有什么建议可以关注我后慢慢说哟,我会很认真地记下来。"
- "十年修得同船渡,大家一起点关注。"
- "三分喜欢点关注,七分喜欢刷礼物,情到深处开守护。"
- "关注走一走,能活九十九。"